U0596292

文 化 名 家 暨
"四个一批"人才作品文库

出 版 界

出版实践探索与思考

丁一平 著

中华书局

图书在版编目(CIP)数据

出版实践探索与思考/丁一平著. —北京:中华书局,2018.10
(文化名家暨"四个一批"人才作品文库)
ISBN 978-7-101-13334-9

Ⅰ.出… Ⅱ.丁… Ⅲ.出版工作-中国-文集 Ⅳ.G239.2-53

中国版本图书馆 CIP 数据核字(2018)第 144162 号

书 名	出版实践探索与思考	
著 者	丁一平	
丛 书 名	文化名家暨"四个一批"人才作品文库	
责任编辑	罗华彤	
装帧设计	毛 淳	
出版发行	中华书局	
	(北京市丰台区太平桥西里38号 100073)	
	http://www.zhbc.com.cn	
	E-mail:zhbc@zhbc.com.cn	
印 刷	北京瑞古冠中印刷厂	
版 次	2018 年 10 月北京第 1 版	
	2018 年 10 月北京第 1 次印刷	
规 格	开本/710×1000 毫米 1/16	
	印张 18¾ 插页 4 字数 300 千字	
国际书号	ISBN 978-7-101-13334-9	
定 价	110.00 元	

出　版　说　明

　　实施文化名家暨"四个一批"人才工程，是宣传思想文化领域贯彻落实人才强国战略、提高建设社会主义先进文化能力的一项重大举措。这一工程着眼于对宣传思想文化领域的优秀高层次人才的培养和扶持，积极为他们创新创业和健康成长提供良好条件、营造良好环境，着力培养造就一批造诣高深、成就突出、影响广泛的宣传思想文化领军人才和名家大师。为集中展示文化名家暨"四个一批"人才的优秀成果，发挥其示范引导作用，文化名家暨"四个一批"人才工程领导小组决定编辑出版《文化名家暨"四个一批"人才作品文库》。《文库》主要收集出版文化名家暨"四个一批"人才的代表性作品和有关重要成果。《文库》出版将分期分批进行，采用统一标识、统一版式、统一封面设计陆续出版。

文化名家暨"四个一批"人才

工程领导小组办公室

2018年10月

丁一平

  1963年3月生,山东日照人。博士学位,编审,1986年步入出版行业,从助理编辑到编审,从业至今三十余年。曾任黑龙江教育出版社社长兼总编辑,黑龙江东北数字出版传媒有限公司执行董事、总经理,现任黑龙江出版集团副总经理。曾获全国新闻出版系统有突出贡献的优秀中青年专家等荣誉称号、中国出版政府奖优秀编辑奖等,是全国新闻出版行业领军人才、党的十八大代表,享受国务院颁发的政府特殊津贴。

目 录

教育出版的实践

出版的探索与思考

访谈·报道

教育出版的实践

试论教育出版社的性质和任务

党中央国务院在《关于加强出版工作的决定》中对图书出版事业的性质和任务已作了明确的阐述。我国的出版工作是整个社会主义建设事业的重要组成部分，是社会主义精神文明建设的重要方面，也是物质文明建设的组成部分和重要条件。其总的方针就是为社会主义服务，为人民服务。而教育出版工作既是整个出版事业的一个组成部分，也是教育事业不可分割的一部分，它不仅具有与其他专业出版工作的共同属性，同时又具有保存、传递和活化教育内容的功能，具有选择、整理和丰富教育成果的功能，坚持为社会主义的教育事业服务，贯彻党的教育方针，为提高教育、教学质量服务。

教育出版社是根据国家建设的需要，由党和政府的某一级组织选拔社长（总编）、编辑、印制、发行等工作人员组成的一个集体。它有明确的使命和任务，有自己的职责范围。教育出版社的性质是由它承担的任务所决定的。这就是，始终不渝地把党的教育方针、路线作为自己的工作指导思想；它是社会主义和共产主义思想的宣传阵地，是党教育全社会成员特别是大、中、小学生的助手，是帮上级教育领导机关提高教育和教学水平的参谋部和执行者，是普及文化知识、提高全社会成员素质的先头部队，是党的宣传部门和教育部门的助手和喉舌。至于教育出版社是企业单位还是事业单位，这是管理方式问题，是手段而不是性质。教育出版社要以出版收入支付它所有的开支（工资、稿费、印刷费、发行费等一切费用，还要纳税），使人感到它与独立核算的工厂、企业完全一样了。由此，产生了"出版商"这个称谓。其实任何形式的经营管理方式都不能改变其性质，叫"出版商"也可以，那应该是"有良心的商人"，优质的产品，低廉的价格，为教育事业的发展服务，不以谋取高额利润"发财"为目的。

那么，我们教育出版社的根本任务是什么？我们的根本任务是配合教育行政部门，大力宣传党的教育方针，传播一切有益于教育工作、有益于教育事业发展的文化知识。

第一，为提高青少年的思想品行素质，编辑出版健康有益的思想教育读物。

江泽民同志曾指出："教育是社会主义物质文明和精神文明建设极为重要的基础工程。它对提高全体人民的思想道德和科学文化素质，对培养一代又一代社会主义事业的接班人，具有重大的战略意义。"① 可见教育是关系到国计民生、千秋大业的事情。加强教育工作，大力发展教育事业，是教育行政部门和各级各类学校的根本任务，同样也是我们出版部门，尤其是教育出版部门义不容辞的责任。对青少年进行教育仅靠老师和家长的空洞说教是无济于事的，靠严管严罚的强制措施也是很难见效的，最有效的办法和途径是引导他们在广泛的阅读中进行自我教育，为他们提供丰富多样、有益健康的精神食粮，使他们在广泛阅读中，自我吸收营养，潜移默化地受到教育。

回顾几年来的出版工作，由于受到资产阶级自由化的影响，一些出版单位不加选择、不加批判地引进、出版了一些西方资产阶级的思想理论、文化道德等腐朽的东西，一些低级、庸俗、荒诞、迷信的出版物时常显现，影响和毒害着部分青少年学生。当前，我们一方面要继续抓"扫黄"，清除这些"精神鸦片"，同时，又必须抓繁荣，编辑出版一些健康有益的出版物。如何用健康的读物抵制有害的读物，这是摆在我们出版部门面前的一项紧迫而艰巨的任务。

当前，各级各类学校的政治思想教育的主要任务是进行爱国主义、集体主义、社会主义和共产主义思想的教育，进行近代史、现代史教育和国情教育。出版部门应该密切配合学校政治思想教育的中心任务，结合青少年的思想实际，编辑、出版一些思想健康、内容丰富、生动活泼的政治读物。主要包括：进行马克思主义的立场、观点、方法的教育和热爱党、热

---

① 江泽民：《在庆祝中国共产党成立七十周年大会上的讲话》，人民出版社，1991 年版。

爱社会主义、热爱祖国，增强民族自尊、自信、自强精神的政治理论读物；进行国内外政治、经济、科技、文化发展与改革的时事政策教育读物；进行人生观教育，社会主义民主、法制、纪律和社会主义道德教育的思想道德教育读物；帮助青少年树立正确的学习态度、掌握科学的学习方法的治学修养读物；帮助青少年正确处理恋爱、婚姻、家庭、社交等生活的教育读物。有计划地出版上述读物，对加强青少年的思想教育、提高思想道德素质必将起到积极的引导作用。

编辑、出版政治性读物，必须以党的四项基本原则为指导，突出读物的思想性，能够科学、准确地解释、回答青少年所关心的问题和认识不清、不深的问题；结合青少年的思想、道德和实际状况，突出读物的针对性，有的放矢，各取所需，以满足各层次读者的需要；结合青少年的心理、智力的特点，突出读物的趣味性，避免空洞的理论说教和枯燥乏味，要写得有理有据，深入浅出，生动活泼，有吸引力。安徽少儿出版社出版的《中国的世界之最》，就是通过一个个具体生动的事例，介绍了我国是一个地大物博，科技、文化比较发达的历史悠久的文明古国，融思想性、知识性和趣味性于一体，是一本很受青少年欢迎的好书。广西人民出版社出版的《接力书信集》丛书——《少年与革命长辈》《少年与战斗英雄》《少年与科学家》《少年与作家艺术家》——通过135封少年与革命前辈、战斗英雄、科学家、作家及艺术家的书信往来，反映了80年代的少年热爱祖国、关注人生、有理想、有抱负、思想活跃、兴趣广泛，同时也表现了革命前辈、部队指战员、专家学者对下一代的殷切希望和关怀。像这种生动活泼的思想教育读物，正是当前青少年、教育工作者乃至全社会所翘首盼望的！

第二，为开发青少年的智力，编辑、出版丰富多样的课外学习读物。

我们知道，学校的课本是根据知识体系的结构和循序渐进的原则，按照教学大纲精选精编而成的。内容比较洗练，结构比较严谨，同时也不可能十分丰满，不可能充分满足不同地区、不同情况的青少年的多种需要。而青少年时期正是智力发展的黄金时期，这一时期，脑的机能发展很快，各器官发育接近成熟，求知欲旺盛，精力充沛。这时如能及时地给予良好的教育，将会使他们的智力得到极大的发展。如何满足他们的求知渴望，使他们能及早地获得尽可能丰富的知识，就需要出版部门从他们的不同年龄、不同特点出发，编辑出版适合他们需要的课外读物。但是，近几年来，我国的教育和出版现状实在是令人担忧。在教育方面，由于没有很好地贯彻党的教育方针，一些学校片面追求升学率，在培养学生的过程中，重视智育方面却又片面地强化学生死记书本的内容，忽视了智力的开发，束缚了学生的手脚。一些教育和出版部门更是乘机而上，把各种学习辅导、试题解答、升学指导等书籍推给学生，而有利于学生智力开发的读物却很少。笔者曾在一些学校中做过不完全的统计，单是物理这一科，一个十五六岁的初三学生手中就有《初中物理单元检测题解析》《初中物理目标训练》《初中物理练习册》《一日一练》等七八种读物，名目繁多，内容雷同。有些书并不是学生自愿买的，而是连同教科书一起搭配给学生或者由学校统一摊派给学生的，致使学生课外自由支配时间减少，负担加重。同时，这种"搭配""摊派"之风也给尚未成熟的学生们带来了不健康的影响。对此，教育和出版部门应密切配合，要根据各类学校的教学内容、教学目的和学习特点，有计划、有组织、有目的、有重点地编辑、出版一些课外学习读物，以扭转这种不正常的局面。这些读物不仅要有效地帮助学生消化、理解和运用课堂知识，而且还要起到拓宽知识、开阔视野、培养兴趣、开发智力的作用。

第三，为推动科学进步，编辑、出版有价值的学术专著。

越是有学术价值的学术著作出版越难，这一直是困扰出版部门和专家、学者们的一道难题。如何认识和解决这个问题，应当引起出版部门及有关部门的高度重视。我们都知道，学术著作专业性强，读者面窄，发行量小，出版就亏损，亏损又没有补贴。所以，从经济效益来考虑，这些亏本书谁也不愿意出版是可以理解的。但从社会效益来考虑，这些有价值的学术著作不能问世，却是莫大的遗憾，对科学的发展是一种损失。衡量一个出版社办得好坏和一本书的优劣，绝不能单纯以图书的发行量大小、经济盈亏为标准，要把社会效益放在首位。有价值的学术著作，一般读者可能不屑一顾，而同行的专业人员却如获至宝，对以后从事这方面工作的人来说更是留下了宝贵的财富，这些学术著作的社会效益是无法用金钱来计算的。如果这些重要的学术著作长期不能出版问世，我国的科学研究成果怎么能继续推广、普及与发展？科学工作者的科学研究的积极性和作用怎么能发挥？

这个问题在高等学校反应是比较强烈的。高等学校是人才比较集中、科学研究力量比较雄厚的地方。以黑龙江省为例，现有高校 42 所，有理、工、农、林、医等 11 大科类 320 余种专业，拥有副教授以上高级职称者 5300 多人（1990 年统计）。他们在长期教学、科研生产实践中总结、积累了许多重要的研究成果。有些已经形成书稿，有的几经周折也未能问世。作为教育出版部门，一方面我们有责任、有义务挽救、扶持这些重要的学术成果出版、应用。坚持以社会效益为首的原则，深入到高校中去，经过严格的筛选，对那些有见解、有创新、有价值的学术著作，要有计划、有重点地纳入出版计划，助其问世。山东教育出版社近年出版的《简明自然科学史手册》《物理学小辞典》《中国美术通史》《中国教育通史》《王力文集》等书的使用价值和研究价值都很高，受到了各方面的好评。

另一方面，我们出版部门要主动与有关部门协调，研究制定出版学术著作的政策和措施。我认为，一是要调整图书的经济政策，根据出版社学术著作亏损情况，税务部门可以从上缴利税中如实扣除亏损金额；或适当减免出版社上缴所得税金，减轻出版社的经济负担，充分调动出版社的积极性；二是有关部门及大专院校、研究部门设立学术专著出版调节基金，对一些重要的学术专著给予适量的出版补贴；三是出版单位要顾大局、看长远，正确处理经济效益和社会效益的关系，坚持以书养书、以盈养亏的原则，突出重点，积极扶持学术专著的出版。同时要加强管理，扩大发行渠道，降低成本，减少亏损，努力做到社会效益和经济效益的有机统一。

自党的十一届三中全会以来，我国的教育事业有了很大的发展，各方面的教育改革在展开，有的已取得了初步的成效。今后，教育的发展与改革亟待以教育科学研究的成果为依据，以教育理论为指导。可是，迄今为止，我国在这方面尚未有较完整、系统的读物。教育战线上广大工作者急需教育理论研究、教育改革和教学经验等方面的读物，教育出版部门应在此有所作为。

目前，在教育理论研究和教育改革与发展方面的课题很多，主要包括：教育基础理论、教育心理、教育史、比较教育、教育发展战略、教育管理、教育效益、思想品德教育、智能教育、学前教育、大中小学教育内容与方法的改革、职业教育、继续教育等。各方面都有许多理论与实践的问题需要研究、探讨，也有许多成功的经验需要总结、推广。所有这些，都需要我们加以研究和注意，以便及时发现和组织作者与书稿。

如何担负起时代赋予的职责，完成好教育出版工作的任务，无论对一个集体还是每一位编辑来说，其责任和意义都是十分重大的，也是需要辛勤努力的。具体实施，我认为有以下三点。

一是要根据教育改革和发展的需要，根据当前青少年的思想政治教育和文化学习的实际需要，以及全国同行业出版现状，深入研究，制订一个教育出版规划。增强计划性，克服盲目性，努力做到：使出书计划与社会需求相统一，扩大选题，调整结构，保证重点，以满足教育战线各方面读者的需求，大力提高图书出版的社会效益和经济效益；使当前与长远、省内与省外相统一，使我们出版的图书既有当前的适应性，又有未来发展的超前性，既能适应本省读者的需要，又可以服务于全国，更好地发挥教育出版社的作用。

二是要改变出版社的工作作风，走出编辑室，广交朋友，深入到教育领域中，学习、了解和掌握教育发展与改革的情况，及时掌握教育信息、读者信息、作者信息和市场信息，做到综观全局，胸中有数，掌握出版工作的主动权，发挥图书应有的社会效应。

三是要不断提高教育编辑的素质和业务水平。一个合格的教育编辑，除了应具有其他专业编辑应有的政治理论、文化知识、编辑业务、文学修养和职业道德等多方面的要求以外，还必须熟悉与掌握教育规律和教育科学。要不断地学习党和国家关于教育工作的路线、方针、政策，认真钻研教育学、心理学，懂得青少年生理、心理发展的不同阶段，努力做教育工作者的知音。

一个教育出版工作者，必须清楚认识自己所从事工作的性质和任务，唯有如此，始能方向明确，自勉不已，并进而争取举措得宜，事业有成。

（原载《教育出版理论与实践》，广西教育出版社 1992 年版）

寻找教育出版增长点

综观 1998 年图书订货会，教育出版社展示的图书，虽不乏亮点之品，但其教辅读物仍发挥着看家的主体作用。由此联想到出版专业分工的一些问题。

众所周知，专业分工是历史沿革下来的，随着市场经济的发展，"打破专业分工"的呼声在出版界此起彼伏，大多数教育出版社成了众矢之的。目前，许多地方已采用行政命令方式，或者强行划分，或者利润上缴，用于扶植其他出版社，或者变教育出版社为二级法人，统控经济命脉。因此，教育出版社过去那种稳定的经济收益已经被日渐削弱，寻找新的经济增长点的问题，已经摆在了教育出版社面前。出版业结构的调整需要靠市场，而与市场相适应的是图书选题结构的调整。从 1998 年图书订货会上看，除教育出版社以外，大多数出版社也都有教辅读物。单靠教辅读物看家是不行的，尤其是素质教育的大力推进，这类图书在市场上的份额会日趋减少。因此，教育出版社在目前拥有教辅读物出版的长项上，应充分在教育这个大领域中拓展自己的阵地，应在市场中继续培养和发展自己的特点和个性，力争在某类选题上形成整体特色，或在某个选题上形成独家特色，从而营造自己的风格，打出自己的品牌。

寻找新的增长点，还有队伍问题。十几年来，教育社已经习惯了这方土地，习惯了那熟悉的品种，即使个别试着增加新品种，也只是昙花一现。于是便有了"富社养了一群懒编辑""富社出了一批无能编辑"等等之说。其实，教育出版社的队伍整体素质是高的，既有一批颇富经验的老编辑，又有一批新近大学毕业的年轻骨干，大多数编辑勤奋敬业，遵纪守法。只是在专业分工的呵护下，教育出版社单一地强调了编辑参与教研活动和案头功夫，出版的图书也都是围绕教学科研活动的，甚至很多编辑部的成立也都是围绕小学、中学和成人教育而设置的。尽管随着市场经济的发展，有些出版社觉悟较快，转向也比较迅速，但改变多年形成的工作习惯和策划选题的思路、建立新的作者队伍、培育新的读者群需要一个过程。这个过程应加速进行，否则就有失去生存能力的危险。教育出版社应充分利用目前经济的有利条件，稳住基础，全力开拓。

（原载《新闻出版报》，1998 年 5 月 4 日）

　　1997 年 1 月 24 日在中共中央党校举办的北京图书订货会，这是作者首次参加订货会。

立足现实　　迎接挑战

众所周知，黑龙江教育出版社是目前我省出版界中效益最好的出版社。在省新闻出版局的支持下，黑龙江教育出版社在自己的专业分工内，拓宽品种，深入挖潜，近几年发展很快，1993—1997 年财务数据见下表。

黑龙江教育出版社五年间财务数据表

项目 ＼ 年份	1993	1994	1995	1996	1997
图书种数	483	494	484	540	667
码洋（万元）	4134.07	5241.35	6402.13	10052.25	16052.61
利润总额（万元）	1281.00	1015.90	1387.50	1496.90	2010.40

毋庸讳言，年平均 1391.06 万元的利润，有 80% 靠的是教材教辅，在近几年全国上下对教育出版社的"一片声讨"声中，教育出版社没有为自己"伸张正义"，但也没有"退却"，而是加大了"挣自己该挣的钱"的力度。教材教辅挣钱，那么就紧紧抓住不放。我 1995 年任教育社副社长兼副总编后，分工专门抓教材教辅。我不觉得编写出版中小学教材教辅是"小儿科"，被人不屑。一套好的教材教辅，必须是科学的、严密的，必须把很重要的知识以非常容易懂的文字呈现出来，便于学生接受。过去，黑龙江教育出版社有思想品德课本、六三制中小学美术课本（与黑龙江美术出版社合作）、三年制中学音乐课本，后来又开发了劳动课本、写字课本、中学劳技课本等教材。随着教学大纲的变化和教学程度的不断提高，这些教材已不适应教学要求了。如果不及时修改或重新编写，就要被国家统编教材取代。对此，黑龙江教育出版社采取了积极的态度，打破以往由教育部门出面组织编写，最后出版社出版的惯例，主动与国家教委、省教委及教研

部门联系，出资金、出场所、出人力、出思想，共同组织。小学思想品德教材五六年制共计 18 本，已全部通过国家教委审查，可以在全国范围内使用；小学劳动课本重编成农村版、城市版，套色印刷；新编写的五四制中、小学美术教材（与黑龙江美术出版社合作），已分别通过了国家教委的初审和复审，1998 年正式使用；新编四年制中学音乐教材在 1998 年国家教委初审中，受到中小学教材审定委员会专家的一致好评，被称为"在素质教育上下了功夫，生动活泼地启发学生的审美能力"，1998 年正式使用。现在黑龙江教育出版社又着手开发计算机教材、青春期教育教材等。同时，根据某些课程教学大纲的变化，着手调整相应的教材。

通过这些教材的开发，黑龙江教育出版社不仅锻炼了自己的编辑队伍，也团结了省内外很多教育工作者，培养了一批后起之秀。有很多作者得以获得教育部门的各种奖励，破格晋升高职。我们在编写教材的过程中，逐渐形成了这样的理念：取之于教育，服务于教育，贡献于出版。

在开发地方教材的同时，黑龙江教育出版社尽可能用足用活给予的政策。前几年，黑龙江教育出版社开发的《练习册》《基础训练》不断夭折，经几任社领导的多方努力，我们现在又开发了《学习指要》，并使它逐步稳定、发展起来，仅这一块年销售码洋超过 4000 万元，等于又再造了一个教育出版社，也增加了我省出版业的税收，弥补了教育部门经费之不足。为了使《学习指要》能顺利发展下去，黑龙江教育出版社一方面配合编写单位，严把内容质量关、编校质量关、印刷质量关，另一方面与编写单位反复重申我们多年来走正常出版之路的态度，不允许任何的违规违法行为。《学习指要》做得越大，稳定中求发展就越成为双方共同的目标。

应该承认，教材教辅不能作为看家的东西。因为：第一，教育出版社毕竟不是单纯教材出版社，姑且不谈专业保护是否长期存在，单就教育出版社而言，应以出版高质量教育类图书为宗旨，教材教辅只是其中一部分。没有其他上乘的有规模有影响的力作，教育出版社的品牌是不会响亮的，现有的教材教辅也会因没有"名气"而消失的。第二，我国教育经费不足的怨声年年四起，教材教辅的出版利润竟占到图书出版利润的 80%～90%，让教材教辅的利润回归教育的呼声早已传到高层，教育出版社必须早做最坏的打算。仅仅基于这两点，黑龙江教育出版社就深感压力之巨大。于是我们先对编辑部结构进行调整，改变了过去那种中、小学和成人教育的编辑部设置，由社领导带头主抓重点图书，并鼓励编辑开发市场选题。经论证上升到室、社、省级的选题，社里都要给予一定资助。这样从思想上使大家有了一个统一的认识。但是，黑龙江教育出版社多年来形成的策划选题的思维还是局限于计划经济的模式里，在走向市场的今天，需要有一个反思、痛苦、奋进的变化过程。近几年，黑龙江教育出版社也出版了许多好书，取得了一定社会效益和经济效益。但选题目标和特色并不明显。分析原因，主要是由于选题过于分散，各个领域都抓，却忽视了形成特色所必须具备的规模；有时选准了目标，开拓了某一领域，但出版的书的品位、档次又不够，成了一个筐，有用没用都往里装，堆砌起来的丛书、套书又怎能形成特色呢？

值得欣慰的是，黑龙江教育出版社已开始成熟起来，在提高教材教辅质量的同时，已开始跟踪教育理论、可持续发展、科技发展等几个熟悉的领域，开辟中学语文快餐、心理素质教育、法律常识教育等几个方面。对促进龙江学派形成做出很大贡献的《发展与改革丛书》《振兴龙江丛书》进行更加严格和规范的操作，以期以某种风格和锐气形成新特点。

稳定中求发展，走内涵发展之路，这是黑龙江教育出版社近年的发展模式。黑龙江教育出版社十几年来发展比较迅速，许多管理上的问题也日益显露出来，如信息化程度不高，经营管理比较粗放，发行能力比较薄弱，人才管理、分配方面存在漏洞。黑龙江教育出版社正在尝试如何抓住教材教辅不放松的同时，摆脱教材教辅的局限，充分利用与教育的天然联系，走共同发展之路；正在试图用二三年的时间，使自己的出版物向着普及与提高、通俗与高雅方向发展，正力争使自己成为一艘坚实的快艇，迎接"造大船"的挑战。

（本文是作者在黑龙江省出版工作研讨会上的发言，1998 年 7 月）

重视自己：关于教材教辅出版的思考

毋庸讳言，目前支持我国出版业生存和发展的支柱产品应首推教材和与教材相配套的辅导读物。据统计，教材教辅已占全国图书总印数和总码洋的 80%～90%。教材教辅读物的出版已成为各出版社追求的首选目标，随之而来的不仅是出版业内部的冲突，而且会伴随着来自外部的冲击。

教育出版社凭借着十几年来形成的出版教材教辅读物的经验和读者群，在这场角逐中处于优势地位，如果能及时调整出版教材教辅的理念，主动出击，是会保持和发展现在的优势的。笔者基于分管教材教辅出版工作的经验认为，出版教材教辅的出版社应在以下三方面有所考虑。

1. 变单一的出版单位为编写和出版单位

大多数出版社仅是把作者写好的稿子拿来出版，做的仅是编辑的一般加工工作。即使有的教材教辅选题是由出版社提出的，而最终的编写也都是由教育部门的作者完成的，出版部门有时甚至连专有的出版权都未加考虑，经过几年后已经公开的东西有可能被作者以高价转售到其他出版社。

现今情况下，出版社在教材教辅的出版初期，都或者策划了选题，或者投入了资金，按著作权法规定，可以享有部分著作权和专有出版权。出版社应在教材教辅的建设初期，时刻把握自己的权利，应以文字的形式记录下合作双方应享有的权益，以制约日后可能发生的人为矛盾。同时，应有意识地加强与教育部门的联系，在教材教辅建设中努力成为一体，争取主动权。

2. 变普通教材教辅为精品读物

时下，业内人士议论最多的是图书的精品问题。精品之作无非两类：

一类是高档次的学术著作和文艺作品；一类是大众喜闻乐见的通俗读物。对教材教辅而言，却很少有人把其划拨到精品之作里。其实，教材教辅应成为最基本的精品读物。一部好的教材，不仅可以给使用者带来知识、增长智慧，而且能够形成今后学习、工作、生活的方法和态度，能够影响人的一生。作为教材的出版单位和编写单位，应选择"大手笔"而又肯做"小文章"的教育家、作家、科学家来编写教材或指导教材的编写。出版社一定要切身参与进来，千万不可以等、靠，也不可以拿出钱后，就对教材的编写情况不闻不问，只等最后接稿付梓。编辑人员的任务也不仅仅是作一般的文字处理，而是要时时跟随编写者的进度，把出版社的整体出版思想带进其中。尤其是在编写地方乡土教材、素质教育类读本时，出版社应首先考虑这类教材的定位问题，应把它们放在整个图书出版的大环境内考虑，使它们融于一般教育读物，同时又高于一般教育读物，这方面作者是不会考虑的。

3. 打好手中教材教辅出版这张牌

吃教材教辅饭，导致不断引发业内外教材教辅之争，一直未有平息。已获出版教材教辅权的部门，抱着"干一把挣一把"的态度，未有教材教辅出版权的部门，是"抢一把是一把"，导致了一种短期行为。这样最终的结果不仅影响教材教辅本身的质量，给使用者带来极不利的负面效应，同时也为出版者自己准备了掘墓人。教育出版社是教材教辅出版的主要单位，较稳定的经济收益，使大多数教育出版社生等其成的思想比较严重。而在一片"教材教辅水平低""低层次""平庸书""在市场中无竞争力"的谴责声中，教育出版社试图打个名誉翻身仗。凭借自己的经济实力，以最快速度推出了历史上著名人物的全集、高层次的学术专著、大部头的工具书，甚至大型图册等。于是短短的几年里，国家图书奖、"五个一工程"奖、中国图书奖等奖项中，教育出版社榜上有名，亮点频现。于是，又有人说教育出版社是"用钱买名""拿大头"。其实，教育出版社的专业分工是计划经济条件下，为保证教材教辅及相关教育类图书质量的需要而设置的。实践证明，这在教材的出版、教辅类读物的配套建设和教育理论的研究发展方面起过积极的作用。尽管目前市场中的教辅读物铺天盖地，但大多数教育出版社的教辅读物还是以可靠的质量而拥有读者群的。因此,无论业内外怎样评论教育出版社,教育出版社自身应把握好手中的牌,自己重视自己,不要忽视甚至放弃教材教辅的出版。应把高质量的教材教辅视为手中的第一张牌,并以此牌为核心,制定一个合理的打法。由抓一部教材或教辅精品书,发展到抓一批精品图书,形成教材教辅精品群,由此精品群辐射其他方面、其他层次的出版物,逐渐打出自己的第二张、第三张牌,形成自己的整体风格。

自我积累、自我发展,走内涵发展之路,这是教育出版社目前的方向。教育出版社应不要忙着造大船,首先使自己成为一艘坚实的快艇,要在发展自己、增强竞争的过程中壮大自己,使这艘快艇最终能冲进大洋。

(本文是作者在部分教育出版社教材教辅出版研讨会上的发言,1998年9月)

共建我们未来的家园

首先，感谢省委宣传部和总社党组给予我展示自我的舞台和接受大家评定的机会。我要竞聘的岗位是黑龙江教育出版社社长兼总编辑。

黑龙江教育出版社是总社旗舰下的一个出版社。20多年来，不仅担负着为我省教育事业服务的重任，而且为我省出版业的发展做出过重要贡献。教育社1999年7月—2004年6月上缴税金6357.6万元，其中企业所得税4097.7万元，1999年初—2004年6月上缴机动资金3156.3万元。去年教育社的利润指标是1150万元，在减负、中小学课改、教材限价的压力下，依然完成了任务。今年，在出版大环境更加恶化，新课改教材迅速推进，教育社原有教材教辅大幅削减的情况下，教育社仍承担着900万元的利润指标，任务繁重、责任重大，对教育社全体职工来说无疑是严峻的考验。这次在总社系统内首次招聘社长总编辑，充分说明省委宣传部和总社党组对教育社给予了极大的重视，寄予厚望，依然把教育社看作是总社按集团化顺利运营的一艘重要战舰。我经过认真考虑，决定竞聘这一岗位。下面我以"共建我们未来的家园"为题，谈一谈自己的想法。

一、个人的基本情况：我是1963年出生，有一上小学、喜爱足球但踢球时过于文明的儿子。我最大的爱好是读书，总是留恋校园的感觉，所以即使1986年大学毕业，被选拔到教育出版社，有了自己喜欢的编辑工作，也曾忙中偷闲，把大部分业余时间几乎都用到了继续深造上。而学习最大的收获不仅是增长了知识，开阔了视野，同时也体会到学无止境的道理，有了一种平静的心态，这种心态使我能更好地面对我的工作、生活，面对我的同事和朋友。

二、对职位的认识：我认为做一位称职的社长总编辑，首先必须树立一种服务意识。从 1986 年步入出版界，1995 年做教育社副社长副总编至今的 18 整年的编辑生涯中，我体会，无论是计划经济还是市场经济，为作者为读者服务是出版业者不变的责任。首先要把作者看作上帝、把读者看作上帝，这没有什么不好，这其实是要求出版业者树立自己不变的理念，那就是为他人做嫁衣。如果没有嫁衣可做，我们就要失业。为了更好地实现为他人做嫁衣的理念，就必须不断地学习，向同行学习，向作者学习，向读者学习，向书本学习。学习后干什么？不停地探索出版的新路子，研究出版的新动向。所以我觉得，做一名社长和总编辑，首先必须带头树立为他人做嫁衣的思想。只有这样，才能不断地对自己提出更高的要求，也才能不断地创新。

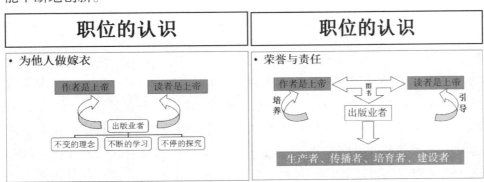

那么，出版业者，特别是编辑在服务作者、服务读者的同时，又带有培养作者、引导读者的作用。出版业者通过图书使作者和读者连接起来，所以，出版业者是图书的生产者、是文化的传播者、是读书群体的培育者，更是一个国家一个民族文化底蕴的建设者。营造一个绵延不断的读书氛围，是出版业者的责任，也是出版业者的荣誉。所以我觉得做一名社长和总编辑不仅仅是一种荣誉的代表，更是一种责任的象征。只有充分认识到所肩负的责任，才能把社长总编辑的工作认真担负起来。我受党的长期培养教育，有较强的事业心和责任感。如果能为出版总社的发展、为教育社的未来尽自己的一份力，我认为是无限高尚、自豪和光荣的。这也是作为社长总编辑所要具备的首要职业精神。

三、任副社长副总编辑以来的工作：1995 年担任教育出版社副社长副总编辑后，我承担了地方教材教辅的建设和管理工作，这一部分是教育社生存发展的经济支柱。在社长和班子成员支持下，对内从严管理，建立了教材教辅管理规章制度，严把质量关；对外改善并加强了与国家教委、省市教委、教育学院等各部门的联系，为教育出版社在专业分工内充分发挥优势铺平了道路。重新编写的《美术》《音乐》《思想品德》教材，顺利通过国家教委审查，被写进全国推荐书表，为黑龙江省赢得了声誉；与省教育部门联合开发的《学习指要》教辅，也为教育社的未来发展奠定了坚实的经济基础。教材教辅的品种由原来的 300 余种增加到 500 余种，教育社的销售码洋也逾越亿元大关，迎来了建社以来最好的光景。2000 年以后，随着社内分工的调整，我的工作重点转移到编务工作的管理及重点图书的运作上。为了克服社内编辑、校对人员少，工作量大，图书质量很难保证的状况，组织起了一支校对、审读专家队伍，建立了一套相互制约机制，为确保图书质量奠定了基础。同时，积极与国家有关部委、高等院校联系，走访知名学者，组织原创性稿件。近 5 年，教育出版社有 40 余种图书获得省级以上奖励，其中获得第十二届、第十三届中国图书奖 2 种，"五个一工程"奖 1 种，国家图书奖 1 种，国家图书奖提名奖 3 种，提高了教育社的知名度。我也在辛苦奔波的工作中，得到了很多专家学者的真诚帮助，感受到作为出版人为专家学者服务的自豪感。必须说明的是，教育社的发展，是教育社历届班子和全社职工辛勤努力的结果。我作为副社长副总编辑，只是在社长的领导下，在自己分管的范围内，尽自己所能去勤奋工作，努力开拓，务求实效。工作中，能够做到廉洁自律，秉公办事，为人正派，敢于较真，勇于负责。

四、竞聘优势。第一，总社全新的经营理念和良好的工作氛围，使我对黑龙江省出版业的发展充满信心，这也是我结束博士课程返回故乡，行李都没有收拾停当，就立即投入工作的动力之一。第二，教育社现有领导班子的支持。我在教育出版社做副社长副总编辑近 10 年，我和历届班子合作的都很愉快，这次我参加竞聘，也得到了我社现有班子的支持。第三，教育社职工多年的理解和关爱。我在教育出版社 18 年，无论是做编辑还是做副社长副总编辑，教育社的新老职工都给了我极大的帮助和支持，我在这里参加工作，在这里结婚、育儿，在这里走上领导岗位，在这里获得全国首届优秀中青年编辑、全总表彰的先进女职工、黑龙江省劳动模范、黑龙江省优秀共产党员等荣誉称号。可以说18年中，我在这里一直能得到大家的理解和关爱，感受到大家庭的温暖。因此我也希望为这个大家庭的建设、发展竭尽我的全力。第四，朋友和家人的鼓励。作为职业女性，担负着事业和家庭的双重责任，因此朋友和家人的鼓励和支持，也是做好工作的关键。第五，从自身经历来讲，我目睹并经历了教育社由几个人到几十人，由租用的二间办公室到自有的办公楼，由3万多元的启动费，到自有资金3000多万元，由1986年创利几十万元到盈利上千万元的变化过程。作为这个社的一员，我为她感到自豪。我在这里参与过中小学教材教辅的开发，策划过如《中国当代科技精华》《百年图强》《解放战争图志》等获国家级大奖的图书，也有目睹和研究日本出版社发展过程的经历。现在，面对社会大环境给教育社带来的冲击，面对她的急速滑坡，我也感到非常忧虑，我和每一位热爱教育社的职工一样，盼望着教育社能再现辉煌，希望教育社成为我省乃至我国的出版强社。18年的编辑生涯、10年副社长副总编的经历，对出版事业的挚爱和责任感，也为我这次竞聘增加了优势。

五、竞聘岗位工作的想法和打算。首先，我要进一步加强政治理论学习，用科学的理论武装自己，从党和人民的根本利益出发，从改革开放的社会主义实践出发，求真务实，树立正确的政绩观和科学的发展观。目前的图书市场已经达到竞争的白热化程度，出版业的大洗牌——出版单位的改革转制也已经开始。不改革没有出路，改，怎么改？改什么？剥离了不良资产、核销了库存、分流了人员，能否就翻身？如果体制、机制仍然是旧的，是不会翻身的。关键在于更换机制，激发活力。出版社的发展战略问题，品牌提升问题，文化建设问题，人力资源吸纳和培养问题，即使是在转制后，也还是由出版社自己来完成的。所以我觉得作为基层出版社，无论怎么改革，坚持走出版业可持续发展之路应该是出版业界永恒的主题。目前，对教育社来讲，立足教育，开放办社应该作为工作的出发点，应该广泛地寻找和吸纳教育资源，为我所用，同时必须牢固树立"为他人做嫁衣裳"的奉献精神，真正为教育服务。在社内，一定要以人为本，增强全社职工主人翁意识，深化改革，调动职工的积极性，激发企业的活力，以此作为今后工作的理念应该是不过时的。教育出版社近年的利润开始下滑，职工们也充分感受到危机感，我们听到社内外的一个共同的声音是：教育出版社的好日子没有了。这个 PPT 中的表 1 显示的是教育出版社 2000 年到 2003 年间图书码洋、利润情况。从表中可以看出，2000 年，总码洋达到 1 亿 5288 万元，实现利润 3442 万元；而到 2003 年，总码洋 7385 万元，实现利润 1210 万元。在教材教辅拼杀混乱的大环境下，实现这样的利润是很不容易的。

表 1   黑龙江教育出版社 2000—2003 年度销售、利润情况

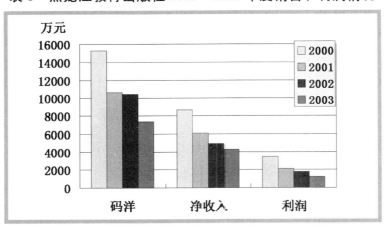

众所周知，20 世纪 90 年代中期以前，文教图书带有极强的行政垄断色彩。偏重系统发行是教育社的主要发行方式，教育社的利润是相对稳定的。2000 年 6 月，伴随着教改之风的吹起，教材大战；2001 年，教育部开始减负，教育社的教辅图书——《学习指要》被停发，出版利润下滑。与此同时，新课标教材市场作为教材市场打破垄断所出现的新市场，吸引大量新进入者，各科少则几种，多则十几种新课示教材的争夺使这一市场竞争日趋激烈。而 2002 年以后，教辅市场在教育部限制目录征订之后，引来大量出版社和民营公司介入，使这一市场出现重新洗牌的格局。从垄断到被分割，从没有竞争到激烈拼杀，按传统经营模式经营的出版社日趋困难，市场空间处于萎缩之中。教育出版社在主要教辅被停发以后，原有的《小学思想品德》等教材又在国家教材编写和出版的垄断局面被打破之后，受到严重冲击，2000 年，教育社《小学思想品德》教材的发行码洋为 2850 万元，到 2004 年为 1170 万元。表 2 是教育出版社的品牌教材之一《小学思想品德》教材的征订情况。2000 年春季码洋 1358 万元，秋季是 1493 万元；

2004 年春季码洋 664 万元，秋季仅有 506 万元。这套由教育社自行开发、在 90 年代末曾率先通过国家教委审查，被列入全国教材目录的教材，在历史进入 21 世纪以后，由于没有去继续立项重新编写，在史无前例的教材大餐中，5 年间被人蚕食了 60%。而随着新课改的快速推进，在两年之内它将逐渐退出我省教材市场，留给教育社的也只是昔日的荣誉和今日的尴尬。

表 2　黑龙江教育出版社 2000—2004 年小学思想品德教材征订情况

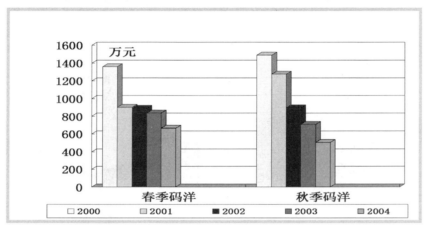

表 3 是 2000—2004 年教育社每季利润总额情况，从表中可以看出，由于教材教辅的出版特点，每季销售情况虽然不同，但是 2000 年、2001 年、2002 年，教育社的每季利润总额都与负增长无缘。从 2003 年第 3 季度，首次出现负增长，但经过大家的努力，在第 4 季度又翻过身来，最终完成了总社制定的 1150 万元的任务。而今年从第 2 季度就开始亏损，第 3 季度也没有扭转，那么到年底，完成 9000 万元的指标，难度是很大的，需要教育社全体职工的努力，更需要总社的支持。面对着目前书业的境况，有人说"你死我活的拼杀，也许是中国书业未来 10 年的发展主旋律"，而教育类图书将更是拼杀的热点。当下，560 多家出版社几乎都在争出教材教辅，很多在国内有影响的出版社，把教育类图书作为更明确的出版指向。如，教育科学出版社"集科学优势创教育科学品牌"，高等教育出版社"植根教育创新超越"。有的社把教育作为新的出版方向，如曾创中国第一部教材的商务印书馆，如今又挤进了教材编写的竞争中；作家出版社紧跟教材课程改革的信息，与萌芽杂志社共同策划了"新概念作文"的选题，掀起了新一轮

表3　黑龙江教育出版社 2000—2004 年每季利润总额情况

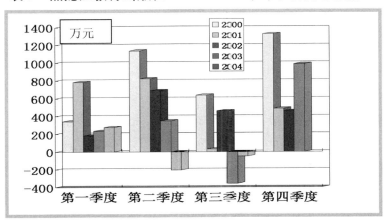

的教辅读物拼杀；科学出版社（龙门书局）打出了"立足科技、面向教育"的口号，《三点一测》丛书可谓是科学出版社以其副牌龙门书局的名义打造的精品教辅读物；而三联书店的一整套高中选修课读本、小学英语教材更令众多的教育社感到生存空间的日趋狭窄。计划经济下的以行政手段直接干预出版资源配置的时代已经结束了。在这样的形势下，竞聘教育社的社长，我深感任务艰巨，责任重大。如果不开发出新的可替代产品，阻止市场萎缩的局面，将来做书的门槛儿会越来越高，越迈进越难。以目前教育社的现状而言，我认为应该首先立足优势出版项目，即保持教育社顺利走教育专业化道路，把教育专业出版做足做透。这就需要关注教育领域的发展趋势，关注教育专业图书的发展趋势，关注学校、读者，特别要加强经营本省的教育市场，更好地塑造形象及品牌。如果我们黑龙江教育出版社连黑龙江的地盘都守不住，谈何"面向全国"？教材教辅的激烈竞争，使书业竞争战场由前些年以大众市场为主，向大众市场与专业市场两个战场齐头并进的局面转变。因此必须充分发挥教育社教育品牌的优势，主动出击，积极参与竞争与拼杀。回顾一下教育社走过的足迹，根据教育出版社多年的经验，我认为凭教育出版社现有的能力，首先要集中在以下 8 个方面加大开拓力度。即：高等学校教材、中小学教材教辅、中小学生课外读物、学龄前儿童教育读物、成人教育、专业技术培训读物、社会教育类普及读物、学术专著。由于时间关系，这里不做具体展开，仅从以下四个方面简单概述想法。

1. 创新为本——加强选题策划。出版社通过选题策划，将分散的、没有独立价值的出版资源进行有效的整合，并将之转化为读者需要的出版物。我们现在的选题都比较零散，有新意的也不多，形成不了特色，更谈不上得到市场预期。要从出版资源的整合中获利，实现出版社的盈利模式。特别是当市场逐步有序和读者变得比较理性之后，出版物的创新含量越大，越能为出版企业的创新和发展带来源头活水。一个出版社不断推出具有创新价值的图书，也就获得了蓬勃旺盛的生命力，也才可能不断地发展壮大起来。要吸收书商和工作室的成功经验，勤于市场调研，到教育市场中，随时了解读者的阅读需求，努力寻找新的市场空间。同时出版社要加强传统选题的保护、经营和更新。教育社有 20 年的出版历史，有出版资源的积累，这是新兴的书业者们所不具备的资本，必须很好地珍惜，下大力气梳理、运营，最终形成出版社自身的品牌形象。

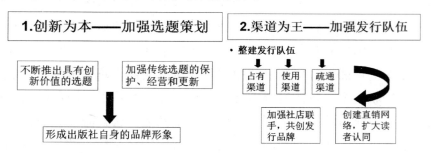

2. 渠道为王——加强发行队伍。有了好的选题，发行渠道不畅也不行。所以必须树立渠道为王的思想，加强发行队伍建设。社办发行在市场竞争中最主要的是对渠道积极的占有、有效的使用和灵活的疏通，发行的所有工作将会围绕渠道建设与维护来进行。在市场书方面，加强与新华书店和各特色书店的联手，共创发行品牌；在专业书方面，与相关机构建立联系，扩大读者认同。

3. 沟通为金——加强多方互动。教育出版再不是计划经济下的自斟自饮，必须从战略上重新定位自己。首先社内必须细致筹划，通力合作，加强营销。对外，对作者、对读者、对书店、对相关机构、对业外资本等等必须建立新的通道、客户网络，探索多种运营模式，加强多方互动。

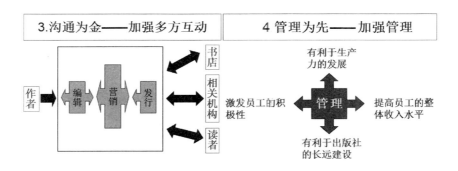

4. 管理为先——加强管理

既然教育社是总社旗舰下的一艘战舰，当然要按照总社的运营模式来进行管理。目前，就出版社内部而言，应特别加强自身管理，教育社在历届社长的领导下，建立了如选题管理制度，三审制度，编印发财务管理制度，等等。正因为有了这些制度作保障，才使得教育社内部没有出现大的问题。因此作为一名社长必须懂管理并善于管理。必须团结班子成员共同管理。而管理的最终结果是要有利于生产力的发展，能激发员工的积极性，提高员工的整体收入水平，有利于出版社的长远建设。

以上只是我个人的一些粗浅的想法，有不对的地方，欢迎领导和同志们批评指正。

最后我要说的是，我虽然今天参加了竞聘，但出版界高人如云，前可见师长，后又见新秀。我虽然有10年副社长副总编的经历，又有熟悉教育社的优势，但是仍然缺乏独立领导一个法人单位的经验。特别是在出版社举步维艰又面临转制的时期，如何带领大家开出新路，顺利完成转制，使出版社保持着有力的发展态势，这不是一个人的力量所能做到的。所以如果组织和同志们选择我，我一定会在党组领导下，和班子成员、和教育社的员工进一步探讨教育社的未来发展之路，竭尽全力为教育社的发展作贡献。同时，我也需要总社党组的支持，教育社更需要总社大家庭的关爱。

如果大家没有选择我，我也会服从组织分配，在适合我的岗位上为我们未来家园的建设尽自己的一份力量。谢谢大家！

（本文是作者在2004年9月10日黑龙江省委宣传部、黑龙江出版总社召开的黑龙江教育出版社社长总编辑竞聘会上的发言）

重振精神　蓄势待发

2004年是"三项学习教育"活动起始年，教育社以此为契机，首先组织全体党员进行了学习讨论，并与本社工作紧密结合，特别是与教育出版社的出版改革、发展、创新相结合。在学习教育中，教育社坚持正面教育、自我教育，紧密联系实际，查找自身存在的主要问题，研究教育社的突破点。

一、自身存在的问题

1. 队伍结构失衡，编辑力量严重不足。由于近几年教育社有一些骨干编辑调离出版社，老编辑退休，出版社转企又被叫停招聘新编辑，造成教育社5个编辑室，只有14名一线编辑，其中含3名美术编辑，文字编辑其实只有11名。

2. 教育出版社还没有真正形成与市场经济相衔接、与自身产业发展要求相适应的管理体制与运行机制。

3. 随着信息化、网络化进程加快，教育社还面临着出版方式、传播方式变革的问题，存在传统出版理念如何更新的问题。

4. 从客观上讲，黑龙江省尚属欠发达地区，改革滞后，观念陈旧，体制僵化，竞争力弱。这也影响到省内出版业，黑龙江教育社的竞争能力在全国教育出版社中处于下游水平。

5. 出版社的核心竞争力之一是品牌图书的开发。当下竞争力强的教育出版社，都有极具品牌效益的教辅和具有自主知识产权的教材，而我们教育社在这方面比较薄弱。

6. 一个有竞争能力的出版社，还要有完备的现代企业制度，要有面向市场的经营管理机制，要有调动员工积极性的激励办法，还要有只争朝夕的奋斗意识。这些我们教育社都需加强。

7. 一个出版社的竞争力，更多应当表现为赢利能力，要讲赢利就要讲发展，当然就要算成本账。如果成本与效益倒置，成本大于效益，这样的出版社不会发展，这样的效益也没有意义。

二、整改措施

1. 要通过三项制度改革加大人事、分配、社会保障改革力度，活化内部机制。三项制度改革就是要疏通干部、人事、分配等方面的问题，达到"活水"涌流。教育出版社一定要着眼于建立以业绩为导向的激励机制，为今后出版社改制为企业做好准备。

2. 认真贯彻总社召开的全面推进会计电算化工作的会议精神，成立了电算化管理小组，要求财会人员尽快熟悉新的管理系统，实现较快的过渡，以便带动整个出版的流程化改造。

3. 民营发行渠道和研发力量是重要的社会资源。现在民营出版发行占据了市场图书出版销售的半壁河山。教育社要潜心研究民营发行渠道和选题策划思路，营建对我们高效有利的出版发行网络。

4. 积极运作高质量教辅图书的出版工作。要与教育系统密切合作，确保研发、印刷质量，并保证在学生开学按时进入课堂。这是教育社今年的工作重点，是最快捷地稳住经济下滑的出版增长点，也是今后一个时期要持续发力的出版板块。

5. 坚持科学的发展观，把社会效益和经济效益有机统一起来，坚持解放思想，实事求是，与时俱进，开拓创新，一手抓繁荣，一手抓管理。这不是口号，而是我们要持续发展教育出版的认知保障。

三、选题支撑，品牌保障

全国图书市场迅猛发展的形势对教育社驾驭选题出好书的能力提出了更高的要求。如何在全国图书市场尤其是教育图书市场竞争越来越激烈的情况下，把教育类图书选题策划好，是很不容易的。2004年，教育社坚决执行总社提出的"教材支撑，项目拉动，品牌保障"方针，大力实施精品战略，把品牌建设提到出版工作的重要位置，精心策划，全力推进，逐渐推进教育社品牌特色图书的形成。教育社出版的学辅图书《资源与评价》，在总社的统一部署下，克服各种困难顺利完成了起始年级的策划、组稿、编写和出版工作，2004 年秋季的图书按计划顺利出版，并由省新华书店发行到各地市县。12 月 6 日，我们联合教育系统召开"义务教育新课程学生学习资源整合与学程评价实验工作开题会"，大会开得很成功，总社领导也参加了此会，对于《资源与评价》的宣传和推广使用工作给予了大力支持。

为了进一步做好该套学辅图书的使用工作，我带队深入全省各地，加大宣传力度，通过各种媒体介绍、宣传，使这套书深入教学实际。我们向中小学教师、学生和家长、教育工作者、教育界的领导传递有关的信息，介绍新课改的教育理念，并和黑龙江省教育学院及新华书店同时做好发行宣传工作。

2004 年我们在其他本版图书出版方面也做持续努力，如为纪念邓小平诞辰 100 周年，教育社组织出版了"十五"规划图书《邓小平理论与当代中国管理学》《邓小平理论与当代中国哲学》等具有学术价值的图书。此外，围绕振兴东北老工业基地，还策划出一批精品图书，如《黑龙江人研究》《话说黑龙江人》《黑龙江人读本》《黑龙江史话》等一系列宣传黑龙江、赞美黑土地的图书。

2004 年，教育社继《传染性非典型肺炎的治疗及预防》一书获得第六届国家图书奖特别奖之后，《俄罗斯侨民文学丛书》（五册，与北方文艺出版社合作）、《中国传统德育心理学思想及其现代意义》两种图书又获得了第十四届中国图书奖。

激活社办期刊。2004 年《格言》已步入良性循环，形成良好发展势头。《格言》针对期刊市场变化，不断调整，优化读者定位，以针对性、可读性强的内容和恰当的表现形式吸引了读者，满足了读者的需要，刺激了读者的购买欲，月印数已达 30 万册。

四、抓好党风建设和领导班子建设

在学习十六届四中全会精神时，我们结合具体工作，尤其是和教育社的党风廉政建设相结合，把端正党风廉政建设放在突出位置。我们的做法如下：

1. 领导班子成员认真学习历次反腐败工作会议精神。每次省新闻出版局或省总社召开党风廉政建设工作会议后，领导班子成员都认真学习，从思想上高度重视党风廉政建设和反腐败工作。

2. 建立健全党风党纪责任制度及其他各项制度，明确教育社主要负责人在端正党风工作中的责任。制定了《黑龙江教育出版社党风廉政建设工作思路》《党总支书记党风廉政建设工作责任制》等规章制度。坚持"党要管党"的原则和"从严治党"的方针，对党员尤其是党员干部严格要求，严格教育，严格管理，严格监督。

3. 认真贯彻落实《廉政准则》和党中央廉洁自律的各项规定，认真填写上报"党政机关处级以上领导干部收入申报表"，检查每个班子成员在廉洁自律方面的情况。

4. 加强社领导民主生活会制度，按期召开社领导班子成员的民主生活会，并针对民主生活会上每个领导反映出的主要问题加以落实解决。

5. 每月要召开1—2次的党员学习活动，在党员学习会上，不仅要学习文件，更主要的是要倾听党员对党总支工作上的意见和建议，对社领导班子及其成员的意见和建议，及时改正不足。2004年教育社还发展了新党员。

五、强化管理，完成指标

2004年总社对教育社下达的经济指标是赢利900万元，这对市场图书不断下滑的教育社来说很是艰难，对我这个新任的社长和班子成员也是一大考验。我们分别召开了中层干部会议、全体党员会议及全体职工会议，把当前教育社的形势通报下去，并号召大家集思广益，团结一心，千方百计确保完成利润指标，不给总社大局添乱。我们成立了催款小组，全社上下积极行动，该催款的去催款，该结账的马上督促结账，并把一些陈欠书款也清理出来，落实到专人清欠。同时，我们努力做到节约经费，降低成本。正因为教育社从领导班子到全体职工上下齐努力，2004年的经济指标得以完成。

回顾2004年，是教育社全体员工认清处境，统一思想，重振精神，蓄势待发的一年。我们没有因滑坡而消极，没有因人少而抱怨。我们努力开发选题，积极争取市场，热情维护作者。我们认定出版业是朝阳产业，发展前景十分广阔。我们只要举全社之力，教育社一定会有大发展。

（本文是作者在黑龙江出版总社 2004 年度总结会上的发言）

2005 年，教辅图书《资源与评价》终于作为省级教育科研项目被立项，开题会拉开了由项目劳动的研讨、编写、实验、推广等系列活动，为《资源与评价》逐渐成为黑龙江教育出版社的品牌产品奠定了基础。

黑龙江省教辅资源配置的建议

一、新课标教材的状况

在 20 世纪末，围绕以"面向 21 世纪，培养全面发展的人"为目标的基础教育课程改革（简称"新课标"）的核心内容之一，就是在全国开始新教材的编写和出版。所谓"一纲多本"的教材多样化政策，使得全国上百家出版发行单位甚至独立研究机构都参与到教材的立项、研发、出版和发行大潮中。

2001 年，全国 38 个实验区开始实验新课标，4 年之后的 2005 年秋，全国小学一年级和初中一年级学生全部使用新课标教材。

目前，全国 570 家出版社中有近 80 家出版社的新课标教材通过了教育部的审查，在全国出版发行。其中人民教育出版社、北京师范大学出版社、华东师范大学出版社等靠自身开发教材的经验及品牌依然非常具有竞争力。人民音乐出版社、人民美术出版社、外研社等专业出版社也有一定的号召力。江苏、湖南、广东、河北等地方教材出版基地已初具规模，这些出版集团依托当地政策优势，集人力、物力、财力，倾力打造，割据一方。现在课程标准教材的格局划分，虽然是通过教育部立项编写的教材种类来衡量的，但是随着编写体系和教材实验推广过程中的优胜劣汰，新课标教材的出版和市场份额还会有很大的变数。因此，中央及部委出版教材的出版社积极与地方合作，特别是与没有新课标教材的省市合作，拓展使用空间；地方省市自己开发的新课标教材则被地方有效地管理、推广起来，在地方形成了绝对的垄断，成为推动地方教育、出版发展，且极具后劲的新的经济增长点。

然而，在 2001 年新课改启动以后，由于我省没有一家出版社和研究机构参与新课标教材的编写立项，过去由我省教育部门编写、本省出版社出版的几套教材，有的自动被外省编写的新课标教材替代，有的被拿到外省立项出版，导致国家实施新课标以后，我省的 12 家出版社中没有一家出版具有地方自主知识产权的新课标教材，全部是租型或由外省直供。

二、教辅市场的状况

随着新课标教材的成长，不可替代的教辅资料的编写和出版发行之战更可谓硝烟四起。许多人认为教辅这块"奶酪"中蕴藏着比教材更大的商机，不惜一切代价要在这一领域放手一搏。人们看好的教材教辅依然是目前适用范围最广、读者人数最多、市场前景最好的图书。

在教辅出版市场，全国 570 多家出版社中，有 90% 以上的出版社都进入了教辅出版领域，更有上千家从事教辅图书的民营书商大动这块"奶酪"。走进任何一家大中小型书店，都会看到内容和形式大体相似的各种考试辅导资料。但看似热热闹闹的教辅图书销售的背后，并没有让人感到欣慰。辅导书太多了，质量参差不齐。许多出版社不得不以很低的折扣抛售，利润空间越来越小。现在一本书一般的折扣在 5 折以下，给发行商的折扣还低，出版的利润非常小，往往不得不以扩大发行量来弥补。但市场容量只有那么大，多出意味着积压，积压之后再降价，竞相降价又积压，形成了恶性循环。在这个恶性循环中，各级图书经销商获得了较高的利润，读者成为最终的受害者；做得好的出版社走入了微利时代，更多的出版社最终利润几乎为零。但也有很多省份，借助省委省政府的宏观调控，由教育部门组织专家，结合地方课改和教师、学生实际情况，组织编写一到两套高质量的学辅读物，既保证了课程改革的继续和学生的实际需要，又为教育和出版资金的积累提供了一定的空间，地方税收也实现了最大化，真正实现了持续为教育、为读者服务的理念。

我省在 90 年代末，曾由省教育学院编写、教育出版社出版过一套学辅用书《学习指要》，并经省教育厅领导的中小学教材审查委员会审查通过，在全省使用，受到了老师学生的欢迎，发行码洋在 1999 年突破 7000 万元，销售收入达到 1000 万元以上，上缴税金 400 多万元。但是 2000 年"减负"

的声音响起，我省唯一的这套学生辅助用书被强令停止。教育、出版损失惨重，老师、学生无从抓起。在混乱之中，一直在窥视和寻找我省教辅出版突破口的很多民营书商趁机介入。他们利用成本低、中间环节少、运作灵活、低折扣发货等非常规手段和"优势"，逐步蚕食出版社的利益。几年之中，我省的教辅市场大部分被书商割据。由于这些教辅大多数东拼西凑、质量低下，很难满足教学特别是新课标要求的需要，导致学生手中至少要有三种以上的教辅资料，加重了老师学生的课业负担，家长更是无奈。

可喜的是，2004 年，省委省政府已注意到我省教材教辅市场的状况，省委刘东辉副书记多次过问，并支持省教育厅和出版总社牵头，成立专家研发组，研发高质量的学辅用书。我当时刚从日本学习回来，就从出版方角度协调教育部门，参与策划活动。在省教育厅孟凡杰副厅长亲自部署下，我们组织专家学者反复研究新课标、各类新课标教材及教育部的关于教辅出版和教育评价的各类文件，最后确立了"给推进我省素质教育工作提供一个抓手"的"资源与评价"工程。"资源"即为老师和学生提供优质的教育资源，"评价"即为评价学生是否达到了快乐学习的教学目标，这是今后教育评价的主要内容之一。应该说，在当下国家"减负"未叫停，对混乱的教辅市场未有明确办法的前提下，省教育厅能布置研究，是非常负责任的表现。历经一年的研讨、编写、回访、修改，目前以低于市场教辅价格的《资源与评价》学生用书已在部分实验区使用，反映很好，与之相应的配合教学环节的评价体系也在逐渐建立。但目前最大的瓶颈是大气候下的政策性阻碍——2004 年出台的"一费制"政策，使该项目的收费陷入尴尬境地。按"一费制"的标准，学生订购教材、作业本以后所剩无几。学校不敢再统一收取额外费用。再加上一些地方受利益的驱使，对这一低价教辅图书有抵触情绪。这些地区往往此前采取各种方式订过其他高定价大折扣的教辅资料，《资源与评价》所给的实验培训费根本引不起他们的兴趣，所以找各种借口推托此事。

三、建议

1. 由省委省政府组成领导小组，联合纪检委、教育厅、新闻出版局，对进入校园的未经省中小学教材委员会审定通过的教学用书进行彻底清理，加大执法和监管力度，整顿目前混乱的局面，草不除豆苗难以茂盛，非法不除合法难以繁荣。

2. 协调省物价局、财政厅与教育厅联合下文，为"给推进我省素质教育工作提供一个抓手"的"资源与评价"工程开设一个"绿色通道"，彻底解决此项目的收费合法性问题。比如像其他省那样，把"一费制"中的作业本用有字作业本取代（实际上学生都是在教辅书上留的空白处直接做练习，很多作业本订购后都没用）。如果这个"绿色通道"能够开通，《资源与评价》的学生用书能够很快覆盖全省，教辅市场混乱的局面能很快得到扭转。

我们期待着省委省政府尽快采取措施。如果在收费方面能使《资源与评价》（定价本来就低于市场教辅）区别于一般的教辅，使其纳入与相应教材同步学习中，这样既可以让我省的学生真正从东拼西凑的劣质教辅中摆脱出来，朝着素质教育的目标发展，同时也可以堵住不法书商取得暴利和偷漏税金的渠道，有效地防止商业贿赂的隐患，把应得的收益回馈于社会教育事业的发展，使"资源与评价"真正能作为一项推进我省素质教育进程、惠及千万学生的系统工程来运作，那么我们素质教育实施的前景该是多么的灿烂，我们的边疆文化大省的建设也将会注入多大的活力和动力啊。

在"十五"期间，社会对出版业的经济行为谈论太多，忽略了出版业担负的社会功能。现在我们主动履行起作为出版人所应承担的服务教育的责任，我们希望在"十一五"期间，在政府的支持下，与教育部门配合，在教学辅助用书上找回丢失的主权。否则，我们的龙江学生只能在东拼西凑的教辅中，从早到晚重复着无效的劳动；我们龙江的孩子在全国课程改革、素质教育的蓝天下，不会享受到读书的快乐、学习的快乐、生命的快乐；我们龙江的学生家长只能背着孩子沉重的书包，在烈日下，在冰雪中游走于一个个补习班之间……

我们不能再放弃自己的责任了。我们希望继续得到省委省政府的支持。

（本文是作者在黑龙江省委宣传部专家学者座谈会上的发言，2005年12月21日）

克服困难　培育新的出版增长点

在过去的 2005 年里，黑龙江教育出版社全体员工认真学习贯彻"三个代表"重要思想，尤其深入学习领会中共中央十六届四中、五中全会的精神，在黑龙江省出版总社的正确领导下，全社上下齐心协力，克服困难，团结一致，努力拼搏，无论在社会效益上还是在经济效益上都取得了很大的成绩。在"十五"的最后一年，较好地完成了国家"十五"重点图书出版规划，出版了一批有重要价值和较好社会效益的图书，有一部分图书获得省委宣传部颁发的"出版精品工程奖"。同时立足教育，编辑出版了在黑龙江省使用的地方教材、学习辅助用书和走市场的教辅图书，取得较好的经济效益，在十分困难的情况下圆满完成了黑龙江出版总社年初下达的经济利润指标，达到了预期的目标。

一、坚持正确的出版方向，努力做好出版工作，社会效益显著

1. 坚决贯彻党和国家关于出版的方针政策，认真学习、大力宣传和全面贯彻党的十六届四中、五中全会精神，全面贯彻落实科学发展观，牢牢地把握正确的出版导向，与时俱进，开拓创新，服务教育，繁荣学术，多出精品，树立品牌。在努力追求实现图书的最大经济效益的同时，要以保证社会效益为前提，坚定不移地把社会效益摆在首位。积极调整结构，优化选题，出版高质量的学术专著，为文化积累做出应有的贡献。坚持服务于教育的思想，发挥教育社教材教辅的专业分工优势和资源优势，适应教学改革、教材改革，努力做好教材教辅的出版工作。

2. 认真落实重点图书出版计划，树立龙教版学术专著品牌形象。根据国家新闻出版总署和省新闻出版局关于国家"十五"重点图书出版规划的有关文件的要求，我们对国家"十五"重点图书的执行情况进行了认真的检查、总结和分析，制定了完成教育社承担的国家"十五"重点图书的计划。经过努力，较好完成了任务。

教育社对列入省重点选题计划的图书坚持常抓不懈，认真组织实施，已形成了良好的重点图书出版机制。对以《边疆史地丛书》为首的龙教版学术专著做深做精，贯彻实施出版总署提出的品牌战略，进一步树立品牌形象。同时，对重点图书根据实际情况适度发展，量力而行，集中力量出精品。教育社还紧紧围绕振兴东北老工业基地、树立黑龙江人新形象的主题，为其提供出版支持，策划了宣传黑龙江、赞美黑土地的重点图书选题，现已出版了《黑龙江人》，受到省委领导的好评和鼓励。

3. 做好国家"十一五"规划重点图书的申报工作，科学制定并积极落实"十一五"重点出版规划选题。继续实施图书品牌战略，对于前后已出版了15年的学术专著《边疆史地丛书》再深入开发，"十一五"期间拟出版《伊犁纪行》《近代中国的国民国家构筑与国民统合之道程》《唐代吐蕃与西域诸族关系研究》等有较高学术价值和影响的学术专著，并向通俗化、大众化方向发展，拓展发行渠道，扩大影响，争取取得较好的经济效益，并保证图书学术质量和编辑校对质量，打造成双效俱佳的龙教版品牌系列图书。结合黑龙江省地域特点，重点开发反映黑龙江民族、文化、民俗等地域特征的一批图书，形式多样，满足不同层次的需要，如《黑水民族传统文化丛书》《东北三江流域民俗文化丛书》等。

4. 教育社按照"十五"国家重点图书出版规划，围绕出精品图书开展各项工作，努力做到以精品图书为龙头带动整个出版工作，出版了一批具有较好社会效益的图书，一些图书受到省委宣传部的表彰。反映新中国成立50年美术发展历史的大型文献图书《新中国美术文献博物馆》（八卷本）和《中国传统德育心理学思想及其现代意义》获省"出版精品工程奖"特别奖，《与时俱进的理论品格——论马克思主义强大生命力的内在根据》和《中华文明论》（上、中、下三卷）获"出版精品工程奖"，《中国共产党民族纲领政策通论》等四种图书获"出版精品工程奖"提名奖。

二、克服困难，发挥优势，打造教材教辅新品牌，培育新的经济增长点

1. 充分发挥自身优势，发挥专业特长，保证主要经济利润来源。从教育社的情况来看，作为教育社主要经济来源的 20 余个教材教辅品种随着教育部门"减负"和课程改革的深入，有的已停止使用，有的虽然仍在使用，但发行码洋也大幅度下降，利润较以前也有较大幅度的下滑。对此我们积极采取措施，在教学改革和课程改革过程中，参与课改教材的转化工作，出版发行好教育社与人音社和人美社合作编写的音乐、美术课改教材。同时，加强同省市教育行政部门、教育学院的沟通联系，取得支持，密切合作，出版好符合课改要求的省编地方教材。新开发了中小学地方教材《黑龙江人文与社会》，黑龙江省《信息技术》教材，对小学《写字》课本也进行了重新修订，并在暑假期间开展了培训工作，扩大了这些教材的影响，为在我省中小学校推广使用打下坚实的基础。

2. 努力打造教材教辅品牌图书，培育新的经济增长点。2005 年，教育社认真贯彻执行总社提出的"教材支撑，项目拉动，品牌保障"的发展战略，大力实施精品战略，把品牌建设提到出版社工作的重要位置，精心策划，全力推进，形成教育社的品牌特色。我们与教育系统联手打造的中小学教辅《资源与评价》，克服各种困难，在 2005 年得到较好的推进。目前，该套丛书已经出版了 88 种，小学共计 50 种，中学 38 种，全部是 16 开，双色印刷，从 2004 年秋季开始已连续出版了三季，即 2004 年秋季、2005 年春季、2005 年秋季，版本有：人教版、北师大版、教科版、湘教版、地图版、外研版，印张为 5.0—8.0，定价为每个印张 1.0—1.1 元。在出版该书的过程中，全体编辑在时间紧、任务重的情况下，齐心协力，发扬忘我的工作精神，团结协作，克服了许多意想不到的困难，保证该书具有较高的编辑校对质量和印刷质量。另外，参加这个项目的全体编辑根据工作的需要，积极深入学校，了解新课标使用情况，加深对课改新理念的理解，学习有关课改的新的理论，都取得较大的实效，保证了该书的质量，得到中小学师生的认可，为赢得市场奠定了坚实的基础。

3. 下大力气推进《资源与评价》项目，想方设法扩大使用范围。为了进一步做好该套学辅图书的使用工作，我带队深入全省各地，加大宣传力度，通过各种媒体介绍、宣传，介绍新课改的教育理念，使这套书深入教学实际，并和黑龙江省教育学院密切合作，做好发行宣传工作。我们对黑龙江省所辖的 14 个地市 3 个系统局的教育部门和新华书店进行了四五轮的走访，累计行程达 3 万余公里，准确掌握了各地市教辅的使用情况和运作机制，同时也增加了教育社与当地教育部门和地市店的友谊，使教育社与地市层面的关系得到了新的改善。

在各方面的齐心努力下，2005 春季发行码洋为 60 万元，2005 秋季达 800 万元，取得了阶段性的突破，为今后的发行工作积累了经验，奠定了一定的基础。

对于《资源与评价》今后的走势，仍存在一定的问题：首先，使用面不广，除试验区外，2005 年秋季进一步推广的地区有齐齐哈尔、牡丹江和绥化北林区，其他地区还没有大面积铺开。其次，发行折扣低，没有市场竞争力。目前《资源与评价》由于受定价限制，发行折扣在地市层面只有百分之三十左右，而今市场教辅书的发行折扣基本上是对折或倒折，而且竞争激烈。再次，一些地区受利益的驱使，对这一项目有抵触情绪。这些地区在此前订过一些教辅，折扣大，对于既得利益是不愿轻易放弃的，因此找出种种借口来推托。最后，"一费制"的实行，使该项目的收费受到极大的限制，令有些地区难有作为。有些地区连订教材的款都不够，更没有多余的空间为学生选订学辅，只能放任学生自行选取，给学校、家长带来了很大不便，哈尔滨市的实际情况就很典型地说明了这一点，2005 年秋季哈尔滨市没有启动这一项目。这种情况在其他地区也较为普遍。当前最迫切的是需要省教育厅、新闻出版局等有关部门，对目前已经进入学校的未经省中小学教材审定委员会审定通过的教学用书进行彻底的清理，同时要严厉打击盗版活动，为《资源与评价》的进入开辟一个良好的环境，为进入"一费制"扫清障碍，使之进入成为可能。如果缺少这样的环境，即使内容质量再好，实施起来也存在很大的难度。

4. 充分调动编辑开发市场图书的积极性。为摆脱长期对教材教辅的依赖，建立了激励机制，鼓励编辑积极主动地开发图书市场。在以社会效益为前提下，继续把编辑的收入与其创造的经济效益挂钩，加大了奖励力度。同时，在市场图书的出版发行上继续实行责任编辑负责制，让责任编辑参与编、印、发各个环节，充分体现责任编辑在图书出版中的责、权、利，从而充分调动广大编辑的积极性。

5. 响应总社号召实施"走出去"战略，在引进版权上做一些尝试。我们从韩国引进了《英语尖子生是小学时打造的》《乘蓝色火车来的外星人》《掌握学习方法就能提高学习成绩》，逐渐探索出一条适合我社的引进外版书的可行之路，以期形成特色，积极打造品牌。同时，我们也与一些民营书业公司进行了试探性的合作，开拓思路，借助外界优势，为我所用。另外，我们与北大方正和清华同方网络出版公司继续合作进行网络出版，电子图书已经突破 100 种，在电子出版和网络出版上有较大的突破，已经取得一定的实效，实现了营收。

三、完善内部管理机制，全面提高经营管理水平

1. 强化管理，求真务实，加快发展。具体工作中，认真执行"八字"发展方针，即巩固、提高、优化、高效。巩固：巩固我社现有的经营成果，巩固现有的优势和长处，巩固自己的市场阵地。提高：提高经济增长率，提高经营管理水平，提高队伍整体素质。优化：优化产业和出书结构，优化资源配置。高效：高社会效益，高经济效益，高工作效率，高成绩效果。

2. 全面提高经营管理水平，向管理要效益，向制度要效益，确保国有资产保值增值。努力提高图书质量，重点放在教材教辅和品牌图书上，建立有效的质量管理机制，使教育社的编校质量水平有大幅度的提高。在有关部门的支持和帮助下，加强打击盗版的力度，大范围推广使用防伪标签，维护教育社的权益。

3. 精打细算，节约开支，向节约挖潜要效益。随着市场经济的不断发展，出版行业之间的竞争逐渐加剧，教育社员工的危机意识不断增强，深入地节约挖潜已成为共识。2005 年在管理经费和编录经费上努力节约开支，效果显著，精打细算已成为员工的共识和自觉。

4. 圆满完成 2005 年年检工作任务。国家新闻出版总署对 2005 年年检工作极为重视，年初布置了工作，项目具体，内容详细，对出版社要求严格。这项工作由总编室牵头，在发行科、财务科、出版科和办公室配合下，圆满地按时完成任务，前后历时三个多月。国家新闻出版总署近日已确认年检合格，准许登记。

四、加强领导班子建设和出版专业队伍建设，为出版社的发展提供强有力的组织保证和强大的智力支持

1. 加强教育社领导班子建设，为各项事业的发展提供强有力的组织保证。在总社的领导和关怀下，新的社领导班子组建完成，为下一步工作的开展和落实做好了组织准备。新班子上任伊始，就明确班子成员的分工和主抓的工作，制定了《黑龙江教育出版社社长办公会议议事规则》，有条不紊地推进各项工作的开展。

2. 重视职工队伍建设，努力创建一个学习型的出版社。重视职工的培训工作，积极支持职工去参加各级各类培训，提高广大职工的整体素质。今年，我们积极组织部分员工分别参加了总社举办的编辑业务知识培训班，取得较好的效果。通过总结参加 2005 年春季北京图书订货会和第十五届天津书市的经验与体会，讨论今后教育出版社图书的出版方向、发行措施和营销策略。为提高全体编辑的业务素养，提高编辑的选题策划和驾驭市场的能力，提高教育社图书的编校水平，制订了《图书选题及质量研讨计划》，广大编辑认真地按计划学习研讨，态度认真，讨论热烈，互相交流，介绍经验，使图书的质量意识得到强化，选题的策划能力得到加强，走市场的经营意识得到增强。

3. 认真开展保持共产党员先进性教育活动。教育社作为第一批开展先进性教育活动的单位，从去年年初开始，按照总社的整体部署，制定计划和工作步骤，经过党总支和保持共产党员先进性教育活动领导小组的辛勤工作，经过全体党员包括退休支部的党员同志的积极配合，圆满完成了三个阶段的各项任务。根据教育社具体情况，我们认真分析目前的状况，找出问题，把先进性教育活动落到实处，取得很大的实效。全体党员更加坚定了信念，进一步树立了党性观念，强化了党员意识，坚持理想信念不动摇。自觉发挥党员的先锋模范作用，发挥党支部的战斗堡垒作用，坚持科学的态度和求实的精神，用科学的发展观指导工作，兢兢业业地做好各项工作，用全新的思维和方式去做开创性的工作，想事、干事、干成事的风气在教育社形成主流。教育社对这次先进性教育活动涌现出的先进党支部和先进党员进行了表彰。

通过回顾和总结教育社 2005 年各项工作，我们看到，经过全体员工的共同努力，教育社在社会效益和经济效益方面都取得了很大的成绩，但也暴露出很多问题，存在着很大的差距和不足。第一，教育社的图书品牌不够突出，特色不够鲜明，没能形成品牌效应；第二，教育社参与市场竞争的选题还不够多，市场图书的比例还较小，要想在激烈的图书市场中占有一席之地还需要不断努力；第三，队伍结构依然不合理，缺少有经验的编辑和发行业务人员；第四，随着由计划经济向市场经济过渡，管理手段凸显落后。每人配备的电脑几乎只是打字列表，信息化的管理方式滞后。面对这些不足，面对转型变革时期出现的新情况和新问题，面对新的机遇与挑战，我们深知任重而道远，还有许多工作需要去做。

展望 2006 年的工作，我们有如下的发展思路和设想：

一、图书出版方面

1. 要本着服务于教育的思想，继续抓好教材教辅的出版，坚持教育社的出版特色，发挥教育社的出版优势和资源优势。在现阶段原有教材逐年减少的情况下，坚持出版好最后一个学年段的教材。在教学改革和课程改革过程中，参与课改教材的转化工作，出版发行好教育社与人音社和人美社合作的音乐、美术课改教材。抓住契机，加强同省市教委、教育学院的沟通联系，取得支持，密切合作，深度开发符合课改要求的省编地方教材。

2. 配合中小学生素质教育做好《资源与评价》项目的进一步研发和相应图书的出版发行工作，满足黑龙江省中小学校广大师生的迫切需要。要立足长远，不骄不躁，树立将该套图书打造成长线精品的思想，拾遗补缺，对照精品教辅的标准，严格要求，从形式到内容，努力提高质量标准，坚定信心，把《资源与评价》打造成深化素质教育的精品图书。向省有关领导和部门反映这个项目在推进过程中所遇到的困难，特别是地市教委在收费上所面临的瓶颈问题。协调省物价局、财政厅、省教育厅联合下文，为这个"给推进我省素质教育工作提供一个抓手"工程开设一个"绿色通道"，或者把该项目纳入"一费制"，彻底解决此项目的收费合法性问题。组建以《资源与评价》为核心的教育资源研发中心，与教育部门携手建立教研培训网站。

3. 积极实施品牌战略，创品牌，出精品，出效益。积极落实"十一五"重点出版规划选题。对以《边疆史地丛书》为首的龙教版学术专著做深做精，贯彻实施出版总社提出的品牌战略，再深入开发选题，并注重向通俗化、大众化方向发展，拓展发行渠道，扩大影响，争取取得较好的经济效益，进一步树立品牌形象，并保证图书学术质量和编辑校对质量，打造成双效益俱佳的龙教版品牌系列图书。

4. 结合黑龙江省地域特点，重点开发反映黑龙江民族、文化、民俗等地域特征的一批图书，形式多样，满足不同层次的需要。紧紧围绕振兴东北老工业基地的主题，提供出版支持。在出版《黑龙江人》的基础上积极推进《话说黑龙江人》《黑龙江人读本》等一系列宣传黑龙江、赞美黑土地的重点图书选题。

5. 树立大教育、大科技的观点，拓宽服务教育、发展科技的渠道和领域，满足各级各类教育的需要，面向高等教育、继续教育、职业教育、特殊技能培训和岗位培训，开发社会需要的教育科技读物，实现多条腿走路。

6. 根据数字技术和网络技术的发展形势，转变观念，重视电子出版和网络出版，加强与北大方正的合作，努力增加新品种，做到纸制图书与电子和网络图书同步出版，在电子出版和网络出版上有较大的突破，将其作为新的经济增长点。

7. 着手实施"引进来""走出去"战略。确定引进外版图书的重点，积极引进版权，与此同时，努力开发外向型图书，以引进韩国图书版权为突破点，努力做到引进和推出版权并举，实现引进和推出版权均衡发展。

二、经营管理方面

1. 根据国家和省关于文化体制改革的有关精神，积极推进三项制度改革。加快改革步伐，形成人才的优选机制、收入的激励机制和用工的风险机制，适应形势发展的需要，为教育社的市场化、产业化运营做好充分的准备工作。

2. 积极调动编辑的积极性，发挥团队优势，考虑成立项目合作组，尝试引进新的机制。在政策允许的范围内，在遵守有关出版的各项政策的前提下借助外界优势，为我所用，探索多种合作方式，实现优势互补。

3. 加快发行体制的改革，建立能充分调动发行人员积极性的机制，探索出一条适合教育社发展的图书发行之路。要进行充分的市场调研，利用各种渠道，包括民营渠道来拓展图书发行的渠道，在市场上争取占有较大的份额。

4. 加强管理，提高经营管理水平。确立并逐步实现"以财务核算为核心，以产品管理为中心"的经营管理模式，在把图书成本核算到书的基础上，把成本核算到人。

5. 采用现代化手段，实现出版综合业务网络化、信息化管理，使管理手段科学化，提高管理的质量和效率。

6. 建立合理的生产流程，实行科学的管理制度。对图书出版的编、印、发各环节进行严格的科学的管理，并对在工作中出现的问题及时解决，及时做出调整，以适应新形势的需要。

7. 建立健全各项规章制度，完善管理机制。充分发挥教育社的资源优势，实现社内资源整合配置，对于一些大的项目进行充分的论证，合理分配人力、物力和财力，做到资源优化组合，增加效益。

8. 进一步加强图书质量管理，建立和完善图书质量保障机制，进一步加强审读工作，提高教育社图书的整体编校质量。

三、领导班子、团队建设和文化建设方面

1. 加强教育社领导班子建设。要把思想政治建设作为社领导班子建设的首要任务来抓。不断提高社领导班子成员运用马克思主义立场、观点分析问题、解决问题的能力，提高运用现代科技和法律手段做好工作的能力。强化对权力的监督制约，认真落实党风廉政建设责任制，进一步抓好领导干部廉洁自律，推进教育社的党风廉政建设和反腐败工作，为教育社的发展提供有力的政治保证。

2. 加强人才队伍建设，为"十一五"规划的实施提供智力保证。加强人才培训，深化人事制度改革，真正打破大锅饭和铁板凳，充分调动人才的积极性。实施人才战略，不断增强出版队伍的整体实力，在引进编辑人才的基础上，建设一支高素质的编辑和管理人员队伍。

3. 加强企业文化建设，加强和改进教育社思想政治工作。要在总社的

"一个家庭，一所学校，一支军队"的以人为本的企业文化理念的指导下，坚持以人为本，贴近实际、贴近生活、贴近群众，从群众最关心、同群众利益联系最密切的问题入手，创新思路，增强思想政治工作的针对性、实效性和生动性。深入开展教育社群众性的精神文明创建活动，在创建活动中，要确定基本目标、创建标准、主题活动，增强活动的针对性和实效性，努力保持"黑龙江省文明单位标兵"荣誉称号。

2005 年是教育社在低谷中爬起，奋力起步的一年，是教育社快速构建产品线，培育新的出版增长点的一年。我们感谢总社领导给我们的支持、包容和等待。请总社党委放心，我们会克服前进中遇到的种种困难，求真务实，真抓实干，锐意改革，团结一心，努力拼搏，为龙江出版事业的发展，为建设边疆文化大省，为总社的大发展交上一份欣慰的答卷。

（本文为作者在 2006 年 2 月 13 日黑龙江出版总社 2005 年度工作会议上的汇报）

带着感情和责任去拼搏

感谢李延芝部长，感谢省委宣传部、新闻出版局的各位领导、省出版十佳评委会的各位评委授予我"黑龙江省十佳出版人"这个特别的荣誉。

2004年，当我获得博士学位回国，回到我曾经服务了18年的黑龙江教育出版社时，许多人都在问我："为什么还回到这里？""出版业面临着转企，教育出版社近五年间的效益在急速下滑，你还要回到这里？"是的，有人走了，去北京的、上海的，去更稳定的事业单位的……

我也可以离开，向我伸出橄榄枝的地方也在期待，但是我不忍。我出国学习，出版局和教育社一直保留着我副社长副总编的位置；领导和教育社朝夕相处的同事期盼和鼓励的话语让我感动；立志"做一本比生命还长的书"的编辑、出版和营销人员依然在这里不停地抗争；黑龙江省出版总社的成立，昭示着我省出版业发展的改变和前景；省委副书记刘东辉同志2004年亲临我们教育出版社，听取我汇报，给予我们关怀和鼓励；李延芝部长上任不久就来到出版总社调研，并召开新闻出版行业的专家学者座谈会，耐心听取基层的声音；省出版局把我们基层出版单位的困难和要求时时放在心中；我省的"十一五"出版规划，勾画出了我省出版业未来的蓝图，让人看到了希望。在这样好的环境下，如果我们做具体出版工作的人能潜下心来，带着感情和责任去努力拼搏，就能为我省出版业的发展实实在在做些事。这些都是我留下来，并有决心积极面对困难的动力。

2000年，国家新课标教材开始在全国逐渐推广，也是在我省全部进入的一年，更是教育出版社面临困境的开始。我们原有的省编部分教材随着2005年秋新课标教材在我省的全部进入，终于完成了长达十几年的历史使命，正式开始从可供教材书目上撤出，上千万销售码洋的跌落令教育社员工处于无奈之中。在这种形势下，我带领新一届社领导班子以稳定队伍、开拓选题、创建和谐环境、重构经济支柱为目标，充分调动全体职工的积极性，发扬团队精神，克服困难，团结一致，努力拼搏，较好地完成了国家"十五"重点图书出版规划。我利用自己多年从事教育出版工作的经验，抢抓地方课程改革的时机，策划组织编写了体现新课改理念的地方中小学《信息技术》教材、《写字》教材、《黑龙江人文与社会》等教材，并顺利通过地方教育部门审查，2005 年秋季进入我省中小学教材征订书目，开始从起始年级推广使用。策划并推进的教辅图书《资源与评价》在激烈的市场竞争中稳步推进。这些教材教辅的快速策划、编写和推广，为教育出版社未来发展重塑了根基。

借此机会，我也向领导汇报一下教育出版社今后的工作思路，那就是以总社经济发展第十一个五年规划为指引，按照总社提出的工作目标，结合本社实际，在整合资源优势、坚持专业化发展，调整品种结构、强化品牌建设，建设分销渠道、着力战略布局，创新管理手段、加强队伍建设四个方面为工作重点。在我们"立足本省，收复失地"之后，重新树立"立足本省，面向全国"的出版目标。

这里我还要特别感谢我所在的单位——黑龙江教育出版社全体职工对我的推荐，这种信任给我回国后的努力工作注入了力量，在我主持工作、出任教育社社长兼总编辑的两年里，我的同事们跟着我没有休息日地组织教材教辅编写，不停地在各地市县奔波宣传，让我们服务龙江教育，打造龙江品牌的理念广为人知。我们的努力正逐渐得到社会的广泛认可，我们出版的教育类图书，特别是地方教材和助学教辅图书《资源与评价》的推广和研发工作正在高效进行，《生命教育》教材的策划已经启动。艰难的研发和宣传推广工作意味着我们的工作和生活不会轻松，但我们努力做到精彩，可以品尝到紧张、疲惫甚至战斗之后的那份宽慰和平静。

最后我想说的是，今天出版十佳的表彰，不单纯是对这次受奖者工作的肯定，更体现了省委领导对我省出版业的高度重视，对出版从业人员的关怀。我想这次颁奖会唤起更多人对出版业的关注。对我们在座的每一位受奖者，除了荣誉以外，也意味着必须承担更多的责任和难题。在座的每一位受奖者都和我一样深知目前图书市场的艰难，但是我们既然接受了这份荣誉，就更应该坚定为我省出版事业做贡献的信心和决心。让我们共同努力，共同发展吧！谢谢大家！

（本文是作者在黑龙江省十佳出版工作者表彰会上的发言，2006年4月）

黑龙江教育出版社每年都在不同范围内召开教辅图书《资源与评价》修订研讨会，倾力打造品牌教辅。

关于《资源与评价》纳入"一费制"中的建议

现就总社重点项目"义务教育新课程资源与评价"学生学习辅助用书（以下简称《资源与评价》）发行中的政策阻碍性问题报告如下。恳请总社领导协调相关政府部门解决为盼。

一、《资源与评价》研发的背景

1. 整顿市场的需要。90年代末，曾由省教育学院组织专家编写，经省中小学教材审查委员会审查通过，省教育出版社出版的学辅用书《学习指要》一直在全省中小学中使用，受到了老师、学生和家长的欢迎，也维护了正常的教学秩序。但是2000年"减负"的声音响起，我省唯一的一套学生辅助用书被强令停止。教育、出版损失惨重，老师、学生无从抓起。在混乱之中，一直在窥视和寻找我省教辅出版突破口的很多民营书商趁机介入，利用他们成本低、中间环节少、运作灵活、低折扣发货等"优势"和非常规手段，逐步蚕食了教辅市场。由于这些教辅东拼西凑、质量低下，很难满足教学特别是新课标要求的需要，导致学生手中至少要有三种以上的教辅资料，加重了学生的课业负担和家长的经济负担。

2. 省级领导的关注。2004年，省委省政府领导已注意到我省教材教辅市场的状况，省委副书记刘东辉同志多次过问，并支持省教育厅和出版总社牵头，成立研发组，研发高质量的学辅用书。黑龙江省政府根据我省的基础教育工作的实际情况，下发了《黑龙江省人民政府关于进一步加强农村教育工作的意见》（黑政发〔2004〕64号），文件要求，省级教育行政部门要充分利用课程资源，组织研发和推荐高质量的学习辅助材料。

3. 教育部门的重视。省教育厅对省领导的意见非常重视，在省教育厅领导亲自部署下，省教育学院、省语言工作委员会、EEC 学院和教育出版社共同组成了研发课题组，集中我省优秀教研员、特级教师和课改实验区的骨干教师，反复研究新课标教材及教育部对教育评价的要求，最后确立了"给推进我省素质教育工作提供一个抓手"的"义务教育新课程资源与评价"项目。即以进一步深化义务教育新课程，优化学生的学习资源，完善新课程学习评价体系为目标，以支持教师对学生学习的指导，满足学生在新课程学习中的发展要求为主线，为学生主动独立学习、教师教学、家长助学提供积极而有益的帮助，促进学生健康成长，最终达到减轻学生过重的课业负担，全面推进素质教育，提高教育质量的目的。

4. 出版业的支持。黑龙江省出版总社把此项目列为重点工程全力支持，黑龙江教育出版社和黑龙江省新华书店为打造"龙江第一品牌学辅"，倾全力给予研发、出版和发行方面的支撑。历经两年的研讨、编写、实验、回访、修改，目前以"资源与评价"为项目的学生辅助用书已在部分实验区使用，反映很好。

二、《资源与评价》的内容要求

作为"义务教育新课程资源与评价"项目载体的学生学习辅助用书，在编写时要求体现以下思想：在指导学生学习中充分体现以学生发展为本的基本理念，体现新课程标准的三维教育目标；关注学生的生活经验，关注学生对学习过程的感悟和体验。在此基础上，促进学生学习方式的转变，指导学生形成科学的思维方法和扎实的基础知识和基本技能，使学生的学业水平得到有效检测，起到形成性、反思性评价的作用。在对教材相关知识点的巩固练习中，要求的呈现方式与教材的课后练习、一般的学科知识的练习题等相区别，应是课堂学习的延伸、各科知识学习的内在联系的综合，要特别关注学生素质的全面发展，关注学生综合能力的培养。

编写队伍要求：名教师与名教研员领衔，充分发挥近几年基础教育课程改革过程中涌现出来的有创造性的第一线的教师和教研员的作用。

黑龙江教育出版社设立读者信息反馈平台，为每一个老师和学生建立个人跟踪服务档案，并据此提供增值服务。

三、《资源与评价》的实施情况

2004 秋季《资源与评价》系列全品种经过省教材审定委员会审定通过，同年 11 月省教育厅下发了《关于开展"义务教育新课程学生学习资源整合与学程评价实验"工作的通知》（黑基教〔2004〕325 号）并附有"实验工作方案"，从此开始了在部分学校进行实验；2005 年 2 月省教育厅又下发了《关于加强中小学生学习辅助材料管理和清理整顿工作的意见》（黑教基〔2005〕24 号文件），"意见"规定只有省教育厅下文件推荐的学习辅助材料才能在教育系统内推广；2006 年黑龙江出版总社也下达了文件，要求全省新华书店全力配合，宣传发行。这一些举措为该书的国营主渠道规范化发行奠定了基础。经过各方的努力，目前该学辅用书无论在编写内容上还是出版质量上都具有较高的水平，经过两年五个学期的使用，得到实验地区的中小学师生的认可，取得了阶段性成果。

四、实际发行中遇到的问题

1. 政策性的阻碍。《资源与评价》开始研发起步的 2004 年，正是"一费制"政策出台之时。大气候下的政策性阻碍使该学辅用书的收费陷入尴尬境地，成为目前制约其发展的最大的瓶颈。按"一费制"的标准，学生订购教材、作业本以后所剩无几。学校不敢再统一收取额外费用。再加上一些地区受利益的驱使，对这一项目有抵触情绪。这些地区往往此前采取各种方式订过其他大折扣的教辅资料（大部分是书商所为），《资源与评价》所给的实验培训费根本引不起他们的兴趣，所以找各种借口推托此事。

2. 市场环境的恶劣。2004 年以来，教辅市场的混乱局面更为严重。2006 年 6 月至 9 月，黑龙江省新闻出版局在国家新闻出版总署的要求下，对在我省图书市场上流通的教辅图书进行了抽查，结果有很多教辅图书质量不合格。新华社、黑龙江电视台、《新闻出版报》《黑龙江日报》《生活报》等相关媒体都给予了广泛的关注。但这些教辅有的换了个书名，有的换了个出版社，更有甚者对通报不理不睬，依然通过非正常渠道推销给学生。

五、纳入"一费制"中的建议

1. 2006 年 10 月《黑龙江省人民政府办公厅转发省教育厅等部门关于进

一步做好中小学教育工作意见的通知》（黑政办发〔2006〕67号）中，明确指出要"严格中小学学辅材料管理"，"省教育厅具体负责做好与新课相配套的学辅材料的研发、审查、推荐和指导管理工作"。同年11月，已经实验两年多的《资源与评价》通过了黑龙江省中小学教材审定委员会的审查，这是自2001年新课改开始以来，我省唯一审查通过的学辅用书。黑龙江省教育厅下发了相关的文件，可以说对学辅用书的重视程度，对学生的关爱程度达到了空前。

但是由于"一费制"的政策性阻碍，学校无法给学生订购此书。各地市教育部门及学校反应极为强烈，迫切希望政府能够出台具体的可操作性的方案，真正达到规范学辅用书的目的。因此建议总社协调省物价局、财政厅与教育厅联合下文，为"给推进我省素质教育工作提供一个抓手"的"资源与评价"工程开设一个"绿色通道"，彻底解决此项目的收费合法性问题。比如像外省那样，把"一费制"中的作业本用有字作业本取代（实际上学生都是在学辅书上留的空白处直接做练习，很多作业本订购后都没用），或者把《资源与评价》作为教育评价的载体而赋予其新的职能，成为检测学习质量的必备手册。只有这个"绿色通道"开通，才能真正做到减轻学生家长课业和经济负担，也才能扭转教辅市场混乱的局面。

2. 组成由纪检委、教育厅、新闻出版局等相关部门参加的领导小组，对进入校园的未经省中小学教材委员会审查通过的学辅用书进行彻底清理，加大执法和监管力度，整顿目前混乱的局面，草不除豆苗难以茂盛，非法不除合法难以繁荣。特别是在法制和规范尚不健全的市场行为中，政府对学生用书品质和流通渠道合法性的关注及所采取的相应措施，不仅直接影响着和谐社会的构建，更影响着学生们一生的成长。如果能采取有力措施，让我省的学生真正从劣质教辅中摆脱出来，朝着素质教育的目标发展，同时也可以堵住不法书商取得暴利和偷漏税金的渠道，有效地防止商业贿赂的隐患，把应得的收益回馈于社会教育事业的发展，那么我们素质教育实施的前景该是多么的灿烂，我们的边疆文化大省的建设也将会注入多大的活力和动力啊！

（本文是2007年1月15日为教辅图书《资源与评价》合理进入学校向黑龙江出版总社进行的汇报）

教辅书泛滥的问题亟待解决

中小学学生学习辅助材料是配合课堂教学、提高教学质量必不可少的学习资源，是增强学生学习兴趣，满足学生自主学习和家长助学需求的重要载体。中小学教辅材料的审定、出版、发行和管理，事关巩固普及九年制义务教育成果和素质教育的推行，对教育事业和出版产业的发展具有重要意义。2000 年前，我省中小学一直使用由省教育学院组织专家编写，经省中小学教材审查委员会审查通过，省教育出版社出版的教辅用书《学习指要》，此书深受老师、学生和家长的欢迎，也维护了教辅书市场的正常秩序。但 2000 年国家提出给学生"减负"后，我省这唯一的一套教辅用书被强令停止。不仅出版业损失惨重，老师和学生也失去了一个"抓手"，给教学带来了一定影响。值此之际，一些不法书商乘虚而入，采取高定价高折扣等非常手段，逐步蚕食和占领了我省教辅市场。一些教辅书或东拼西凑，或盗版印制，质量低下、漏洞百出，既扰乱了图书发行市场，冲击了正规出版社，也很难满足教学特别是新课标的要求，还加重了学生的课业负担和家长的经济负担，特别是以回扣、行贿的方式发行，也败坏了社会风气。教辅书市场混乱的问题，已成为一大社会公害。

一、教辅市场鱼龙混杂、泥沙俱下

由于教辅市场庞大，利润可观，各级各类出版社纷纷"抢滩登陆"，争分"一杯羹"。据统计，全国 580 家出版社中超过 500 家涉足教辅出版领域，更有上千家民营书商争先恐后大动这块"奶酪"，我省的 12 家出版社也都在出版教辅书，全国每年约有 10 万种教辅书涌入市场。受利益驱动，许多出版社在不具备专业出版资质的情况下，也草草编书发行，质量低劣以及平庸的教辅书纷纷出笼；一些书商浑水摸鱼，低价买来书号抄袭拼凑出版，甚至违法盗版，最终导致教辅市场杂乱，教辅书泛滥成灾。主要表现为：

一是从数量看，种类繁多，难以选择。据不完全统计，我省图书市场上的各类教辅书达万余种。如一本英语练习册有上百种版本，作文辅导书也达百种之多。同样是小学的奥数练习册，就有几十个版本。走进任何一家书店，都会看见教辅类图书铺天盖地、堆积如山，从小学到高中各个阶段全部涵盖。内容雷同、版本众多的教辅书让学生和家长无所适从，无法选择，只好是老师推荐啥买啥，推荐多少买多少，有的一门课程要买几个版本的教辅资料，使学生们的书包越来越沉，造成不必要的负担。

二是从编著看，东拼西凑，重复低效。调查情况表明，一些出版单位单纯追求利润，采取快餐式的办法组织出版教辅书，一旦哪种类型的教辅书好卖，马上就跟风出版。有些书商仅仅买个书号，换个书名，而内容却东抄西摘，拼凑而已。很多教辅书都是内容重复，抄袭，雷同，交叉，翻开一看，就觉得似曾相识，大同小异，千篇一律，缺少精品。

三是从印刷看，粗制滥造，质量低下。2006 年 6 月至 9 月，省新闻出版局对全省中小学教辅图书进行质量抽查，在检查的 67 种教辅书中，有 30 种不合格，不合格率占抽查总量的 45%。这些不合格教辅书编校质量差错严重，包括知识性错误，错别字、病句等文字性错误和答案错误等。差错率最高的达到 11.74/万字，平均每页有 1.4 个差错。还有的印制纸张粗糙，缺篇少页，字迹模糊，图画不清。

四是从价格看，暴利高价，增加负担。一般一本标价二十几元的教辅书，实际成本只有几元，价格严重背离价值。学生每科仅买一套教辅书就要多花许多钱。如果买两三套，负担就更重了。有的学生家长统计，孩子在高中阶段买的教辅书至少花费千元以上，这对于生活比较困难的家庭来说，也是一笔不小的经济负担。

五是从出版看，盗版泛滥，鱼龙混杂。据省出版部门相关负责人介绍，我省教辅市场上有 1/3 左右是盗版，有 1/3 左右是省内出版，1/3 左右是外省出版。今年 5 月检查，全省共查出盗版教辅读物 63000 册，没有查出的不知还有多少。即使是正版的教辅书，也有相当一部分是非主流出版社或以盈利为目的的书商运作的产物。正常情况下，编一套精品教辅书至少需要半年左右的时间。而据业内人士自暴教辅书编制黑幕，许多书商为了抢占市场，获得高额利润，看到更新换代的教材后，便雇几名"枪手"，找来市场上多种与之相近的教辅书，一周便可打造出一套"精华""大全""顶级"之类的教辅书。盗版更是简捷，一夜之间便可印书。盗版和突击拼凑出版，不仅谬误百出、误人子弟，而且扰乱了正常的教辅书市场秩序。

六是从发行看，渠道杂乱，五花八门。一些正规出版社出版的教辅书是通过新华书店，走正规的发行渠道。图书市场上的小书店，则是从出版社和书商手里进书，转手批发和零售，多以较低的折扣向学校和教师推销。有的书店为了挣钱，时常发行盗版教辅。书商干脆自买书号，自行编印，自办发行，甚至是以商业贿赂等手段直接发行到学校。一些名校、名师利用自己的"品牌"优势，自己编写教辅书，自行发行给本校学生。花样百出的发行，造成教辅市场管理的混乱。

二、教辅书泛滥带来严重的社会危害

教辅市场严重混乱，由此也带来多方面的严重危害。

一是教辅资料脱离教学实际，误导了学生学习。从抽样调查看，教辅读物普遍以应试为基本目标，以习题为主要素材，特别是以高考、中考、小学奥赛的试题为重点内容，不能体现学科课程标准的内容与要求，难度大大超标，有的初中一年级教辅资料的习题达到了高中的水准。有的教辅书实际就是各种测试卷、练习册，就是机械地训练，"题海"成了学生的"苦海"，背离了教学辅导的基本原则，难以激发学生的阅读兴趣和学习欲望，加重了学生的课业负担和家长的经济负担。还有的是教辅资料的编写出版者根本不了解现在的课程状况和标准，仍以课改前的旧有教材为蓝本，应用的实效性较差。许多教师反映，这种超标离本、繁难偏旧的低劣教辅书的发行使用，大大冲击了课程改革，如此"学习辅导"，岂不成了"学习误导"，白白浪费学生宝贵的学习时间。

二是扰乱市场经营秩序，正规出版发行受到严重冲击。由于个体书商采取不正当手段，通过各种渠道抢占我省教辅图书市场，造成出版发行市场失控，省内的正规、专业出版社无法与之进行公平竞争，致使低质高价

的教辅图书涌入学生课堂。据调查，我省每年教辅书销售额约 4 亿元左右，书商经营的盗版、拼凑版和外地出版社发行的教辅书就占 2/3。市场混乱，管理失控，直接冲击省内教辅出版社。如黑龙江教育出版社是我省出版发行教材、教辅书的专业出版社，实力比较雄厚。20 世纪 90 年代末，仅出版的一套《学习指要》，发行码洋在 1999 年就突破 7000 万元，销售收入达 1000 万元以上。2000 年教育出版社各种教辅书销售收入近 2000 万元。随着 2000 年"减负"，《学习指要》被强令停止发行使用，民营书商乘机而入，他们以成本低、中间环节少、运作灵活、低折扣发货等"优势"，迅速占领了我省教辅市场的"大半江山"，教育出版社的教辅书出版发行数量江河日下，到 2005 年销售收入只实现 174 万元，下降了 91%。省内的其他做教辅书的出版社基本都被挤出了市场，几乎没有什么利润，举步维艰。这对教育事业，对出版行业，对我们的边疆文化大省建设都是一个很大的损失。

三是省内教辅市场被占，影响了地方财政收入。教材教辅读物的出版发行，作为文化产业的重要组成部分，不仅具有广泛的社会效益，而且可以创造可观的经济效益。还以省教育出版社为例，2000 年仅发行教辅图书上缴的税金就达 463 万元。但这几年随着市场份额日益萎缩，2005 年仅上缴税金 20 万元，下降了 96%。按一般的销售税率，我省出版业如能占领省内教辅市场份额（4 亿元左右）的一半，每年就可提供税收几千万元。如果算上出版、印刷、发行以及造纸、运输整个产业链创造的税金，效益就将以亿计，更加可观。而目前的情况是：省内国营正规出版社教辅书实现的税收已是微乎其微，而个体书商和批发商多数是想方设法逃税，既造成大笔税收流失，又影响了"诚信龙江"建设。

四是书商高折扣发行教辅书，败坏了社会风气。从调查看，个体书商为了扩大发行，占领市场多赚钱，不惜采用各种手段，把教辅书打进学校；或像药商那样把工作做到具体的"执行人"身上，以标价的 60% 甚至 80% 的高额折扣让老师向学生推荐他们经营的教辅书；有的把书摊摆在了学校门口，紧盯着老师做工作。在利益的诱惑下，一些老师甚至每科向学生推荐几本教辅书。就是按 30% 的折扣算，也意味着全省每年将有 1 亿元左右的折扣流入个人手中。教辅书发行中的高折扣，污染了教育这块净土，极易引发经济犯罪，成为新的腐败"增长点"，给学生的纯洁心灵也抹上了一层阴影。

五是一些教辅书成为"教育垃圾"，白白浪费了资源。教辅市场盲目、过度、无序的白热化竞争，使出版的利润越来越小，出版社和书商往往以扩大印书的数量来弥补。但市场容量是有限的，容易造成积压，积压卖不动就变成一堆废纸。一些粗制滥造、错误百出、盗版发行的低劣教辅书被有关部门查禁后，也变成了无人问津的"废品"。另外，由于每年的课本都有一些变动，尤其是新课改后，一些配合新课改的教辅资料也在随之变化，旧的教辅书也就成了"明日黄花"，被卖到了废品收购站。这几年教辅图书已成为废品收购中的"新品"，每当中考和高考结束后，大量的教辅书便以每公斤 1 元左右的收购价卖给废品收购站。一些学生家长反映，几年来为孩子花费千元以上买的教辅书，当废品卖也就是十几元钱。一些教辅图书演变成"教育垃圾"，成为废品，造成的纸张浪费惊人。而且造纸需要大量的木材，耗费大量的能源和水资源。生产一吨纸需要木材约 0.9 吨、煤 0.5 吨、水 375 吨，还会造成 35% 的水污染。我国是个资源极其匮乏的国家，教辅书变成废品，这既是教育和出版业的悲哀，也与建设资源节约型和环境友好型社会相悖。

三、整顿规范教辅市场的对策建议

调查情况表明，我省教辅市场比较混乱，造成的危害也比较严重，社会反响也很强烈。新闻出版部门虽然也进行过整顿，但因缺乏配套措施和治本之策，效果还不够理想，往往是整顿过后便死灰复燃，"涛声依旧"。因此，整顿规范教辅市场，不能仅靠一时的突击检查，必须找准"乱源"，对症下药，采取有效措施标本兼治，在建立建全长效机制上下功夫。

一是采取综合整治行动，大力清理整顿教辅市场。粗制滥造、质量低劣、买号盗版、违规发行、逃漏税费，这是教辅市场混乱的主要原因，单靠新闻出版部门监管很难奏效，必须吸取以往整治的教训，充分依靠全社会力量，组织各有关职能部门统一行动，联手对教辅市场进行全面清理整顿。新闻出版部门要继续加大对教辅图书市场的监管力度，加强对教辅图书的质量检查和抽查，对不合格图书进行召回处罚；依法严厉打击盗版行为，追究其行政、经济和刑事责任，谁盗版就砸谁的"饭碗"。质量技术监督部门要把教辅书质量问题纳入产品质量安全专项整治行动，予以高度重视，严管严查。文化、工商管理部门要严格书商经营资格的审批和检查，坚决取缔无证无照经营。税务部门要对经营教辅的书商加强税收征管，查实征收，应收尽收。教育、纪检、监查部门要认真查处教辅书发行中的商业贿赂和高额回扣提成等违法违纪行为，通报一批典型案件，以儆效尤。通过有关部门联合执法，全面清理、整治教辅市场，创造规范有序、公平竞争的市场环境，坚决遏制教辅市场过乱、教辅书过滥的状况。

二是建立严格的市场准入机制，未经权威部门推荐的教辅书不准进入课堂。教辅资料不同于普通图书和普通商品，它对于辅助学生学习具有重要作用。过去，政府对砍掉教辅书态度比较坚决，而对什么样的教辅书可以进入课堂却没有任何限制，由此导致良莠不齐、五花八门的教辅书纷纷涌入校门，挤进课堂。实践证明，对教辅书的使用绝不能撒手不管、放任自流，必须像教材那样执行严格的市场准入制度，建立严格的审批推荐机制。要研发教辅资料，应首先到教育部门申请，批复后方可编写，成样后由教育部门组织专家进行审查，通过后，再由教育部门推荐书目，各地市教育主管部门进行公示，最后才能进入课堂。学校如果向学生推荐或征订推荐书目以外的教辅书，要追究学校有关领导和老师的责任，实行一票否决。

三是严格控制出版发行渠道，由专业出版社精心打造教辅精品。教辅市场混乱，追根溯源，首先是由出版发行混乱造成的。因此，既要加强对教辅市场的检查整治，还要从源头上控制教辅书出版发行的种类和数量，严把质量关。新闻出版部门要协调好各出版社的出版分工，非教育类图书出版单位不得出版教材教辅读物，教辅选题必须经过立项审批，由资质过硬的专业出版社集中力量打造精品。严禁各出版社倒卖书号，或者出版劣质教辅读物，对违反者，要采取铁腕措施，加大打击力度，除处以罚款外，要吊销或暂停出版教辅读物的资格。这样，才能防止劣质教辅出笼，堵住不法书商偷漏税费的渠道，有效遏制商业贿赂的蔓延。

四是将推荐的教辅书纳入"一费制"，减轻学生经济负担和学习负担。针对教辅市场混乱、教辅读物泛滥的实际，教育部门、出版业、学校、家长和社会各界普遍反映，既然学生们的学习离不开教辅读物，学校虽然名义上不再统一征订教辅书，但老师们的推荐仍是变相统一购买，而且每科要买好几本，莫不如变"堵"为"疏"，实行"一课一辅"，即一门课程允许配一本教育部门推荐的高质量的教辅读物，与课本一同组织征订，由新华书店发行，并纳入"一费制"。据媒体报道，一些全国政协委员已向国家提出"一课一辅"的提案，有的省市已开始把正规的教辅资料纳入"一费制"，效果很好。如湖南省今年由物价、财政、教育部门联合下发文件规定，把义务教育课程基础训练（含低年级同步教学实践训练）及寒暑假作业本费纳入"一费制"收费的作业本费之中，并由物价部门统一核定价格，全省教材和教辅资料价格平均下降13%，学生每人每学年平均减少课本费、作业本费支出约20元，受到了各方面的好评。2004年以来，黑龙江省委、省政府、省人大、省政协领导已经注意到我省教辅市场混乱的问题，省委主管领导多次过问并支持省教育厅和出版总社牵头，研发高质量的教辅用书。省政府下发了黑政发〔2004〕64号文件，要求省级教育行政部门要充分利用课程资源，组织研发和推荐高质量的学习辅导材料。按照这些要求，省教育厅组织省教育学会、教育学院、语言工作委员会、EEC学院和教育出版社，集中我省优秀教研员、特级教师和课改试验区的骨干教师，开发了《义务教育新课程资源与评价》，打造"龙江第一品牌学辅"。该书以素质教育为目的，融学生自主性学习、教师引导和家长参与于一体，具有较强的生活性、生动性、趣味性和综合性。经过两年多的实验，一线教师和学生们反映很好，已通过省中小学教材审定委员会的审查。这是自2001年新课改开始以来，我省唯一通过审查的教辅用书，省教育厅2006年下发了《关于推荐〈义务教育新课程资源与评价〉学生学习辅助用书的通知》，现有部分地市县的学校使用该书，2007年春秋两季共征订120.1万册，码洋869.2万元，分别比上年增长6.8倍和7.3倍，趋势看好。但由于"一费制"政策的限制，学校不敢再统一收取额外费用征订，再加上这些年一些地方受利益的驱使，已订过书商大折扣的教辅读物，《资源与评价》所给的实验培训费根本引不起他们的兴趣，所以不愿征订。最近我们调查显示，各地教育部门和大部分学校以及学生家长都迫切希望调整"一费制"政策，把《资源与评价》纳入进去，开设"绿色通道"，彻底解决其收费合法性问题。像外省那样，把"一费制"中的作业本用有字作业本取代（实际上学生都是在学辅书上留的空白处直接做练习，很多作业本定购后都没有用），或者把《资源与评价》作为教育评价的载体而赋予其新的职能，成为检验学习质量的必备手册。这样，既可与新课改配套，免去学生和家长盲目选择学辅用书的烦恼，又可以减轻学生的课业负担和家长的经济负担，还能够扭转教辅市场混乱的局面，一举多得。

五是建立高层领导协调机制，统一协调解决教辅市场混乱问题。整顿、规范教辅市场，实行"一课一辅"进入"一费制"，涉及相关政策，涉及有关部门职能，涉及各方面的利益，必须由高层出面协调。应成立由省委、省政府主管领导任组长，省纪检委、省委宣传部、省教育厅、新闻出版局、发改委、财政厅、物价局、审计局、工商局、质监局、出版总社等部门负责同志为成员的"教材教辅出版发行工作领导小组（或教辅市场专项清理整顿领导小组）"，办公室可设在省委宣传部。领导小组及办公室研究教辅出版发行及市场整顿等重大事项，协调解决教辅市场混乱、教辅书过滥的突出问题，并督促有关部门加强监督检查，促进工作落实。

（本文为作者带领团队就黑龙江省中小学教辅读物出版发行情况进行调查后的汇报，2007年9月10日）

履职尽责　开拓教育出版新局面

2004 年 11 月 18 日，黑龙江省委宣传部任命我为黑龙江教育出版社社长兼总编辑，迄今任期已过三周年。三年来，在省出版总社的正确领导、关心支持和监督下，我始终坚持以邓小平理论和"三个代表"重要思想为指导，认真贯彻执行党的路线方针政策，落实科学发展观，与我社其他班子成员一道，在全社职工的支持帮助下，紧紧围绕总社党组的工作部署，结合本社实际，不断建立健全各项规章制度，坚持以人为本，科学管理，团结率领全社职工求真务实，发奋进取，勤政廉洁，为推进我社出版事业发展做出了积极努力。

根据黑龙江省出版总社进行经济责任审计的要求，现就我任现职以来履行经济责任的情况报告如下：

一、基本情况

黑龙江教育出版社是隶属于黑龙江省出版总社的企业化管理的事业单位，是我省唯一的教育专业出版社，担负着出版我省中小学地方教材教辅的重要任务，同时出版各级各类学校及职业教育教材、教学辅助用书，教育理论、学术专著。现设科室有：五个编辑室、总编室、出版科、发行科、财务科、办公室和储运科。另外拥有一家集体所有制下属单位——黑龙江教育出版社中小学精品书店。

全社从业人员人数 52 人，其中事业编制职工 34 人，聘用人员 18 人，有离退休职工 18 人。

近几年，面对教材教辅出版的各种不利因素，我们克服了种种困难，外部拓展，内部挖潜，使我社经济效益逐年增长，到 2007 年，我社利润总额达到 396 万元。经过这几年的探索，我社进一步明确了自身的发展战略——立足龙江做基础教育产业，面向全国创大众教育品牌，构建教育出版研发基地，打造教育出版传媒平台。

二、财务收支及国有资产保值增值情况

（一）财务收支及利润指标完成情况

我上任后的三个年度，我社的主营业务收入和利润总额逐年增长，在班子成员和全社职工的共同努力下，三年均完成了省出版总社下达的利润指标。每年的主营业务收支和利润指标完成情况见下表（单位：万元）：

年　度	主营业务收入	实现利润总额	利润总额指标
2005 年	3034	211	200
2006 年	2557	301	300
2007 年	3489	396	350

（二）上缴税金和集中资金情况

三年中，我社严格按照国家税收法律规定，按期、足额向国家税务机关上缴各项税费，在多次税务检查中，从没因偷税、漏税等情况受到过处罚。按照省出版总社的要求，我社每年均从税后利润中提取一部分资金，上交省出版总社用于扶植经济困难的出版社。历年上缴税金和集中资金情况如下表（单位：万元）：

年　度	上缴税金	集中资金
2005 年	527	50
2006 年	422	100
2007 年	392	200

（三）国有资产保值增值情况

在这三年中，虽然遭受中小学学生减负、原有的一些地方教材退出市场、教材价格一降再降及原材料价格上涨、工资等费用增加等多重不利因素，但我社依然实现了利润总额较快速度的增长，经济效益稳步回升。资产总额与三年前相比增长了 13.16%，净资产（所有者权益）增加 123 万

元，国有资产保值增值率达到 101.46%，实现了国有资产保值增值的经营目标。

三、履职主要工作情况

（一）抓出版主业，走教育出版专业化发展之路，抢抓教材，巩固省内教材出版地位

自 2001 年以后，中小学地方教材连续降价并被国家新课标教材逐渐替换，省编教辅被省里取消后，市场化能力不是很强的教育社，出现了利润持续走低的状态。教育出版社的主要经营收入由千万元大幅下降到百万元。这样大的出版环境的变化和相关政策的调整，使社内人心浮动，茫然不知所措。在这样的形势下，出任教育社的社长，我深感任务艰巨，责任重大。如果不开发出新的可替代产品，阻止市场萎缩的局面，将来做书的门槛儿会越来越高，越迈进越难。以教育社的现状而言，我提出了以专业化发展为目标，整合选题资源，拓展选题空间，加强与教育部门的合作，加大教育资源的研发力度，由单一教育出版单位逐步向教学资源的研究开发基地、生产制作基地和服务基地转变的设想。逐步构建以开发立足本省的地方教材、教辅为基础，以面向全国的品牌学生读物、以大教育为中心的畅销书、常销书和品牌学术图书为模块的立体化的出版格局。

2004 年我从日本回来后，在教育部了解到 2003 年以后，全国中小学新课程教材编写竞标已告一段落，寄托于新课标中获得一杯羹的希望已破灭。但是还没有纳入新课标中的地方教材各省可以自己做。于是我积极主动与教育部门联系，以我对出版业的热情和为教育服务的执着精神，赢得了教育部门对教育社的信任，承揽了地方教材的开发任务。三年中，我们倾力打造的《黑龙江人文与社会》教材、黑龙江省小学、初中《信息技术》教材、小学《写字》课本、《健康教育》等多部地方教材已全部通过审查，并全部列入我省中小学教材使用目录。与人音社合作的中小学音乐教材不断扩大了使用率，特别是在 2007 年高中新课标教材进入我省首次选用时，我们承担的高中音乐教材的市场占有率达到了 90% 以上。我们还对上述教材在全省范围内对中小学教师进行培训，以扩大宣传，提高教材的使用水平，巩固教育社的龙教版教材的地位。

（二）精编学辅，做精学术，拓展本版图书市场空间

在 2001 年以后我省就没有省内统一编写审查的教辅供学生使用。我带领大家抓住省领导和总社领导关心教辅图书的机遇，主动与教育界的专家学者一线教师联系，积极协调教育主管部门，在教辅市场极不规范的困难情况下，利用半年的时间开发了学生用书《资源与评价》。我们为了进一步做好该套学习用书的使用工作，我每年都带队几次深入全省各地，对我省所辖的 13 个地市 2 个系统局（农垦、森工）的教育部门和新华书店进行了轮回走访，准确掌握了各地市教辅的使用情况和运作的机制，同时也增加了教育社与当地教育部门和地市店的友谊，使我社与地市层面的关系得到了新的改善。发行码洋从 2005 年的不足百万突破到 2007 年的近两千万。《资源与评价》项目已得到省内主要地市的认可。

近三年我在特别抓住地方教材教辅启动的机遇、全力一搏的同时，也特别关注教育社其他本版图书的出版。这三年也正是"十五"计划和"十一五"计划的交会之年。我们按时完成了《邓小平理论与当代中国管理学》《邓小平理论与当代中国哲学》等具有理论水平和学术参考价值的图书出版。同时带领大家认真制订"十一五"计划。在 2006 年总署评选出的"十一五"规划选题中，教育社有 4 个系列图书入选，是我省入选图书最多的出版社。分别是《边疆史地丛书》《黑水世居民族文化丛书》《东北三江流域民俗文化丛书》及《黎锦熙文集》。其中刚刚出版的《黎锦熙文集》还被国家评为"三个一百原创作品"。我鼓励和引导编辑们拓宽视野，跳出教辅图书的小圈子，形成大教育的出版视点，拓宽服务教育的渠道和领域，为教育社寻找新的经济增长点，实现可持续发展探索新路径。

（三）提高素质，关注出版队伍的建设

我上任后，一方面亲自抓选题策划、抓市场培育，一方面加强队伍建设。我们制订了编辑及营销人员的学习计划，请名编辑讲课，每次我都是带头参加。我鼓励编辑参与市场活动，但在参加大型书市、书展时，参加者要带着调研任务去，返回后要写出调研报告，并在全社的研讨会上讨论，改变了以往参加书市是一种待遇的观念。

对新入社的年轻编辑，我要求他们先熟悉社内出版流程，在相关部门分阶段工作；指定老编辑为导师，认真指导；与印制厂联系，深入工厂，

增强实感。对现有编辑们，注意调动积极性，并引导他们不断地更新知识，注意在自己的专长内，开拓思路，开发选题，逐渐改变大家什么选题都抓的"杂家"状况，向着教育专业化的出版方向引导、推进。倾力打造一个具有品牌意识、创新意识、团队意识，负有责任心和竞争力的出版队伍。

根据社内编辑人员少，加工稿件量大，学科不配套，图书质量很难保证的现状，我着手组建社外编辑加工队伍，并建立了一套相互制约机制，为确保图书质量奠定了基础。我们在大学生中招聘责任心强，学习成绩好又比较贫困的学生，培养他们做编辑加工、校对、审读等案头工作，既辅助了贫困学生，又提高了图书质量。目前我们还在逐渐组建以社内编辑为中心的社外组稿队伍，以补充社内人手不足的局面。

（四）建章立制，廉洁自律，严格按制度办事

几年来，我始终把自己视为出版战线的普通一员，既当领导又当公仆，以"做人要有人格、做官要有品格、做事要有风格"的"三格"原则警示和要求自己，时时用一个共产党员的标准严格约束自己，铭记责任、不辱使命，加强学习、以勤补拙，建章立制、廉洁自律，认真履职，以不辜负组织的培养和群众的信任。

在内部管理方面，坚持以事业为重，强化职工的大局意识、责任意识和服务意识。建章立制，狠抓规范运作，不断建立健全和完善内部管理的各项制度与规定，完善组织人事、财务管理、出版管理、编务管理等各项规章制度。通过建立完善各项内部管理制度，做到有章可循，有效促进了我社出版事业的健康持续发展。

在加强财务管理、执行财务制度方面，严格执行我社财务管理的有关规定，严肃财经纪律，加强财务收支管理，紧缩开支，开源节流，把有限的资金最大限度地运用到事业发展上去。对重大项目进行预算管理，确定利润目标，控制成本费用支出额度，并实行有效监督。凡万元以上的物资采购都必须经班子集体讨论，万元以上固定资产购置及重大非经常性开支必须报省出版总社批准，有效地防止了"一把手"说了算以及单位收入体外循环和私设"小金库"等违规现象的发生。加强了日常财务资金的使用和管理，制定了财务报销管理规定，严格财务报账制度和会计工作规范，做到账目清楚，业务规范，在财务报销上按照总社要求实行一把手"一支

笔"审批制，保证了会计凭证手续齐备、规范合法，确保了会计信息的真实性、合法性、准确性、完整性。

在依法管理、廉洁自律方面，自觉遵守国家法律法规，带头学法、用法、守法，带头遵守和执行党风廉政建设有关规定，车辆使用、公务接待、电话使用等方面坚持做到廉洁自律，按规定办事。

四、存在的主要问题和今后的努力方向

在这三年中，我们没有给每个员工强行摊派经济指标，更没有减人裁员。我理解大家在激变的出版环境下的困惑和徘徊，我也感受到大多数职工努力进取、期盼教育社持续发展的热望。作为教育社的一名老职工和新接续的社长、总编辑，我非常珍惜教育社历届班子和全社职工辛勤努力建设的家园，在目睹了日本出版业的发达和国内几大地域出版业的快速崛起之后，一种急迫感和危机感令我从不敢放松自己，我也更尽自己所能去勤奋工作，努力开拓，务求实效。三年中与大家共同的努力，每天平均十四五个小时的工作，在倍感艰辛和疲惫之中，我对教育社未来的发展也增强了信心。三年中，尽管教育社稳住了下滑趋势，新的产品线正在不断形成，但是我却不敢有丝毫的放松，竞争已趋激烈，再不快速跟进，待真正"势不可挡"时才着手应对，则会被远远抛在后面，并且可能永远没有赶上的一天。

自身的问题和努力的方向：1. 工作中的期望值有时过高，往往耐心细致的引导不够，产生急躁情绪，这是我今后要多加改正的。2. 我省出版业改革的时间表过去虽然没有被确定，但线路图已经确定，我虽然时刻关注这一改革，不停地与职工探讨并且几乎是驱迫着大家走市场、树忧患意识，但是，社内三项制度的改革进行得还不彻底，有观望、等政策的思想，也有彷徨的一面。今后我还要更努力地加强自身的学习，积极研究出版工作中遇到的新问题，探寻文化体制改革中出版业发展的新机遇，实现把教育出版做强做大的梦想，也更希望组织上能多给予具体指导。

（本文是作者担任黑龙江教育出版社社长总编辑三年后的经济责任审计述职报告，2008 年 3 月 24 日）

珍爱生命从孩子做起

　　"生命教育"课程是为小学中高年级和初中生（小学三年级至初中三年级）开设的一门以促进学生认识与感悟生命的意义和价值，学会做人与处世，提高生命质量的综合性地方课程。"生命教育"课程旨在通过多种教育形式，形成学校、家庭与社会优势互补、资源共享的生命教育实施体系，而以课堂教学的方式开设专门的"生命教育"课程是其中的最重要途径。中小学《生命教育》教材是为生命教育课编写的专门教材。

一、编写目的

　　目前，许多中小学生存在心理脆弱、思想困惑、行为失控等现象，有些学生道德观念和行为习惯产生偏差，享乐主义、拜金主义、极端个人主义严重，人生观、世界观、价值观、是非观亟待积极引导。此外，校园伤害、意外事故等威胁青少年人身安全的各种因素，也一定程度上影响了青少年的身心健康。因此，迫切需要培养青少年形成科学的生命观，进而为学生树立正确的世界观、人生观和价值观奠定基础。

　　本课程以让儿童认识生命、爱护生命、完善生命、幸福生命为主线，将生理健康教育、心理健康教育、安全教育、环境教育、禁毒和预防艾滋病教育、法制教育等有机融合，对中小学生进行生命与健康、生命与安全、生命与成长、生命与价值和生命与关怀的教育，使学生学习并掌握必要的生存技能，认识、感悟生命的意义和价值，培养学生尊重生命、爱惜生命的态度，学会欣赏和热爱自己的生命，进而学会对他人生命的尊重、关怀和欣赏，树立积极的人生观。

二、适用对象

该套教材适用于小学三年级至初中三年级的所有学生。考虑到学生身心发展阶段性以及该读物（教材）使用的灵活性，兼顾学生的年龄、年级特点，该套书共分十四本，从小学三年级至初中三年级每个学期各一本。读物（教材）可供中小学校开设相应的生命教育课程时使用。为了便于教师使用该教材，每本学生读物配备相应教师用书，以小学（上、下）、初中（上、下）的形式编写。

三、编写原则

1. 以学生价值观培养为核心原则。教材将对生理健康教育、心理健康教育、安全教育、环境教育、禁毒和预防艾滋病教育、法制教育等内容进行有机融合，但教材不是这些内容的简单拼盘，而是以这些内容为载体，既让学生掌握相关专题的知识和技能，更让学生领悟和树立正确的生命观，学会为人处世。

2. 知情行协同原则。在课程的安排上要体现人类经验的三种向度——认识、情感、行为，强调知、情、意、行的发展，在课堂策略上则唤醒学生在认知、情感、行为上的各种体验。内容从学生的生活经验出发，努力做到具体化和生活化。通过多感官、多向度的个人参与与体验，让知识内化为学生的行动准则。

3. 遵循学生心理发展规律的原则。内容的选择与安排要符合学生的心理发展规律。学生的心理发展具有连续性和阶段性的特点，课程的内容必须符合学生的心理特点。一个主题所包含的内容是非常广泛的，在不同的年龄阶段应有不同的内容，如"环境教育"这一主题，在不同的年龄阶段就会有自己的特点。

4. 应用性和操作性原则。生命教育课程与一般的学科教学最本质的区别在于其不仅仅是让学生学习知识，更重要的是要让学生参与各种活动和思考，要引导学生学用结合，设计矛盾冲突的情境，使学生内心处于两难境地，充分激发学生内心的矛盾冲突，引起学生的共鸣和感悟，从而达到价值观提升的目的。

5. 辩证性和灵活性原则。对问题的看法，重在说明正反两方面的道理，切忌绝对和教条。每个学校、每个班级、每个人存在着个体差异，因此要求课程的编排与内容的选择都给教师处理教材留有相应的空间，要体现一定的灵活性。

6. 趣味性和现代性原则。要求整套读本版面活泼、语言生动、图文并茂，要适合孩子的阅读兴趣，教材内容的选择和版面的设计都要体现现代特点。

四、主要内容

生命教育是旨在帮助学生认识生命、爱护生命、完善生命、幸福生命，提高生存技能，提升生命质量的一种教育活动。《生命教育》教材要形成各学段有机衔接、循序渐进和全面系统的教育内容体系。

1. 小学阶段着重帮助和引导学生初步了解自身的生长发育特点，初步认识自然界和自我，帮助和引导学生掌握在各种灾害条件下的自我防护知识与技能，形成健康的行为习惯；初步学会尊重生命、关怀生命，悦纳自我、接纳他人，初步树立正确的生命意识。

2. 初中阶段着重帮助和引导学生了解青春期生理、心理发展特点；掌握自我保护、应对灾难的基本技能；学会用法律和其他合适的方法保护自己的合法权益；以一种积极的心态与人交往，学会尊重生命、关怀生命，树立积极的生活态度；学会欣赏人类文化；养成健康良好的生活方式，培养积极的生活态度和人生观。

（本文是作者作为策划者和主编之一就《生命教育》〔地方教材〕编写情况带领项目组向审查专家汇报的部分内容，2008 年 4 月 13 日）

教材教辅市场需要政府主导

2007年度黑龙江教育出版社共出版图书601种，总印数为1266万册，出版物为82316千印张。2007年主营业务收入为3489万元，比上年增加932万元，增长了36.44%。主营业务利润为728万元，比上年增加148万元，增长了25.54%。虽然2007年我社的图书销售收入和销售利润较上年有较大增加，但与教育社最好年度——2000年相比，相差还很大。下面将我社2007年图书的出版、销售、成本情况与历史最好年度2000年进行比较分析。

一、图书出版情况分析

2007年共出版图书601种，2000年出版图书483种，两年各类图书品种数如表1所示，印数如表2所示，2007年与2000年相比，课本、教辅图书的品种数减少，印数更是大幅度减少；一般图书的品种数和印数增加较多。其主要原因是：

1. 2000年教育部下发紧急通知，给中小学生减轻负担，要求"每门课程一本书，每天作业不超过一小时"，小学开设的语文、数学、思想品德、音乐、美术、社会、自然课程，每门只准使用一本经审查通过的教科书。其他课程和专题活动均不得组织小学生统一购买教材和各种课本。不得要求幼儿园、学前班的幼儿购买任何教材和幼儿读物。任何部门、团体、机构、学校和教师不得组织小学生统一购买教材以外的教辅材料、图书、报刊和学生用品等。"减负"政策的出台，直接导致教学用书品种的大幅调整压缩，使得教育社部分教材或撤下"书表"或印数萎缩，特别是发行量已稳步提高的中小学生教材配套教辅《学习指要》全部停止出版。

表 1　各类图书品种数比较表（单位：种）

图书种类	2007 年	2000 年	增减绝对值	增减比例
课本	168	180	−12	−6.67%
教辅	72	79	−7	−8.86%
一般图书	340	158	182	115.19%
合计	601	483	118	24.43%

表 2　各类图书印数比较表（单位：万册）

图书种类	2007 年	2000 年	增减绝对值	增减比例
课本	859	2199	−1340	−60.94%
教辅	162	519	−357	−68.79%
一般图书	235	144	91	63.19%
合计	1266	2892	−1626	−56.22%

2. 国家教育部 2001 年颁布了基础教育新课程标准，进行新一轮的课程改革。新课程标准颁布不久，多家出版社就推出第一批新教材。由于当时我社原有的部分省内教材没有获准重新立项，未能按照新课程改革的要求重新编写，在新老教材交错分割市场份额之后，教育社原有教材品种以每年减少一个年级的速度逐渐减少，部分教材到 2007 年已经不再出版。

3. 2004 年，列为黑龙江省出版总社重点工作的学辅图书《资源与评价》开始启动。教育社克服各种困难完成了策划、组稿、编写和出版工作，面向市场在省内发行。但由于外省教辅的进入和二渠道发行、盗版盗印等不规范的市场竞争，共同瓜分教辅市场，一些书商通过买书号，组织一些"有经验"的教师编写，然后出版牟利。由于受高额利润的诱惑，一些非专业出版社也通过卖书号或"合作出版"的方式，与书商共同出版此类图书。由于教辅市场混乱，这套学辅又没有像其他省那样列入政府主导的教材及学生辅助用书征订目录中，使得教育社尽管做了诸多努力，但是《资源与评价》的发行量却不尽乐观。

4. 新教材的编写出版，打破了过去教材指定由某家出版社尤其是教育出版社出版的局面，任何学校、出版社或个人都可以编写课本，但须经国家教委教材司审订通过方可使用。实行教材多元化之后，各地市在教材的选择上拥有更大的权力。同时，教材的多元化导致教辅市场的多元化竞争，使得一个省或者一个地区有十几种与教材相适应的教辅参与竞争。

5. 随着教材、教辅利润的下降，教育社加大了一般图书的出版力度，号召编辑人员开发市场书，因此一般图书的品种、销售收入增加较多。

二、图书销售情况分析

2007 年课本、教辅图书销售册数和销售收入大幅度减少，见表 3、表 4 所示。除由于以上品种和印数减少造成的原因以外，另有以下几种原因：

表 3　各类图书销售册数比较表（单位：万册）

图书种类	2007 年	2000 年	增减绝对值	增减比例
课本	672	2338	−1666	−71.26%
教辅	87	997	−910	−91.27%
一般图书	174	109	65	59.63%
合计	934	3466	−2532	−73.05%

表 4　各类图书销售收入比较表（单位：万元）

图书种类	2007 年	2000 年	增减绝对值	增减比率
课本	2065	6422	−4357	−67.85%
教辅	327	1964	−1637	−83.35%
一般图书	1096	246	850	345.53%
合计	3489	8672	−5183	−59.77%

1. 2000 年 12 月，四部委的《关于核定 2001 年秋季中小学教材价格有关问题的通知》，将出版教材的利润限在 9%以内，这样一来，教材出版发行的利润空间被大大压缩，出版教材真正进入"微利"时代。

2. 2006 年 5 月，国家发改委、新闻出版总署下发通知规定，从 2006 年秋季学期开始，降低教材印张基准价格，规范教材封面、插页和配套光盘价格。这次中小学教材价格调整，各种规格印张价分别降低 0.02—0.03 元不等。中小学教材价格比上年平均降低 10%左右。

3. 2005 年 3 月，《免费教科书政府采购工作暂行办法》（以下简称《办法》）发布，《办法》规定中央财政对农村义务教育阶段贫困家庭学生免费提供国家课程必设科目的教科书。地方如编写地方课程教材，应限页数、限价格，同时地方财政也必须出钱，对这些学生免费提供上述教材。免费教科书的提供，使教育社教材的出版折扣下降 5—10 个百分点。

4. 政府免费采购以后，新华书店的利润也受到影响。书店为了保住自己的利润少受影响，经常同出版社谈判降折扣。同时在付货款方面，也经常以政府免费采购教材资金未拨到位为理由，而延付出版社的书款很长的时间，使得教育社的销售回款困难。

以上原因均导致教育社图书销售收入较 2000 年相比，大幅度下降。

三、图书成本分析

主营业务成本的减少主要是由于图书出版发行和销售数量减少引起的，但从销售收入比较表和主营业务成本比较表（表 5）的比较来看，主营业

表 5　各类图书主营业务成本比较表（单位：万元）

图书种类	2007 年	2000 年	增减绝对值	增减比率
课本	1358	3479	−2121	−60.97%
教辅	244	1057	−813	−76.91%
一般图书	1085	245	840	342.86%
合计	2691	4815	−2124	−44.11%

务成本减少的幅度小于主营业务收入减少的幅度。也就是说，2007 年度主营业务成本占主营业务收入的比重要大于 2000 年，即同书比较的话，2007 年的单书成本要高于 2000 年的单书成本。由于教材、教辅发行量萎缩，加之教材一再降价和政府免费采购，教育社的出版利润越来越少，为此我们采取了很多措施降低成本、压缩费用。对课本的印刷实行印刷费工价招标，使课本的印制工价降到最低；严把纸张进货关，严格按招标价格采购，降低进货成本；努力节约挖潜，减少非生产性支出，做到精打细算，严格控制费用支出。但近年来原材料价格上涨严重，使图书的直接成本增加。另外由于职工薪酬的增长，人工成本增大；随着物价的上涨，燃油费、运输

费、水电费等费用都随之增长；为出版好符合新课程改革要求的教材、教辅，开发新书的调研、编写、培训等费用都增加，以上原因导致图书的间接成本增加。因此，虽然教育社努力压缩各项成本费用支出，但由于社会经济的发展，物价水平不断提高，整体成本费用水平依旧呈上升趋势。

四、图书利润分析

从 2007 年教育社的利润构成看，教育社的主要利润来源依旧是教材和教辅。虽然教育社加大了市场的开发力度，一般图书的出版和销售数量大幅度增加，但由于初期的开发成本较大，而且市场占有量尚未达到规模，要取得较好的收益还要有一个阶段。

表 6　各类图书销售利润比较表（单位：万元）

图书种类	2007 年	2000 年	增减绝对值	增减比率
课本	707	2943	−2236	−75.98%
教辅	83	907	−824	−90.85%
一般图书	11	1	10	1000%
合计	798	3857	−3059	−79.31%

近两年，在总社的支持下，在社领导班子的带领下，通过教育社全体职工的共同努力，教育社的经济效益与前两年相比已稳步回升。但从以上两年的比较分析看，两年的利润总额相差近五倍，教育社出版事业曾有的辉煌已成为明日黄花，我们深感到狼烟滚滚，狼真的来了。这个"狼"就是政策的变化和由此导致的教材教辅出版方式的变化。"十一五"期间，新闻出版业在获得一定发展的同时，更多面临的是困难和障碍。与此同时，销售总册数、人均利润、单品种利润不断下降，库存和退货不断上升。更令我们担心的是，长期以来，出版业赖以生存的教材教辅的出版和发行面临着严峻的挑战。在国外，教材教辅的出版属于公益或准公益事业，有别于专业出版和大众出版，受到政府的扶持。在我国，考察出版业发达的江苏、浙江、湖南和山东等省份，其支撑出版业的产品重心依旧是教材教辅，而且都是政府主导。在 2005 年全国的"一费制"下，我省没有一本学辅用书进入政府的学生推荐目录，而以上这些省份却借助"减负""一费制"

这些政策，清理外来教辅，把政府主导的产品列入目录，成为学生必用的产品。此举维护了正常的教学秩序，壮大了地方出版产业，保护和发展了地方经济。

作为一家地方教育出版社，我们一直本着服务教育、扶持学术的出版原则，多年来为地方的教育出版事业做了很多工作，教育社也多次受到省级和国家的表彰。即使在目前困难的情况下，我们仍然没有放弃努力，全力开拓新市场、迎接新挑战。同时我们也希望省委省政府在大力发展我省文化产业的举措中，对出版业给予政策上的支持，使这一产业快速走上发展之路。

（本文是作者在 2008 年 6 月 16 日省审计厅检查时的汇报，希望利用一切机会获得政策支持）

持续发展　打造教育出版强社

　　2004年9月10日，当时的黑龙江省出版总社按照省委宣传部的要求，首次也是到目前为止唯一的一次，在全系统开展了竞聘黑龙江教育出版社社长的活动。承蒙全社职工的支持和总社党组的信任，11月18日，我被任命为教育出版社社长兼总编辑。当时教育社正处于低谷，原有教材已经逐渐被取代，其他选题品种少，利润急速下滑，我和大家都感到很忧虑。如何走出低谷，摆脱困境，实现教育社的可持续发展，是当时摆在我面前的重要难题。所以我在竞聘时演讲的题目是"共建我们未来的家园"。我当时特别准备了PPT，向全社职工和系统内参加竞聘会的同志展示了教育社辉煌的过去，展示了全体职工为教育社的辉煌曾付出的心血和有过的自豪，也表达了在转型期间我们心中的忧虑和盼望教育社重新崛起的心愿。我在竞聘时说："我虽然今天参加了竞聘，但出版界高人如云，前可见师长，后又见新秀。我虽然有10年副社长、副总编的经历，又有熟悉教育社的优势，但是仍然缺乏独立领导一个法人单位的经验。如果组织和同志们选择我，我一定会在党组领导下，和班子成员、和教育社的员工进一步探讨教育社的未来发展之路，竭尽全力为教育社的发展做贡献。同时，我也需要总社党组的支持，教育社更需要总社大家庭的关爱。如果大家没有选择我，我也会服从组织分配，在适合我的岗位上为我们未来家园的建设尽自己的一份力量。"

　　五年以后，在又一次需要竞聘教育社社长时，盘点五年中付出的艰辛和取得的成绩，百感交集。五年中，我们在极其艰难的情况下，开拓并稳定了五套全省通用教材，码洋由2004年的3400万元上升到2008年的9200万元；开拓了《资源与评价》教辅项目，码洋由最初的300多万元上升到

6000多万元，今年有望突破亿元；本版图书码洋也由2200万元上升到7500万元。图书总码洋由2004年的6000多万元上升到2008年的2.2亿多元。省出版总社2005—2007三年经济责任审计报告中有关教育社的部分写道："连续三年超额完成了总社下达的各项经济指标；实现了国有资产保值增值。"（新的审计报告还没看到。）

五年中，班子成员团结、相互支持，职工们友善、相互协作，大家跟着我摸爬滚打，加班加点，酷暑严寒，四处奔波，干得多表扬少，却也毫无怨言，始终带着饱满的热情和主人翁的责任感尽心尽力地工作。五年中，我们加强了内部管理，增产节约，降低开支，落实责任，清理陈欠，摸清家底，回笼书款，为这次转企顺利进行清产核资工作奠定了基础。2008年我社首次实施了工效挂钩的分配形式，调动了职工的积极性，到今年6月正是一年，由于清产核资工作的紧迫性使得绩效核算工作只能间断性进行，财务部门已经把初步结果报来，有些也已经与相关部门交换了意见，有些正在交换。总体来看，绩效部门都完成了任务。教育社在国家首次进行的出版社评估中获得二类，省内一类的出版社没有，二类仅两个社，在全国30家教育社中我社排名第15位。

今天我借这个机会对大家说，五年中我们齐心努力，用我们的辛苦换来了教育社的新崛起，换来了我们的欣慰；也使得我实现了我竞聘时的心愿，我由衷地感谢大家给我的信任和支持，感谢上级领导给予教育社的支持和关爱。

由于时间关系，这里我主要从产品线建设和队伍建设两方面多讲一点，我认为这是出版社发展的关键，是一把手工作的职责，是我这五年一直致力的工作，是当前工作中的突出问题，也是如果我再继续履行教育社社长、总编辑职务后，要继续做的工作。

一、产品线方面：就是要明确方向，构建可持续发展的出版模式

如何在全国图书市场尤其是教育图书市场竞争越来越激烈的情况下，实现我们教育社的可持续发展，一直是摆在我面前的最重要的课题。我曾提出了以教育出版专业化发展为目标，整合选题资源，拓展选题空间，加大教育资源的研发力度，由单一教育出版单位逐步向教学资源的研究开发基地、生产制作基地和服务基地转变的设想；逐步构建以开发立足本省的地方教材、教辅为基础，以面向全国的品牌学生读物、以大教育为中心的畅销书、常销书和品牌学术图书为模块的立体化的出版格局；始终强调教育社必须一手抓教材教辅上规模，一手抓品牌图书保持续。我的想法得到社领导班子成员和大家的支持，五年间，我们一步步按这样的方向行进着。

1. 精品学术类图书。在2005年总署征集国家"十一五"规划选题时，我觉得这是一个引导编辑策划精品图书的好时机，在当时社里选题不多的情况下，亲自组织筛选申报工作。在2006年进入国家"十一五"规划的选题中，教育社有4种20本入选，后来我们的《精神家园丛书》又被评上国家"十一五"增补规划。教育社是我省入选国家"十一五"规划图书最多的出版社。五年中我社也是我省图书获奖最多的出版社。但是我还是觉得这方面的空间很大，特别是与北京的专家学者交往中，觉得精品学术书也是很有发展空间的。前不久，我省进行了精品工程图书的答辩会，在会上我社的图书得到了与会专家的普遍好评，《中国边疆纪行——大河黑龙江》被认为是这次评审会上最具竞争力的图书。这说明这方面的空间还是有的。

2. 大众教育类图书。2006年我们尝试着从韩国引进了三种教育普及类读物，投放市场后走势很好。当时作为策划者和责编的宋书白老师积极性很高，希望能继续做下去。我觉得这是一个方向，可以采取稳妥渐进的方式尝试下去，我的想法得到了社领导班子的支持。现在，宋老师策划的"尖尖角"系列教育读物已由《掌握学习方法就能提高学习成绩》开始，到《告诉孩子挫折不怕》等十几种图书，悄然形成了规模，并取得了很可观的发行量，而且《告诉孩子挫折不怕》还被新闻出版总署评为2008年度百种青少年优秀读物。我社几乎未涉足过的大众教育读物市场正方兴未艾，应该引起深层关注，探索一种更好的发展模式。

3. 开拓地方教材类图书。2004年我从日本回国后，从教育部了解到，2002年以后，全国中小学新课程教材编写竞标已告一段落，寄托于新课标中获得一杯羹的希望落空了。但是，还没有纳入新课标中的地方教材各省可以自己编写。当时有十几家出版社在与我省教育部门联系这方面的业务，记得我那时几乎天天在各个教育部门转，辛苦和真诚赢得了信任，终于获准参与地方教材的开发工作。但是我深知，编写教材如同一个新生命的培育，从他还没有诞生就得精心规划，诞生后要精心呵护，不让别人抱走并使其健康成长是更艰巨的任务。我要求主管教材的部门必须培养自己设计教材的编写方案、亲自跟踪教材编写的能力，出版的图书要成为我社自有知识产权的教材，不再像过去那样，只是一个收稿、看错别字和标点符号的部门。五年中，我亲自抓教材建设，从出版角度策划教材编写方案，寻找合适的专家，共同参与教材编写。我带头策划和倾力打造的《黑龙江人文与社会》《生命教育》等教材，赢得了广泛好评。同时，我还要求教材部门在统计每季度来自新华书店的总订数时，同时整理出各地市的征订情况，及时掌握哪个地市没订教材或者更换了教材，及时做工作。我亲自带队经常性地下去调研，并在全省范围内对中小学教师进行培训，以扩大宣传，提高教材的使用水平，巩固教育社的龙教版教材的地位。现在，从统计数字看，教材和《资源与评价》教辅占据着教育社图书总码洋的三分之二。要在这一规模上稳步增长，就应该不断研究更好的运营模式。

4. 开拓学辅类图书。大家知道，2004 年我们启动了《资源与评价》项目，开发初期 59 个品种，现在已经有 200 多个品种。当时为了进一步做好该套学习用书的使用工作，我亲自部署，带队深入全省各地，对我省所辖的 13 个地市、2 个系统局的教育部门和新华书店进行不间断的轮回走访，准确掌握了各地市教辅的使用情况和运作机制，同时也增加了我社与当地教育部门的联系。我又及时根据地域教学的需要，提出开发相应的地域版本，取得了相互联动、快速成长的业绩。《资源与评价》项目已得到省内主要地市的认可。2007 年、2008 年的销售收入比上年增长了 97.1%、268.5%。现在综合版已经启动，9 月底我带领教材部去了伊春，参加了龙中地区的五个地市的教育会议，我们提出的整个编写方案得到了认可，现在正在编写中。

我们还尝试着其他市场教辅的开拓工作，如步步高、高中模块、龙中龙等教辅正在探索开拓阶段，成功就继续，有问题就研究，总之一定要再开拓一片市场。

5. 拓展本版图书。策划和出版教材教辅，对于地方教育出版社来说，是最基本的出版任务，也是最容易获得较快收益的版块，但是绝不是教育出版社唯一的使命。立足教育出版，在更大范围内服务教育，构建持续发展的教育出版强社，应是教育出版人的责任和不懈追求的方向。所以，我在一手抓教材教辅产品线的同时，一手抓市场图书（本版图书）的建设，组成项目组，分领域拓展选题。目前，面向高等教育、基础教育、继续教育、职业教育、特殊技能培训、岗位培训领域，关注在新的教育理念的指导下的教学科研成果的图书模块正在形成。这类图书 2007 年的销售收入比上年度增长了 262.3%，2008 年的销售收入比上一年增长了 199.26%。

　　2008 年我们与美术社合作的美术教材被总社调剂，换来了一本《初中生优秀作文》，目前虽然已经正常运转，积极搞活动，成功地策划了一些与期刊内容相关的图书，还获了大奖，但还不能成为新的经济增长点，还要继续探索成长路径，快速发展。

二、提高素质，重视出版队伍的建设

　　过去由于经营规模的不断减小，社内已经有几年没有进编辑了。近年，为转企改制的需要总社也停止了编制内进人。但随着生产规模的扩大，人员匮乏的状况逐渐显露出来，刚才我说的教材和《资源与评价》占据着教育社图书码洋的三分之二，1 亿多码洋，差不多 500 多个品种，只有教材部几个人带领外编队伍在干，策划、组稿、编辑、加工、统计、培训、服务等工作都得做。其他三个编辑部人也不多，工作量也不小。虽然外校外编队伍比较得力，但是我们要向出版强社迈进，不壮大自己的优秀编辑队伍是不行的。发行部门的业务员加上主任也才四个人，真是跑不过来。随着事业的发展，人才问题如果解决得不好，就会阻碍发展。当然人才的培养绝不是几年能完成的，梯队的建设任重道远。我们一直在做招聘工作，考过一次试，不理想，出版社变成了企业，很多相对优秀的人望而却步。我们一直在研究建立一套长期的招聘和用人制度，以保证优秀人才的选拔和脱颖而出。

　　现在，我们采取了企业的用人方式并采取劳务派遣形式，解决了聘用员工养老、医疗、失业的后顾之忧。我们采用以老带新、派出学习和请专家来社讲座等多种形式对员工进行专业培训，鼓励大家参加业务竞赛。前一阵局里搞的编校知识竞赛，我鼓励年轻人积极参赛，并专门召集他们开会，支持他们购买参赛用书，梁爽获得一等奖，安旭获得二等奖，梁爽马上要代表省里去参加全国竞赛。对参加大型书市、书展的人员，要求带着

调研任务去，返回后要写出调研报告，有时还要请社外专家评审，引导大家多思考多动笔。在我省的首届精品工程答辩会前，我们请了几位专家到社里，进行社内预答辩，帮助大家完善选题内容，为答辩做准备。我们现在又在社内开展了"我最欣赏的一本书"活动，要求全社职工积极参加到教育社出版的本版图书的评议中来，以期提高每个人对图书的感悟能力，进而提高教育社图书产品的整体水平，为明年的选题和后年在我省举办的书市做准备。接下来我们还设计了几个讲座，鼓励大家不断地更新知识，注意在自己的专长内，开拓思路，开发选题，逐渐改变大家什么选题都抓的"杂家"状况，向着教育专业化的出版方向引导、推进。倾力打造一个具有品牌意识、创新意识、团队意识，拥有责任心和竞争力的出版队伍。

在这五年中，我们没有搞轰轰烈烈的改革宣传，我时刻能感受到大多数职工努力进取，期盼教育社持续发展的热望。作为教育社的一名老职工和后接续的社长、总编辑，我非常珍惜教育社历届班子和全社职工辛勤努力建设的家园，在目睹了日本出版业的发达和国内几大地域出版业的快速崛起之后，一种急迫感和危机感令我从不敢放松自己，我也更尽自己所能去勤奋工作，努力开拓，务求实效，从不把职场当官场。每天十几个小时的工作，在备感艰辛和疲惫之中，盘点我们取得的业绩，展望集团发展的愿景，欣慰之中更对教育社未来的发展增强了信心。

最后我还是用五年前的话结束我的竞职陈述：如果大家依然选择我，我仍会竭尽全力为教育社的发展作贡献。如果大家没有选择我，我也会服从组织分配，在适合我的岗位上为我们未来家园的建设尽自己的一份力量。

（本文是作者在 2009 年 10 月 16 日黑龙江教育出版社社长兼总编辑竞职会上的发言）

让爱心传承和弘扬

去年的 5 月 12 日是我们记忆中很难忘却的日子。在四川汶川特大地震中，我们的同胞遭受了巨大的苦难，很多孩子失去了父母，失去了家园。他们的遭遇牵动着我们每一个人的心。地震发生后，我们教育出版社全体员工一直心系灾区，在捐款捐物之后，又从教育出版的使命出发，向灾区的孩子们发出了"灾难中我们学会坚强"的呼声，鼓励孩子们在伤痛中拿起笔，写出自己的悲伤，写出自己的坚强。我们及时为灾区孩子们出版了《灾难中我们学会坚强》一书，使灾区孩子们的心灵得到极大的慰藉。一年之后，在灾区重建家园的时候，倾注着我们——在座的各位领导、国际友人、各位志愿者爱心的《抚愈童心》一书又由我们黑龙江教育出版社出版，第一批一万本书已经无偿送达灾区教师和孩子们的手中。相信这本书中科学、系统、有针对性的心理学知识和具体操作方法，会帮助灾区的孩子们尽快走出灾难的阴影，重新开始新的生活。

我们今天在这里举行这样的活动，而且是在端午节的第二天，非常有意义。我们知道，从今年起端午节被列入了国家法定节假日，这是对传统文化的尊重，也是对民间情感的尊重。而汶川地震一周年之时又使得今年的端午节非同寻常。在万众一心，让世界为之瞩目的抗震救灾过程中，中华民族充分展示了一个伟大民族的温厚与崇高，也使端午节关爱生命、激扬精神、眷念家国的主题在千年传承积累中得到更大的弘扬。我们在座的每一位志愿者，我们的爱心不仅会在灾区孩子的心中得以继续，也会在国际友人的心中受到震撼，更会使得这深沉的民族感情得以有效地传承和弘扬。

让我们在享受与传承端午节的氛围中，不忘记对生命的祝福；让我们在支援灾区重建家园的特殊时刻，感念祖先给我们创造了这样一个融个人生命与家国情怀为一体的节日，祝愿我们的祖国与人民、祝愿真诚援助我们的国际友人，在仲夏时节平安吉祥。

（本文是作者在《抚愈童心》发布会上的致辞，2009 年 5 月 29 日）

香港书展侧记

　　第八届香港书展于 1997 年 7 月 23 日至 28 日在香港会议展览中心拉开帷幕。在不久前，这里曾因举行中英主权移交仪式而令世人瞩目。如今，它又以打破历届书展规模之纪录，雄视亚洲同类型展览。

　　香港书展自 1989 年开始，由香港贸易发展局主办，最初的想法是"提供香港读者一个多元化的书刊选择"。随着书展规模的不断扩大和组织者的精心安排，今年的香港书展已开始向国际化迈进，首次举办了"国际版权交易会及印刷服务展览"，吸引了来自中国内地、台湾地区、澳门地区、新加坡、德国、英国、马来西亚等地的出版商参展。香港贸易发展局认为随着亚洲经济发展及生活品质的提高，书籍及出版市场在亚洲地区迅速发展，而香港位于亚太枢纽位置，拥有先进的通讯网络和世界排名第四的印刷业，已成为很多国际性报纸、杂志及书籍出版商在亚洲地区的总部，因此应该把香港发展成为版权商讨的中心，使香港的出版业更上一层楼。

　　在国际版权交易会场内，香港贸易发展局增设了与香港出版总会合办的为期三天的"亚洲出版研讨会"，就亚洲地区出版市场的发展进行广泛交流。香港贸易发展局称这次研讨会是亚洲地区首次有关出版业的大型会议。

　　由于香港家长越来越重视儿童教育，近年香港儿童书刊尤为丰富。香港贸易发展局在本届书展内增设"儿童天地"专馆，以亲子阅读为主题展出各类新出版的儿童书籍。主办者为方便家长携孩子入场，专设"儿童天地"入口，使家长及孩子免遭排长队之苦。"儿童天地"内还设有舞台，举行一些配合读书的益智活动，如儿童广播剧《会哭的鳄鱼》、"儿童智力问答游戏""认识祖国、认识香港拼图大比赛"等十几场节目。

　　香港年轻一代对卡通漫画有浓厚兴趣，这届书展辟有"年轻人天地"

专馆，这也是本届书展客流量最大的展厅。同时，为使作家签售活动顺利进行，主办者增设了"作家廊"和"名人阁"，既保证了书展摊位前的秩序，同时又满足了崇拜者的心愿，为配合香港书展的举行，香港贸易发展局还特别举办了多项公众活动，如"心爱的书"提名竞猜有奖游戏、康乐人生隽语创作比赛及儿童吉祥物设计比赛，以推动香港的文化及阅读风气。

综观书展布局，给人一种全方位的满足感。"儿童天地"清新活泼，"年轻人天地"激情迸发；由商务、中华、三联、万里等机构组建的"香港联合出版集团"和"台北出版人"展区则苓有较浓郁的历史文化气息，可谓凝重而深邃。中国内地展区内来自19个省市的80家出版社，大多以展为主。在香港回归之后，内地出版社不仅把本地区本社的精品展示给香港人民，同时也带去了不同地区的区域特色，新疆、西藏地区的参展人员穿上了民族服装，黑龙江的展台上挂起"美丽的太阳岛等待您，黑龙江出版界欢迎您"的彩扉，并赠送带有北国风情的明信片、剪纸，贵州用扎染饰布装扮展台，天津用泥人作饰物……简洁质朴，令人耳目一新。

香港回归祖国，同时又有港人治港的特殊政策，来自亚洲各国及地区的出版商，尤其是华文出版商，很希望借助香港这个"特区"的地域优势，加大与国内出版界的交流与合作，共同开发华文图书的世界性空间。这次举行的"亚洲出版研讨会"也把华文图书的出版作为重点研讨项目。香港出版总会理事陈万雄称"华文出版是全球最大的有待开发的市场"，并认为"香港是国际出版商打开中文出版市场的桥梁，把亚洲与世界各地连接起来"。国内出版界应很好地利用这座桥梁，多与香港地区、台湾地区、新加坡等地的出版商加强联系，寻求合作的机会，进而迈向国际市场。

这里最为有利的条件就是借助今后将继续举办的国际版权交易会，逐步扩大我们的版权活动。不要总是感觉自己的图书拿不出手，没有什么版权合作可以进行。实际上，读者的需求是多层次的，出版商的出书范围相应就是多方位的。经常参加这样的书展，开阔眼界，广交朋友，可逐渐摸清哪类图书有合作的可能、找谁去做。坐在家里等着找上门来的贸易还是太少了。就是拿着书参展，站在摊位上，也不应一味指望有人主动找上门来做贸易。香港书展对于港台出版社来说是以销为主，而且是以销售漫画、文具，索取偶像签名为主。第一天书展，约有4万人次入场，排队者几乎全是年轻人，但中国内地展台前的人数却屈指可数。香港《大公报》称："年轻读者对内地参展单位的反应依然冷淡，反观专业人士、学者及外国读者，对内地参展单位的图书兴趣较浓。"经了解，主要是由于文字的差异，香港的孩子从小就学繁体字，不认识简化字，对普通话也不太懂；那种较快节奏的生活又使得香港市民喜欢以图画为表现形式的书籍，希望通过翻书略读文字就可以知道所以然。内地的书多以文字为主，虽说知识含量高，但确实需要静下心来，沏一壶茶，仔细品读，香港人几乎没有这样的时间。这次到中国内地馆找书的人士几乎都是要专业书，如研究民族特性的、研究民族传统道德的、研究时局的、研究数论和模糊理论的以及美术类书，如河北的《中国古版年画墨线集》《武强古版年画》等。这类书的读者面虽然不宽，但研究者确实需要，如果内地出版后也能在香港地区销售，效益还是可观的。港台出版商对这类读物的兴趣颇浓，希望合作的方式也不仅仅局限于纯粹的版权，而是在寻找更加灵活、宽广的合作方式。如果经常参加这类书展，认真准备，仔细研究，带着出版者应有的睿智、坦诚、敏感、灵活去广交朋友，切磋技艺，我们定会通过香港书展中的版权交易会，打开进军世界华文图书市场的大门。

随着香港的回归，香港人已逐渐开始接受简化字，汉语拼音也开始教授，加之香港政府近年来对阅读风气的倡导，香港人对内地知识含量较高的儿童、青少年读物及普及类读物会越来越关注。现在，很多香港人到深圳的书城购书，提高了深圳的人均购书份额。如果内地出版者兼顾一下香港人的生活氛围和读书习惯，如在内容精炼、版面清新、印装考究等方面多做些文章，相信香港不仅仅是内地出版者走向世界的桥梁，也是国内较大的图书销售市场。

（原载《出版之友》，1997 年第 6 期）

走 书 城

——第七届全国书市掠影

深圳自从被赋予了特殊使命以后，16 年来终于从一个边陲小镇崛起为一座现代化都市。然而，对于第一次踏入这座城市的我来说，感触最深的却是那座蔚蓝色的深圳书城。在这座年轻的城市中，有这样一座高 99.9 米、建筑面积 4.2 万平方米的"跨世纪的图书大厦"，能举办由 34 个代表团、1500 家书刊发行单位、1000 多家团体购书单位参与的第七届全国书市，不得不令世人对她再次瞩目。

我不得不佩服深圳人，他们在成功地实现经济腾飞之时，竟然已连续 7 年全市人均购书额位居全国之首。浓郁的书香不仅滋润着鹏城，如今又洒向神州，辐射海外。深圳人正在创造着新的辉煌。

我不得不感慨新华书店的将士们把书市办得隆重而热烈。那强大的宣传攻势、别具一格的促销办法成为书市的新特点。黑龙江省新华书店业务部的同志热情、周到的服务给人留下深刻印象，赠送给订户的精美拎兜在整个书市上是最受欢迎的。

江苏团的大型卡通形象"冒富大叔"和"狼外婆"吸引了人们的注意，那"浮动折扣"的招牌也就备受青睐。"吉林有三宝，吉林书更好"，订购吉林书，便可享受到一宝，也具诱人之处，难怪吉林省跻身到了订货码洋千万元以上的行列。"春风版精品图书，三年不涨价"等醒目的广告词、鲜艳的广告画、无数的小彩旗，使书城的竞争气氛格外浓烈。而新闻发布厅里，各地出版社、新华书店接连不断的新闻发布会、签名售书活动，更使得气氛不断升温。宣传意识和宣传档次的提高，表明了出版发行界对图书市场的认识又进了一步。书好不怕巷子深的传统发行方式在这里遭到彻底的摒弃，对单一品种图书进行推销的办法已不见成效。出版社、新华书店整体形象的塑造和推广显得格外重要。

这届书市的另一个鲜明特点就是社店联手，共同宣传促销，这也是本届书市订货码洋能高达 3.2 亿元的重要原因。很多省市如江苏、上海、河北、广东等的新华书店与出版社都有共同策划选题、联合宣传的协议。新华书店及时把读者的需求信息反馈给出版社，出版社迅速造货，共同宣传推销，这样产生的图书是最受欢迎的，双方的收益也是最可观的。我在与上海、广东、北京等店的发行商们接触中发现，他们对不同类别图书的包装、内容、读者状况的真知灼见，令人耳目一新。图书编辑如果能深入到书市内体察书情，经常向发行部门征询意见，身边有几位搞发行的朋友做参谋，那么选题的切入点一定会准确、到位。这恐怕是开发好选题、出精品、出畅销书的一条捷径吧。

我在书的海洋中徜徉了三天，那一本本精美的图书、那浓烈的购书气氛，构成了我心中对编辑职业更强烈的挚爱。如果不是必须离开，我真想继续滞留下去。我在叹服我的同行们的智慧和气魄的同时，感受着作为一名编辑的责任和义务。"把受读者欢迎的图书编辑出来"，这可能是到过书市的编辑们的共同心愿。

深圳书城接纳了全国 500 多家出版社近年来出版的近 10 万种精美的图

1996 年 11 月 8 日，第七届全国书市开幕式。

书，深圳书城也同时向人们展示了物质文明与精神文明的两翼齐飞。当书城的热烈气氛平定以后，书城留给出版业的广阔发展前景、留给编辑们的思考一定会是永远的。

（1996 年 11 月）

1996 年 11 月 8 日参加第七届全国书市。这也是作者首次参加全国书市活动。

不屈的民族

——《百年图强》简评

浦启华、彭立兵合作编著的《百年图强》一书，已由黑龙江教育出版社出版。

该书从国家生存的两个最基本的条件——国家主权和领土入手，全景式、大跨度地审视了鸦片战争以来的中国历史，集中叙述了中国近代历史上几次不平等条约后，国家领土被割占、主权遭践踏的屈辱过程，描述了此中艰难曲折的国家间外交斗争的残酷和险恶。该书还将描述的主要方面放在中国为收复失地以及恢复国家的主权尊严而作的长期艰难但同时也是不屈不挠的抗争。该书的特色在于，它在充分地肯定和描述新中国及其领导者们为捍卫国家领土完整和主权独立而不畏强权、针锋相对，充分展现中华民族的崇高气节和坚持自立自强的伟大精神时，并不否认在此之前所有中国人为捍卫中华民族尊严、争取国家独立和领土完整而作的艰苦努力。尽管由于种种原因，他们的这些努力以失败而告终，但他们却把那种宝贵的民族精神留给了后人。该书正是通过这样实事求是地描写历史，给读者一个强烈的印象，即中华民族在历史上失败过，受过巨大的屈辱，但是中华民族从未屈服过，她始终蕴含着强烈的自立于世界民族之林的雄心和斗志。正是中华民族几代人的不屈斗争，中国才能有今天这样的国际形象和地位。

中国近现代史的荣辱兴衰令人感慨万千，其中有很多教训值得分析和记取。该书作者试图通过对于历史真实的记录来表明这样一个观点：对于中国近现代历史的教训不应局限在落后就要挨打这个观点上。实际上，官僚政治的腐败和战略目光的短浅，对于历史大势、天下大势的漠视，以及内乱不止是造成我们落后的根本原因，这才是值得刻骨铭心地加以记取的。从这个意义上讲，该书作者试图向读者说明，国家的统一、人民内部的团结、政治稳定、改革开放对于一个国家的生存是最为关键的。作者的这种观点，读者可以在许多章节中强烈地感受到。

鸦片战争后，中国被从"天朝上国"的梦幻中打醒，从此以后，中国不得不以普通一员的身份走上国际政治舞台，扮演着自己的角色。这期间，中国与外部强权的折冲樽俎、纵横捭阖有许多经验教训足以警示后人，作者通过近代历史上一系列重大外交事件内幕、因由的提示，从最细微处表现了一个民族怎样从屈辱、失落并通过抗争寻回自尊自信的艰苦历程，从李鸿章、孙中山、顾维钧、蒋介石、毛泽东、周恩来、邓小平这些重要人物的身上以及他们的外交活动中，读者不难有许多的感慨和思索，而这种思索和感慨相信会令每一个读者为生为中国人而自豪。因为一个曾经被人踩于脚下，历史又曾辉煌夺目的民族，一旦翻身站了起来，该是何等的壮烈和光荣，只有这个时候，你才能真正理解拿破仑有关中国的预见是多么深邃。我们这个民族应该记住这位法国人的话，不是用来自夸，而是用来自励。

（本文是作者为策划和责编的《百年图强》所写的书评。该书 1997 年出版，荣获 1998 年第 11 届中国图书奖，2004 年获全国百部爱国主义优秀图书荣誉，2014 年入选中宣部、教育部、共青团中央三部委向全国青少年推荐 100 种优秀图书，多次再版）

分工：一个历史和现实的课题

在社会劳动中，分工是一种重要的社会现象；在理论领域，分工是一个古老而又常新的问题。郝振省撰著的《分工论——一个历史和现实的哲学命题》（黑龙江教育出版社出版）一书，从哲学方面对分工问题作出了新的探索和系统深入的考察，勾勒出了历史唯物主义分工理论的基本轮廓，初步形成和确立了分工范围的内涵和外延的逻辑规定性，作者还尝试性地运用分工理论分析了我国改革开放实践中的若干问题。

该书系统地分析了分工与生产力、生产关系及其他一切社会关系相互作用的机制与原理，分析了新技术革命对分工的制约与影响，否定了"消亡论"的观点，提出了"劳动永存，分工不同"的结论；认为分工是劳动的社会存在形式，是相对固定的专业划分，具有时间的永恒性和空间的普遍性，与人类社会共相存、共始终。新技术革命不仅没有消亡，恰恰深化了职业分工。作者针对人们忽视的环节和方面，在劳动分工的各个层次中，明确提出了"管理劳动同生产劳动分工"的概念，在劳动者分工中，强调了管理者和被管理者（生产者）的分工。作者的这些见解不仅在理论上有较为重要的学术意义，而且对于解释和剖析当前我国经济建设、体制改革、结构调整中的若干现象和问题，具有较强的针对性。

该书结构严谨、论证有力。从大的结构看，共分四个部分：剖析分工范畴的规定性、再现分工发展的四个历史阶段、分析分工环节的社会作用和估价分工理论的双重意义，即先后回答了分工是什么、怎么样分工、为什么分工的问题，形成了不留缺口的系统。从小的结构看，比较完备地考察了分工的各种类型，认为社会上的一切分工都可分为劳动分工和劳动者分工两个方面，劳动划分为不同的门类后呈现出一般分工、特殊分工和个别分工三态。在劳动者分工中有不同生产者之间的分工，有管理者和被管理者之间的分工，又根据"有机体中各要素相互制约"的原理，分析了不同类型的不同层面分工之间的转化关系。

（本文是作者为《分工论——一个历史和现实的哲学命题》一书所作的推介，1998 年 8 月）

流动的龙江人文史

　　面对十位黑龙江省文史馆馆员著成的三百余万字《黑龙江省文史馆馆员丛书》，用思想无疆、创意有魂来概括对丛书的感受一点也不为过。书中涵盖了李锡胤、丁广惠先生的诗词，李兴盛先生的流人史，王竞先生的文献学，魏正一先生的考古学研究和田忠侠、晁楣、张天民、陈锺、傅伯庚先生的学术文化随笔、散文集，是十位先生数十年如一日，潜心研究的硕果集成。

　　出版这十位先生的作品，感受他们儒雅中的坚毅，平和中的执着，质朴中的厚重，平淡中的真情，着实让人钦佩他们德劭年高的学者风范。在全球化时代，本土文化遭到日益侵蚀的状况下，他们能坚持在提升人的精神境界，促进社会的人文关怀，弘扬和挖掘传统文化方面孜孜以求，自觉地捍卫传统文化，他们所表现出的文化建设的承担精神让人敬慕。在品味其学术的探究过程中，在行云流水一般的语言中，他们表现出来的求真与超越精神更是让人感动。作品中包含的深刻真理和蕴涵的人文精神，就是这块神奇的黑土地上流动的人文史。能把他们的作品集中出版，也是出版界的幸事。

　　黑龙江教育出版社多年来一直致力于服务教育、弘扬学术的出版理念，出版过很多学术著作。现在虽然转为企业，但依然是把打造特色品牌与企业经营服务精神融为一体。优秀的学术作品，应该传承的人文精神，也只有在出版社的成功经营中才能够得到实现，学术精神与出版精神的融合才可能使两个领域共同成长，进而为推动人类文化的发展做贡献。黑龙江省文史馆开了一个好头，为众多学者营造了一个学术研究的好环境，也为出版社搭建了一个与知名学者相会的平台。我们希望挖掘历史文化资源，繁荣传承文化的共同心愿，使出版与学术更加很好地相融。

（本文是作者在十位黑龙江省文史馆馆员著成的《黑龙江省文史馆馆员丛书》出版座谈会上的发言，2006 年 6 月 17 日）

2006 年 12 月 27 日，黑龙江教育出版社被国家人事部和新闻出版总署评为"全国新闻出版系统先进集体"。

老骥伏枥　志在千里

新中国成立 60 周年前夕，我们教育出版社有幸出版了马老的诗集《华夏之韵》。作为社长和本书的责任编辑，我可以说是第一读者。在编辑的过程中，我曾几次到马老家拜访，交流意见，聆听教诲，受益匪浅。编辑出版这本书的过程，实际上也是我们受感染、受教育、受激励的过程。

一是通过这本书，我们从马老身上学到了一个老战士壮怀激烈的爱国主义情怀。在抗日战争的烽火硝烟中，马老 20 岁时就参军入党，为了民族独立、人民解放，南征北战，舍生忘死。为建立新中国坐过牢、负过伤，用自己的青春热血为共和国奠基，是革命的功臣、人民的功臣。现在战争年代的硝烟早已散去，马老已是耄耋老人，但他对过去的战斗岁月更加缅怀，横刀立马的激情不减；对为之奋斗、为之流血的共和国热爱之情愈加浓厚、愈加强烈。如《井冈天下第一山颂》《渡江战役全胜利》《青岛海军博物馆》《游南昌八一公园》《瞻仰广州起义烈士陵园》等诗篇，字里行间，触景生情，抚今追昔，溢于言表。如《岳飞爱国垂千古》《游厦门鼓浪屿》《日寇侵我卢沟桥》《天安门颂歌》等诗篇，更是直接抒发深深的爱国之情，展现一颗拳拳的赤子之心。正因为马老对祖国的深情眷恋，所以，他脚下的一山一水，眼里的一草一木，都变成了优美的诗句。

二是通过这本书，我们从马老身上学到了一名老党员对理想信念忠贞不渝的坚定信仰。马老 1938 年入党，至今已有 71 年的党龄。尽管时光荏苒，世事变迁，但马老对当年选择的理想信念仍然坚定不移，无论是战争年代的生死考验，还是十年浩劫的委屈蒙冤，无论是在职时身居高位，还是离休后的安度晚年，对党的宗旨和奋斗目标毫不动摇，而且老而弥坚。古人讲"诗言志"。从《瞻仰周恩来邓颖超纪念馆》《瞻仰故居　怀念陈云同志》《颂歌延安宝塔山》《九十生日述怀》等诗篇中，我们可以强烈地感受到他崇高的理想、坚定的信仰、纯洁的党性，读来感人至深，令人肃然起敬，为我们年轻一代树立了榜样。

三是通过这本书，我们从马老身上学到了一位老干部坚持终身学习的与时俱进精神。马老已高寿 91，离休 20 多年，但"老骥伏枥，志在千里；烈士暮年，壮心不已"，仍然是手不释卷，孜孜以求，诗文书画样样研习，而且都取得了一定成就，目前已出版了四本书。以这样的高龄著书立说，在我的编辑生涯中还是第一次遇到。正应了那句歌词："革命人永远是年轻，他好比大松树冬夏常青。"马老的旅游山水诗不仅仅是写景抒怀，而且有思想、有观点、有哲理，真正体现了情景交融、以景喻理、与时俱进。真正写出了华夏之韵，悟出了华夏之韵，传出了华夏之韵。这种读书笔耕不辍、"活到老、学到老"的精神，更是令人敬仰，尤其值得我们年轻一代学习和发扬。

四是通过这本书，我们从马老身上学到了一位老伯伯豁达乐观的生活情趣。马老的这本诗集，是旅游行吟。正所谓"仁者乐山，智者乐水"。从这本诗集中能品出他那乐观豁达的生活态度。实际生活中也很有感受。有一次我中午时到他家，正赶上吃饭，老人一定让我吃饭，苞米面粥，很小巧的韭菜盒子，两碟小菜，简单却又舒服。他的书房不大，很简朴，但却放满了书，墙上挂着自己画的画，一盆兰花，郁郁葱葱，清淡高雅。这本书中分别用梅、兰、竹、菊、荷、松划分六部分，是老人自己的创意，可看出老人高雅圣洁的情怀。

正如马老的一首七言绝句所说："人生旨当讲奉献，夕烟青山更好看。莫道双鬓飞白雪，多留墨宝趣陶然。"作为责任编辑，我是在感动中编辑这本书的，我想这本书也会激励和感动很多人的。

（本文是作者在马开印先生《华夏之韵》出版座谈会上的发言，2009年 12 月 8 日）

培育龙江新人　构建人文社会

　　响应十七大和省委有关文件精神，龙江大地上已经掀起了繁荣社会主义文化建设，构建和谐社会的新高潮。在新的发展时期里，加强社会主义文化建设是经济社会发展到一定阶段的客观要求，是在激烈的综合国力竞争中赢得主动的迫切需要。根据黑龙江省已有的历史文化积累和现实的发展状况，如何立足于专业领域，发挥自身的资源和优势，切实地贯彻精神，促进文化事业的发展，取得成绩，是文化工作者必须深入思索的问题。为了在实际工作中有的放矢，我们在思想上和未来的工作规划上作了如下的梳理：

一、贯彻十七大加强文化建设和社会建设要求

　　党的十七大报告指出：要坚持社会主义先进文化前进方向，兴起社会主义文化建设新高潮，激发全民族文化创造活力，提高国家文化软实力，使人民基本文化权益得到更好保障，使社会文化生活更加丰富多彩，使人民精神风貌更加昂扬向上。推动社会主义文化大发展、大繁荣，是打造国家文化软实力的需要，对于满足人民群众的文化需求，提高人们的素质，提升一个国家和地区的形象，以及通过文化产业的发展提升综合实力和竞争力，都具有重要意义。要大力建设社会主义核心价值体系，增强中华民族的凝聚力。一个民族的文化，反映了这个民族的精神和灵魂。中华民族有着五千多年的辉煌文明和悠久历史，各民族兄弟姐妹用勤劳和智慧一起建设着社会主义和谐家园，共同谱写着发展的新篇章。十七大报告为我们提出了新的目标和发展方向，文化强国，提高软实力，创造中华民族新的辉煌。在十七大精神的指引下，要根据地方、行业不同的情况，找好

定位。

二、文化强省，重在教育

改革开放以来，各兄弟省份都在时代赋予的新契机中寻找各自发展的新起点，发掘富有地域特色、民族特色、文化特色、历史特色的资源，抢占发展的先机，扩大本省在全国的影响力，用独特的文化魅力吸引全世界的目光。套用一句话：只有民族的，才是世界的。文化的发掘、创新植根于对传统的继承和发扬，不能靠盲目的追随和模仿。弘扬黑土文化、打造龙江品牌是时代赋予龙江人的新使命，要完成这一使命就必须对我省历史文化资源进行系统的梳理，加强对黑龙江历史文化资源的保护、挖掘与利用，从而繁荣我省的文化事业和文化产业，促进全省经济、政治、文化、社会全面协调可持续发展，推进边疆文化大省建设。

教育事业和文化发展是紧密依存、不可分割的。教育的本质就是把人类积累的物质文明和精神文明通过直接经验和间接经验传递给后人，从而实现人类的延续，推动社会的发展。人类在生产活动中创造了历史和文明，形成了各具特色的文化。文化的继承根植于对文化传统的梳理和挖掘，而要发扬先进的文化则在于对人的教育和培养。只有发挥人的能动性和创造性，才有可能在已有的文化基础上产生新的文明，创造新的辉煌。因此，弘扬龙江文化，构建人文社会要重视教育事业的发展，发挥教育传播文明、培养社会主义新人的重要作用。

三、加强未成年人教育，树立核心价值观

青少年是社会发展的希望和推动力，承担着构建和谐社会、建设社会主义祖国的重任和使命。未来国家间的竞争，归根到底是人才的竞争；而人才的培养需要有文化的沃土，造就出人格健全、情感丰富、人生观和价值观正确的社会主义新人，否则，最终的结果就是造出了"智能机器"。

对于未成年人的教育，一直为国家所重视，他们的身心尚处在成长发育的阶段，对各种信息、知识都有着强烈的好奇心和求知欲，正是处在人生发展中最关键的阶段。用正确的知识、先进的文化引导、教育青少年，就会培养出国家、社会所需要的人才，使之将来成为社会主义事业发展的

中坚力量。

在社会主义文化大发展、大繁荣的时代背景下，教育更应以加强青少年人文教育、丰富和发展精神世界为主要目标，重视青少年的内心感受和体验，通过对社会和自然等问题的探究、参与研究和解决身边发生的现实问题等活动，深化对个人、自然、社会、科学、文化的认识和理解，促进正确的情感、态度、价值观的形成。深化基础教育改革，逐步丰富教育资源，为青少年提供健康、丰富的精神食粮，用健康向上的文化氛围陶冶情操，知、情、意、行相统一，塑造健全的人格，培养朝气蓬勃、积极向上的社会主义建设者和接班人。

四、完善三级课程，推动基础教育健康发展

以邓小平理论、"三个代表"重要思想、科学发展观为指导，以《基础教育课程改革纲要（试行）》为依据，新一轮基础教育课程改革正在如火如荼地开展着。课程改革纲要明确提出，实行国家、地方、学校三级课程，使地方课程成为国家课程的深化和补充，体现地方课程的灵活性和自主性，充分利用地方课程的资源和优势，因地制宜地选取具有地方特色的课程内容。地方课程因此成为宣传黑龙江历史文化、培养青少年爱家爱国情感的重要载体。地方课程，其功能不仅是传授知识，而且是从另一个视角把学生的课内知识迁移到社会生活中去，作为对国家课程的合理、有效的补充，实现对国家课程内容的拓展。选取反映黑龙江突出的地理特征、与学生生活体验密切相关的知识，引导学生学以致用，开展探究式学习和实践活动，培养学生创新精神和实践能力，使学生树立正确的人生观、价值观以及可持续发展观念，增强学生爱家乡、爱祖国的情感，目的是要使我们的学生把对自我的认识、调节和发展与对社会、自然的认识、协调和发展结合起来，促进他们更主动地、积极地、生动而活泼地成长。在新课程理念的指导下，尊重学生的心理感受和体验，丰富学生的爱好、兴趣和选择，使学生通过课程的学习，深化对黑龙江的认识和理解，增进知识，提高技能，在学习中掌握方法、体验过程，培养正确的情感、态度、价值观，实现对知识的整合和学习能力、学习方法的有效迁移，增强对家乡文化的认同感和为改变家乡面貌作贡献的责任感、使命感。

　　目前，我们正着手编写的《黑龙江人文与社会》教材，将作为地方课程的教学资源。该教材以黑龙江历史发展、地域空间为经纬，以黑龙江社会发展为主轴，以综合认识黑龙江社会、自然的基本问题为立足点，分专题整合有关内容，呈现黑龙江方方面面。所选内容体现地域特色和时代主题，重视学习内容与学生原有知识、经验的联系，便于学习内容和学习方法的迁移。创设贴近学生学习经验的情境，设计针对性强的问题，为学生的自主探究提供广阔的空间。设计的活动贴近实际生活，形式多样化，方法简便易行，体现活动性。根据黑龙江学生家庭、社会背景的特点和他们天赋兴趣的差异，将各学科领域的学习与学生的生活经验相结合，遵循少年儿童的认知发展规律，做好一般性、特殊性相结合。

　　《黑龙江人文与社会》这套地方教材将作为基础教育阶段普及黑龙江地域文化的读本，完善三级课程衔接与设置。通过地方课程的开发和教学资源的配置，把黑龙江历史文化作为基础教育的重要资源，融入地方教材中去。通过教材这种最有效的传递教育思想、教育内容和教育方式的载体，让黑龙江的学生了解家乡的历史文化，感受地域的人文情怀，形成热爱家乡、热爱国家的品格。我们也很期望这套教材能够得到各方面的支持和关注。

　　作为地方教育专业出版社，黑龙江教育出版社担负着传承地域文化的责任。把这份责任自觉地融入地方文化建设中，找好定位，并主动寻找实现的路径，也才有可能在履行社会责任中使自己快速发展起来，也才有可能在满足人民群众的文化需求，提高人们的素质，提升一个地区的形象时，提升出版社自身的形象和影响力，使出版社持续发展成为可能。

　　（本文是作者在黑龙江省文化大繁荣大发展座谈会上的发言，2008 年 5 月 21 日）

关于《黑龙江省青少年人文素养现状研究》项目立项的申请报告

　　黑龙江教育出版社在多年人文社会科学出版领域研究开发的基础上，经过多方调查研究，提出了题为《黑龙江省青少年人文素养现状研究》的课题项目，并准备向省社科规划办申请 2009 年度省哲学社会科学基金项目，希望能引起重视并给予支持。该课题紧紧围绕省委《关于黑龙江历史文化资源保护、挖掘与利用的调研报告》精神，并特别把中小学乡土文化读本作为研究成果的一部分。此项目对我省的发展建设、人才培养具有重要的战略意义，已得到首都师范大学、黑龙江省教育学院等专业院校和研究机构的专家的支持和参与。现将此课题的研究意义、已有成果等基本情况报告如下。

一、加强青少年人文素养研究的重要意义

　　步入 21 世纪以来，在我们大力发展经济建设、不断钻研科学技术的同时，我们也深刻地意识到，提高人文素养是建设一个民主、文明、和谐社会的迫切需要。近年来，不少省份都针对社会公众进行了人文素养调查。据《杭州日报》报道：2003 年浙江省的公众人文社会科学素养水平指数为 7.5%，即每千人中只有 75 人达标，情况不容乐观；北京市教育学会将"培养学生人文素养和科学精神的途径与方法"作为"十一五"教育研究的重点课题；上海市社会科学界 2006 年第四届学术年会专门对"社会进步与人文素养"这一主题进行了讨论；2008 年北京奥运会的成功举办，使"人文奥运"的观念深入人心……可见社会各界对人文素养的重视程度。作为国家的希望、民族的未来，青少年人文素养的发展直接关系到社会的进步，关系到国家、民族的兴盛。通过前期研究，可以发现青少年在逐渐社会化的过程中其人文

素养的发展会呈现不同的类型和水平，研究青少年的人文素养现状不仅有助于我们较好地了解青少年的成长过程和发展规律，更有助于我们抓住最恰当的教育时机，运用恰当的方法和手段促进青少年的健康成长。因此，通过科学、正确的方法提高人文素养就成为一项重要而迫切的任务，这对创建一个和谐、文明的社会，促进我省的发展建设具有重要而深远的战略意义。

本课题的重要性具体表现在：

1. 为全面、准确地了解我省青少年的人文素养现状提供依据。

2. 为提高青少年人文素养找到适当的切入点。

3. 为我省公众人文素养研究提供研究经验和方法探寻。

通过本研究，了解我省青少年人文素养的现状，进而根据数据分析划分出不同的发展阶段和类型，分析影响青少年人文素养发展的相关因素，研究结论将对教育研究、社会学研究提供有效的参考信息。

二、夯实研究基础，细化研究内容

在学术界，关于人文素养的研究与讨论一直就是热点话题。在我国最早出现"人文"一词的《易经·贲》中说："文明以止，人文也。观乎天文，以察时变；观乎人文，以化成天下。"这里的"人文"就是"教化"的意思。在西方，"人文"一词起源于文艺复兴时期，这里的"人文"就是人的尊严，人的价值、人格、人性的意思。目前我国学术界对"人文"一词界定为：广义上讲是指与人类社会有直接关系的文化，狭义上通常包括文学、艺术、哲学、历史等，也可以理解为人类社会的各种文化现象，以及人们对这些文化现象的认识和理解。人文素养就是指人所具有的人文知识及由这些知识所反映的人文精神内化在人身上所表现出的气质、修养，主要表现为一个人的思想品位、道德水准、心理素质、思维方式、人际交往、情感、人生观、价值观等个性品格。

人文素养包括四个方面的内容：

1. 具备人文知识。人文知识是人类关于人文领域（主要是精神生活领域）的基本知识，如历史知识、文学知识、政治知识、法律知识、艺术知识、哲学知识、道德知识、语言知识等。

2. 理解人文思想。人文思想是支撑人文知识的基本理论及其内在逻辑。人文思想有很强的民族色彩、个性色彩和鲜明的意识形态特征。

3. 掌握人文方法。人文方法是人文思想中所蕴含的认识方法和实践方法。学会用人文方法思考和解决问题，是人文素质的一个重要方面。

4. 遵循人文精神。人文精神是人文思想、人文方法产生的世界观、价值观基础，是最基本、最重要的人文思想、人文方法。

青少年阶段培养学生人文素养的任务及目标可概括为：培养学生对自然、对生命、对祖国和人类的责任感；形成健全的人格和健康的审美情趣，确立积极进取的人生态度、坚强的意志和团结合作精神，增强承受挫折、适应生存环境的能力；对事物的美丑善恶有分辨力，有正义感；关心当代文化生活，尊重多样文化，吸取人类优秀文化的营养；领会现代社会尊重人权的意义，增强民主和法制观念；增强民族自尊、自信的情感，形成初步的全球意识和可持续发展观念。

综合已有的研究资料，本课题主要解决如下四个问题：

1. 划分和定义人文素养的维度是什么？

2. 根据研究得到的数据能将青少年的人文素养划分出几个层次和类别？

3. 不同层次或类别的人文素养的内涵是什么？

4. 不同层次或类别的人文素养有什么样的区别和联系？

三、理论联系实际，提出培养青少年人文素养的切实办法

一些国家在社会科学中同样重视青少年人文素养的培养和提高，综观英、美、日三国，可总结出几大趋势：

1. 重视通识教育，注重人文教育、科学教育的整合和专业教育的协调发展。教育的根本目的是培养"全面发展的人"。

2. 重视道德教育，培养社会责任感。1988年美国教育部强调，为增强学生的民族精神，使学生富有爱国精神，必须在道德课、纪律秩序和勤奋学习等三方面进行重大改进。

3. 加强课程体系建设。切实把人文教育纳入高等教育目标体系之中。

4. 注重民族性、国际性相结合。

国内外都认为在教育中加强青少年的人文教育是提高公民人文素养的重要途径，可见，提高人文素养的方法并不是抽象的，而是切实可行的。正因为本课题的研究具有很强的可行性和应用性，才引起了教育领域的专家、学

者和其他研究人员的重视和参与。在理论研究的基础上，针对我省青少年人文素养的水平和类型，提出适合青少年发展的教育手段，开发出适合学习的人文材料，如青少年人文读本，地域文化资料库，加强社会实践活动等。用丰富多样的教育手段和活动，全面提升我省青少年的人文素养，并可在未来两到三年里，开展新一轮的调研，考察青少年人文素养的发展趋势，检验教育实践成果，使本课题成为一个循环有序、逐步深入的研究活动。

黑龙江省委宣传部《关于黑龙江历史文化资源保护、挖掘与利用的调研报告》中，特别把中小学乡土文化读本列入了重点打造的题材，我们深感到省委省政府对增强黑土文化的魅力和生命力的高度重视。在接到这个报告后，我社积极与教育部门联系，达成共识，通力合作。计划在调研和理论研究的基础上，形成理论性和可操作性的系列人文研究成果。目前，我省中小学生的乡土文化读本《黑龙江人文与社会》的调研策划工作正在进行。该套文化读本将体现黑龙江的人口、民族、地理、历史，黑龙江的土地资源、水资源、矿产资源、动植物资源及黑龙江的文学、戏剧、音乐、美术等内容，以加强人文教育，丰富和发展学生的精神世界，促进学生正确的情感态度价值观的形成，培养学生发现问题、提出问题、解决问题的能力，实现学生能力素质的有效迁移和发展，进而增强学生对家乡文化的认同感、自豪感和改变家乡面貌的责任感、使命感。

黑龙江教育出版社是我省唯一一家获得国家人事部和新闻出版总署联合表彰的出版先进单位。多年的出版实践活动中凝聚了一批省内外知名学者，社内也汇集了具有博士、硕士学位且研究能力很强的编辑队伍。近年来我社自主策划的选题项目多次获奖，教育社正逐渐从单一的出版单位向集研发、出版、培训为一体的出版研究单位迈进。因此，我们恳请出版总社将此项目上报省委宣传部，恳请领导支持我们将《黑龙江省青少年人文素养现状研究》课题列入 2009 年度省社科规划项目，这种支持将是我们努力打造强势出版产业的巨大动力。

（本文为作者就牵头策划的中小学生乡土文化读本《黑龙江人文与社会》向总社申请，以《黑龙江省青少年人文素养现状研究》项目立项的汇报，2008 年 11 月 24 日）

筑牢产品线　推动教育出版社做强做大

教育社按照总社提出的 2008 年工作要点，结合本社实际，不断建立健全各项规章制度，注重继续教育和培训，坚持以人为本，科学管理，扎实开展各项工作，取得了一定的成绩。虽然今年我们遭受到 2008 年新一轮的教材降价及纸价上涨、工资增加、资金紧张等多重冲击，但我们超额完成了总社年初下达的利润指标 400 万元，实际完成 1800 余万元，大幅超过去年同期水平，经济效益显著提升。

一、实践科学发展观，坚持精品图书战略

2008 年，黑龙江教育出版社深入学习实践科学发展观，从提高国家文化软实力的战略高度充分认识文化建设的重要性和紧迫性，更加自觉主动地从出版角度，积极策划弘扬中华文化，建设中华民族共有精神家园的选题，不断增强做好出版工作的政治责任感。始终强化政治意识、大局意识、责任意识，在出版活动中努力做到"以科学的理论武装人，以正确的舆论引导人，以高尚的精神塑造人，以优秀的作品鼓舞人"，不断提高政治敏锐性和政治鉴别力。坚持出版工作为教育服务，为教师学生服务，为地域文化的繁荣和续存服务。

在重点图书出版方面，教育社认真做好"十一五"规划重点选题的出版工作。目前"十一五"规划重点选题的出版已完成过半。《中国古代疆域史》《走向文化哲学》和《黑水世居民族文化丛书》中的《黑龙江赫哲族文化》《黑龙江鄂温克族文化》正在编辑加工过程中。《黑水世居民族文化丛书》的出版受到了新闻出版总署的高度重视，特别给予了少数民族图书出版补贴。

《与改革同行》被列入国家新闻出版总署"纪念改革开放三十周年"主题出版，是黑龙江省唯一一部入选图书。具有较高学术研究价值的《丁文江年谱》、古典文学研究系列《红楼梦考论》《曹雪芹江南家世丛考》《三国演义源流研究》《胡适红学年谱》《冒雪芹最后十年考》等颇具影响力的学术专著也已经在 2008 年底前出版发行，将亮相 2009 年北京订货会。

教育社从 1991 年推出第一批《边疆史地丛书》出版以来，经过与中国社科院边疆研究中心长达 17 年的密切合作，迄今为止已出版了近 50 多种图书，极大促进了边疆史地研究的发展，受到学术界的赞扬和好评，还受到过中央高层领导的重视，取得了显著的社会效益。为继续支持边疆学术研究成果的出版，并使其质量更好，树立品牌形象，我们与边疆研究中心领导重新确立了出版原则，在全国范围内，扩大选题策划，对近现代中国边疆研究典籍和研究专著分系列逐步推出，进一步夯实中国边疆研究的学术和出版基础，建设中国边疆研究和出版基地。

在 2008 年，教育社积极响应省委省政府发掘地域文化、创建文化大省的号召，结合黑龙江省地域特点，重点开发了反映黑龙江民族、文化、民俗等地域特征的一批图书，如《中国北方捕猎民族纹饰图案与造型艺术大全》等图书。我们还和热心的专家学者联手策划介绍中国边疆的通俗读本，希望更多的读者了解疆域形成的过程，热爱祖国边疆，增强爱国意识，打造成双效俱佳的龙教版品牌系列图书。

二、坚持教育出版方向，强力推进教材及助学读物新品牌

教育出版社 20 多年的发展历程，特别是近年来的起伏变化，使教育社人坚定了在做好特色学术出版之时，坚持走教育专业出版之路，明确了教育社在今后一段时期的发展战略——立足龙江做基础教育产业，构建教育出版研发基地，打造教育出版传媒平台，向教育出版的集团化发展。

本着这一共识，我带领班子成员强力推进教材教辅品牌和渠道建设。一把手亲自挂帅，把教材教辅品牌建设提到出版社工作的重要位置。一如既往地立足教育，凭借教育改革、课程改革和实施素质教育带来的机遇，协同教育部门，集中优势力量，形成合力，下大力气培育、整合和完善现有的新课标合作教材即中小学《音乐》、初中《EEC 英语》教材，筑牢自主研发的《黑龙江人文与社会》、初中小学《生命教育》、初中小学《信息技术》教材、初中小学《写字》教材、初高中《实验导学》等多套教材，继续抓好协调、维护、培训和进一步研发的工作，制定了近期和长期的研发和营销计划，从过去单一的教材出版商转变为教育内容提供商。2008 秋季中小学《信息技术》《黑龙江人文与社会》《生命教育》进入了国家免费教材买单目录，《写字》被确定进入地方教材采购范围。

继续做好《资源与评价》教辅的进一步研发和相应图书的出版推广发行工作。《资源与评价》上升到总社的重点项目，总社给予了很多支持。教育社作为承担该项目的出版单位经过艰辛的努力，使得该套教辅丛书无论在编写内容上还是出版质量上都具有了较高的水平，经过五年的不间断推广、培训和宣传，得到广大中小学师生的认可和赞赏。在此基础上，根据地市中考命题特点和教材版本使用情况，2008 年又开发了哈尔滨版和大庆版，使《资源与评价》系列不断扩充完善，成为具有高质量的精品学生学习辅助用书。《资源与评价》的初中部分被选入了政府免费采购目录，发行码洋大幅提升，经济、社会效益显著，我们多年的呼吁和期盼终于见到了成效。

今年根据工作的需要，我们成立专门的项目组，积极深入到各地，了解图书使用情况，加深对课改新理念的理解，积极宣传推广，使教育出版努力融入教育实践中，为赢得稳定读者奠定基础。2008 年，教育社教材、《资源与评价》全年销售码洋、销售收入都大幅上升。虽然由于教材的限价和纸张价格的上涨，教材的利润空间进一步压缩，但作为教育出版社，把最好的教材提供给受教育者也正是我们的独特价值所在。从单纯关注利润到关注受教育者价值，为读者创造最大价值，才是教育出版社实现可持续发展的必由之路。

在看到成绩的同时，我们也遇到了巨大的挑战，教材循环使用、免费教材目录的不确定性，使教材特别是教辅《资源与评价》这套学生学辅用书的推广使用依然存在很大变数。

因此，我们在设立专项机构维护已有教材教辅产品的同时，利用已有的教辅资源优势，进一步开发适销对路的教辅图书及助学读物选题，努力扩大其在教育市场的占有量。教育社开发的龙东地区助学读物、高中新课改教辅图书、"步步高"系列教辅图书，都在逐步投放市场。

在确保教材教辅板块稳定的同时，教育社更加努力地去拓展一般市场图书，逐渐改变过分依赖于教材教辅的出版结构，努力寻找新的经济增长点。教育社开始在引进版大众教育选题方面试水，尝试引进了韩国版图书《爸爸每天 10 分钟：启发孩子智力》《父母和孩子必须掌握的沟通方法：父母篇》《父母和孩子必须掌握的沟通方法：子女篇》等；同时，在国内建立作者群，开发大众教育市场，先后出版了《告诉自己：挫折不怕》《学习快车：王飞博士问答式学习方法课》《哈佛的幸福课》等图书，取得了较好的收益。

2008 年，总社考虑美术出版社经济困难，把教育社和美术社合作出版多年的中小学美术教材全部划拨给美术社，把美术社的《初中生优秀作文》调整到教育社。这是继《格言》杂志剥离教育社之后，教育社又一次优质资源的割舍。尽管如此，教育社还是高度重视这本发行量不足万册的教辅杂志，没有外包，积极配备人员，努力提高质量，扩大宣传。目前发行量已经增加到 2 万多册。值得一提的是，在汶川地震后，为抚慰灾区孩子受伤的心灵，及时向灾区孩子发出了"灾难中我们学会坚强"的呼声，并鼓励孩子拿起笔写出自己的感受，在刊物上发表。后来由于来稿量较多，编辑部对灾区孩子的作品经过精心加工，编辑成《灾难中我们学会坚强》一书出版，极大地鼓励和抚慰了灾区的孩子。该书后来还入选农家书屋政府采购范围，在取得了良好社会效益的同时，意外地获得经济上的效益。

三、抢抓机遇，推动发行工作新进展

教育社始终把抓好发行工作视为出版社工作的重中之重，把建设发行网点作为拓宽发行业务、扩大销售的重要工作。由于历史原因，教育社过去没有发行代理机构，与各级新华书店也很少联系。经过三年的努力，目前在北京、上海、深圳等大中城市及省内大卖场均设图书专柜或展架。今年教育社同上海书城密切合作，把教育社有影响的本版图书全部铺货，有些图书已多次补货。同广东联合图书发行有限公司签订了发行协议，对教育社新版图书大力宣传推广。广泛的合作，使教育社出版的重点图书、本版图书得以宣传，同时也有了卖点。目前，在全国新开发图书销售网点 90

余家，共有近 100 个品种上架销售。问卷调查和开卷数据显示，目前教育社在全国的多项发行排名均有所突破。

四、深化三项制度改革，推进出版社持续发展

2008 年，教育社根据《黑龙江省出版总社直属事业单位机构、人事制度、分配制度改革的指导意见》的原则和要求，设计制订了《黑龙江教育出版社深化三项制度改革实施方案》，并积极组织改革实施。

在机构设置上为了适应新形势的发展，依据图书市场的变化情况和社内工作需要，设置如下机构：教育资源研发中心、助学读物出版中心、大众读物出版中心、学术著作出版中心、电子网络出版中心、期刊出版中心、图书发行中心、办公室、财务部、印务部、实业发展部、储运部，共计 12 个部门，并在用人、分配制度及相关政策上作了大胆的改革和积极的尝试。

总社于 2008 年 4 月对我社下发了《关于同意黑龙江教育出版社深化三项制度改革实施方案的函》（黑出总函【2008】7 号），同意我社的深化三项制度改革实施方案。5 月，教育社举行了全社职工大会公开竞聘。经民主投票，产生了各部门的主任，经过竞聘上岗的各部门主任与所属员工的双向选择，产生了重新组合的各部门成员。至此，教育社的三项制度改革的阶段性工作圆满完成。本次改革在总社的直接领导下，始终坚持公开、公平、公正、稳定的原则，改革触及了很多过去没有触及的个人利益，真正做到了打破所有制和身份界限，打破大锅饭和铁板凳，建立岗位能上能下的用人机制，充分调动了人才的积极性，使得一大批具有较高素质的中青年职工得以脱颖而出，为今后教育社逐步建立、健全与市场经济相适应的分配机制和激励机制，促进教育社持续健康发展奠定了基础。

总社在下发《关于同意黑龙江教育出版社深化三项制度改革实施方案的函》的同时，要求并指导教育社参照总社系统大集体人员剥离做法，与下属精品书店集体所有制职工解除劳动关系。这个改革过程虽几经反复，但最终完成了大集体的剥离工作。希望留用的员工重新签订了聘用合同，为总社的转企改制理顺了秩序。

2009 年，我们希望总社统一部署实施的 ERP 管理系统尽快给教育社上线使用。通过信息化管理系统，可以节省人力成本，健全全社统一协调的

运行机制，使得各部门在整体布局之下，分工合作，各司其职，充分调动全社职工的积极性、创造性和参与性，有效地实施以教材教辅和品牌项目为两翼的发展战略，促进教育社持续健康发展。

（本文是作者在黑龙江出版总社年度工作会议上的总结，2008 年 12 月 25 日）

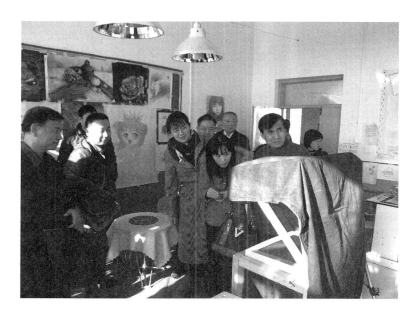

深入基层学校，了解教学实际，改变传统的教育出版模式，建设教育出版研发基地。这是作者在黑河市爱辉县张地营子乡农村学校调研。

加强黑龙江历史文化资源的出版力度

根据黑龙江省委宣传部《关于黑龙江历史文化资源保护、挖掘与利用的调研报告》的精神，为贯彻和落实省委宣传部与黑龙江省出版总社关于此项工作的《通知》要求，黑龙江教育出版社对此极为重视，并进行了认真的研究。联系教育社图书出版的实际情况，就出版工作中相连紧密的选题内容落实了以下工作：

一、认真学习、研究调研报告

通过学习这份凝聚了全体课题调研组同志的辛勤汗水并得到许多大专院校和科研单位大力支持的调研报告，我们全面系统地了解了黑龙江珍贵的历史文化资源，穿过历史的时空隧道，回忆和追记过去的岁月在这片神奇的黑土地上留下的足迹。它宛如一首歌颂和赞美黑龙江的历史长诗，向后人讲述了令人荡气回肠、可歌可泣的过去，我们被深深地震撼了。与此同时，我们也强烈地感受到了一种责任，这就是作为黑龙江的出版人应该责无旁贷地担负的责任，为黑龙江历史文化资源的保护、挖掘和利用贡献我们的一份力量。

二、开发品牌资源，策划重点选题

1. 我社自 1989 年起，与中国社会科学院中国边疆史地研究中心开始《边疆史地丛书》的编写出版工作，经过双方协商，我社每年不定期地出版 2—4 种关于边疆史地研究的有价值和补白作用的专著。《边疆史地丛书》从 1991 年推出第一批以来，经过长达 17 年的密切合作，经过双方的共同努力和几届领导班子的重视支持，迄今为止已出版了 56 种，逐步确立了品牌地位，极大促进了边疆史地研究的发展，受到广大读者的欢迎以及学术界的赞扬和好评，还受到中央高层领导的重视，取得了显著的社会效益。《边疆史地丛书》中有多部图书直接或间接地涉及了黑龙江历史文化等有关内容，从学术研究的角度论述了黑龙江历史上的边疆、地理和民族等诸多问题，完全可以融入省委提出的黑龙江历史文化资源保护、挖掘和利用的范畴。在去年5月省委宣传部提出挖掘我省的历史文化资源的号召后，我们认真研究，把视角定位于重点涉及黑龙江历史文化的边疆地域，精选并策划了《东北边疆丛书》（暂定名）。

2. 去年为响应省委的号召，我们与中国社会科学院边疆史地研究中心、黑龙江大学历史旅游文化学院共同策划了《中俄界江四千里——黑龙江百村文化行纪》（暂定名）。该套丛书是一套展示黑龙江边境民族历史文化、风土人情的系列丛书，计划选取黑龙江省边境线上社会稳定、经济发展中有代表性的一百个村镇，以乡、村两级为调查基点，以文化遗存的追溯为主线，充分挖掘少数民族特色文化和旅游资源，让更多的人了解黑龙江，领悟"各美其美，美人之美，美美与共，和而不同"的生命哲学。今年接到《关于黑龙江历史文化资源保护、挖掘与利用的调研报告》后，我们又组织专家学者深入研究，更认为这样一个项目，是对黑龙江边疆少数民族地区政治、经济、文化、人口、地理、环境等多方面内容进行的较为全面的调查和系统梳理。由此产生的成果之一将用优美生动、深入浅出的语言，图文并茂地介绍黑龙江边疆地区少数民族的风土人情、秀美风光和蓬勃发展的新面貌。同时，也能为更好地依托边疆少数民族文化资源，开发旅游产品，将少数民族文化资源转化成文化产业，最终促进边疆地区文化整体提升和旅游产业的跨越式发展，提供客观、翔实、准确、系统的资料和信息。

3. 教育社的国家"十一五"重点图书规划选题《黑水世居民族文化丛书》是与我省民族研究所合作的项目，为全方位、多层次、系统化研究黑龙江世居民族及古代民族传统文化的开创之作。黑龙江省有悠久的历史和灿烂的文化，从旧石器时代就有人类活动。但是由于研究、宣传的欠缺，黑龙江被视为蛮荒之地、"文化沙漠"，这套丛书的出版将向人们展示黑龙江历史之久远、民族之昌盛和文化之深厚，从而为构建边疆文化大省奠定基石，为黑龙江省老工业基地振兴创造更为优越的软环境，对保护、挖掘与利用黑龙江世居民族文化资源，繁荣发展我省文化事业和文化产业，切实推进边疆文化大省建设具有重大意义。

4. 同样获得国家"十一五"重点图书规划选题的《东北三江流域民俗文化丛书》也紧扣黑龙江历史文化资源这一主题，从珍品收藏方面拓宽黑龙江流域文化的研究领域，引领和推动三江流域历史文化向纵深发展。丛书涵盖黑龙江流域的历史演进、民族风情、民间诗歌谚语、宗教文化，以及解放战争时期的文化风貌，具有极其重要的史料价值和文化积累价值，成为我们整个黑土文化和建设边疆文化的又一支新的支脉。如其中的《东北书店书刊收藏与鉴赏》《东北书店书籍图鉴》等，再现了坐落在佳木斯市的东北书店出版的部分书籍的装帧设计，带有鲜明的时代特征，成为研究那个历史时期的实用美术、装饰艺术的范本，也再现了中国共产党创建东北解放区和夺取东北解放战争胜利的激情岁月。

5. 根据省委对挖掘我省的历史文化资源的要求，今年我们又组织策划了《中国北方捕猎民族纹饰图案与造型艺术大全》（赫哲族卷、鄂伦春族卷、鄂温克族卷），已经列入省重点出版选题。该书通过纹饰与造型艺术的论述，反映出北方捕猎民族的社会形态，透射出北方捕猎民族在长期发展过程中，在吸收融合了许多其他民族文化的同时，也完善和保存了固有的狩猎文化。在人类发展史上，这些北方捕猎民族的民俗文化只能靠口述和世代传承方式留传下来。对于只有语言而没有文字的北方捕猎民族来讲，其社会形态、意识形态和观念形态，都早已经在纹样、图案、雕刻等各类造型艺术中被显现出来，传达出重要内涵及丰富信息的这些纹样、图案等，成为记录和表达信息的载体。以纹饰与造型艺术这样一种表达方式来论述光辉灿烂的民族文明，是具有极其重要意义的。通过对纹饰与造型艺术深入细致的调查研究和搜集挖掘，结合丰富多样化的图片形式着重加以论述，撰写出的这部融历史价值、学术价值、实用价值、欣赏与收藏价值为一体的书籍，弥补了国家在这一领域中的空白。

6. 在《关于黑龙江历史文化资源保护、挖掘与利用的调研报告》中，特别把中小学乡土文化读本列入了重点打造的项目，我们深感到省委省政府对增强黑土文化的魅力和生命力的高度重视。在接到这个报告后，我社积极与教育部门联系，达成共识，通力合作。目前我省中小学生的乡土文化读本《黑龙江人文与社会》的调研策划工作正在进行，该套文化读本将体现黑龙江的人口、民族、地理、历史，黑龙江的土地资源、水资源、矿产资源、动植物资源及黑龙江的文学、戏剧、音乐、美术等内容，进而增强学生对家乡文化的认同感、自豪感和改变家乡面貌的责任感、使命感。

三、继续深入研究报告，结合实际贯彻执行

这份调研报告涉及的内容非常丰富，理念也非常新颖，特别是在总体发展目标中提出了十大重点建设系列，并用25个图表，清晰地规划出我省的历史文化遗存和研究方向，为我们厘清了思路，指明了今后出版的方向。我们拟在下一阶段结合教育社的出版实际和学科特点，继续深入而系统地研究、分析调研报告，继续论证我们的出版规划，请领导审阅并希望能给予支持，努力完成作为黑龙江出版人应做的工作。

四、积极组织撰写论文

按照《通知》要求，我们在学习、研究和探讨调研报告的基础上，鼓励社内同志积极撰写论文，并约请教育社的一些作者也根据自己的学科实际，撰写具有一定深度和一定历史文化价值的学术论文。同时，根据教育社的出版实际，研究确定论文题目，并制订了写作计划，争取较好地完成此项意义重大的学术研究任务。

（本文是作者向黑龙江省委宣传部汇报关于落实黑龙江历史文化资源保护、挖掘与利用等有关选题的发言，2008年4月17日）

中俄界江四千里百村调研

　　黑龙江省是多民族聚居的边疆省份，千百年来，这些少数民族在这块黑土地上生息繁衍，成长壮大，创造了特色独具、辉煌灿烂的民族文化；为开发边疆、为保卫边疆进行过艰苦卓绝的斗争，立下了不可磨灭的历史功绩，为当代人留下宝贵的精神财富和物质财富。我省现存的 10 个世居少数民族大多长期生活在沿黑龙江和乌苏里江的边境地区，其语言文字、生活习俗、生产方式、民居建筑、饮食服饰、节庆娱乐等均蕴涵着丰富的民族文化，展示着独特的北方少数民族风情。改革开放三十年来，黑龙江省边疆少数民族地区在政治、经济、文化等方面都取得了巨大的成就，特别是在社会稳定、民族团结、文化建设、经济发展中做出了重要贡献。

　　对于这些成就以往的研究虽有所涉及，但系统的大规模社会调查活动却从没开展过，亦缺乏典型的全面透视。根据省委第十次党代会提出的"加快边疆文化大省建设，全面繁荣文化事业，大力发展文化产业，为全面振兴提供强大动力和智力支持"的精神，中国社会科学院中国边疆史地研究中心、黑龙江教育出版社和黑龙江大学历史文化旅游学院三方经过半年多的协商沟通，本着资源共享、优势互补、创新精品的原则达成共识，准备以黑龙江大学历史文化旅游学院教师和研究生为主体于 2008 年 5 月至 2008 年 10 月对黑龙江省沿边境一百个左右村庄开展实地调查，通过访谈、问卷等方法搜集材料，以文字材料为主，辅以图片、数字图表，最终形成《中俄界江四千里——黑龙江百村文化行纪》（暂名）丛书。计划一村一本，每本 10 万字，共计 100 本，约 1000 万字。

　　本次活动将以边疆少数民族社会文化形态调研考察为主线，以保护和开发利用好少数民族文化资源为重点，在创新调研形式和丰富调研内容上下功夫，对黑龙江边疆少数民族地区政治、经济、文化、人口、地理、环境等多方面内容进行全面调查和系统梳理。将用优美生动、深入浅出的语言，图文并茂地介绍黑龙江边疆地区少数民族的风土人情、秀美风光和蓬勃发展的新面貌。努力为更好地依托边疆少数民族文化资源开发旅游产品，将少数民族文化资源转化成文化产业，最终促进边疆地区文化整体提升和旅游产业的跨越式发展，提供客观、详实、准确、系统的资料和信息。

《中俄界江四千里——黑龙江百村文化行纪》（暂名）丛书还计划作为庆祝改革开放三十周年和建国六十周年的贺礼隆重推出，使丛书成为黑龙江对外交流的"名片"，为把这块黑土地打造成文化研究的焦点、旅游观光的热点、投资发展的增长点，掀起走进黑龙江、了解黑龙江、开发黑龙江的热潮，打造黑龙江边疆文化大省产生积极和广泛的影响。对促进黑龙江省的政治稳定、经济发展、社会和谐、文化繁荣做出应有的贡献。

党的十七大报告指出：要坚持社会主义先进文化前进方向，兴起社会主义文化建设新高潮，激发全民族文化创造活力，提高国家文化软实力，使人民基本文化权益得到更好保障，使社会文化生活更加丰富多彩，使人民精神风貌更加昂扬向上。

文化是一个国家、一个民族的灵魂，没有它，国家、民族就会失去生命力和凝聚力。推动东北边疆文化大发展、大繁荣，是打造东北文化软实力的需要，对于满足边疆地区群众的文化需求，提升东北边疆地区的形象，以及通过文化产业的发展提升东北综合实力和竞争力，都具有现实意义。

（本文是作者 2008 年 4 月 22 日向省新闻出版局汇报项目组所做策划的部分内容）

挖掘、传承和繁荣黑龙江流域
少数民族历史文化的思考

文化是一个国家、一个民族的魂和根，深深熔铸在民族的生命力、创造力和凝聚力之中，影响着民族的发展道路和前进方向。推动社会主义文化大发展、大繁荣，是打造国家文化软实力的需要，对于满足人民群众的文化需求，提高人们的素质，提升一个国家和地区的形象，以及通过文化产业的发展提升综合实力和竞争力，都具有重要意义。

文化具有其鲜明的地域性特色。"只有民族的，才是世界的。"同样，只有特色的才是有魅力和影响力的。五千年漫长的历史演进，孕育出博大精深的中华文化。不同的地理、历史、民族、风俗等又形成灿若群星的地域文化，如河南的河洛文化、山东的齐鲁文化、山西的黄土文化、河北的燕赵文化、湖南的潇湘文化、江浙的吴越文化、四川的巴蜀文化、广东的岭南文化等，都在历史的传承中被赋予了时代的内涵，焕发出勃勃的生机与活力。在推动社会主义文化大发展、大繁荣的热潮中，各地都高度重视文化建设，纷纷提出了向文化大省或文化强省迈进的目标，积极发掘富有地域特色、民族特色、历史特色的文化资源，扩大本地在全国的影响力，用独特的文化魅力吸引全世界的目光。黑龙江流域的黑土文化是中华文化的重要组成部分。黑龙江流域同黄河流域、长江流域一样是华夏文明的发祥地之一，有着悠久的历史和深厚的文化传统，东北部边疆独特的地理位置孕育了独特的历史文化。我省是多民族聚居的边疆省份，千百年来，边疆各民族在这块黑土地上生息繁衍，成长壮大，以博大的胸怀和独特的方式创造了黑龙江流域令世人惊叹的璀璨文明，创造了独具特色、辉煌灿烂的民族文化，为当代人留下了宝贵的精神财富和物质财富。他们为开发边疆，发展黑龙江地区的经济、文化做出了重大贡献；为保卫祖国边疆，抵御外侮进行过艰苦卓绝的斗争，立下了不可磨灭的历史功绩；为中华民族统一的多民族国家的形成做出了卓越的贡献。目前，全省共有 10 个世居少数民族，大多长期生活在沿黑龙江和乌苏里江的边境地区，其语言文字、生活习俗、生产方式、民居建筑、饮食服饰、节庆娱乐等均蕴涵着丰富的民族文化，展示着独特的北方少数民族风情。

改革开放三十年来，黑龙江省边疆少数民族地区在政治、经济、文化等方面都取得了巨大的成就，特别是在社会稳定、民族团结、文化建设、经济发展中做出了重要贡献。有关黑龙江边疆地区社会历史、少数民族文化及其他方面的研究开始受到政府和学术界关注，加强了对黑龙江边疆少数民族语言、历史、文化的研究，并出版了一大批理论专著；创作了一批在全国有重要影响的文艺作品，如歌曲《乌苏里船歌》、戏剧《赫哲人的婚礼》等。但是，就整体而言，还缺乏典型的透视、全面的关照，未能将有关的研究作为当代中国边疆民族地区历史文化与经济协同发展的重要一环来进行，亦未能全面、深入地反映改革开放三十年来黑龙江边疆民族地区在各方面建设中所取得的成就，缺乏对我省少数民族历史文化精品的打造和推广。弘扬黑土文化，打造龙江精品，迫切需要深入地挖掘、保护我省的少数民族历史文化资源，将这些资源进行"深加工""精加工"，打造出一张黑龙江精致的名片，充分地展示我省的新形象。本文仅从以下四个方面进行思考。

第一，详细考察、了解边疆少数民族的政治、经济、文化发展情况，反映古老的民族在新时代中焕发出的崭新活力。选择沿黑龙江和乌苏里江边境地区的少数民族村落作为搜集历史文化资源和研究的对象，科学、系统地重点调研自然地理、人口、文化教育、社会稳定和经济发展状况及趋势等基本情况，展示各民族经济社会翻天覆地的新发展、新变化，人们的新活力、新面貌。深入考察民族关系与民族团结、宗教活动、国家和民族认同、民族文化、民俗风情、国外政治经济文化影响等社情民意，从多方面详细了解我省少数民族的文化传统、历史渊源，进一步充实、完善相关的文献资料，甚至弥补研究空白。通过调查研究，从中总结边疆民族地区政治、经济、文化发展的经验教训和基本规律，发现、分析存在的问题及原因，进而提出有效的对策和建议，为各级党委、政府加快边疆少数民族地区发展决策提供科学依据，促进各民族共同繁荣、共同发展，创造一个安定、和谐、繁荣的社会环境。

第二，广泛搜集少数民族的历史文化资料，开发具有龙江特色的黑土文化产品和产业。要下大气力挖掘、搜集、整理黑龙江、乌苏里江流域边疆少数民族的语言文字、生活习俗、生产方式、民居建筑、饮食服饰、节庆娱乐等民族文化资料，追溯我省边疆地区的历史渊源和少数民族同胞在历史上为民族团结、国家统一、文化发展做出的贡献，展示边疆地区秀丽的风光、纯朴的民俗风情，从中开发出丰富的文化产品和文化产业，比如推出相关的文化类图书，拍摄具有民族地方特色、反映民族文化、人文风情的电影、电视剧，创作黑土风格的小说、诗歌、剧本等文学作品，用优美生动、深入浅出的语言，图文并茂地介绍黑龙江边疆地区少数民族的风土人情、秀美风光和蓬勃发展的新面貌。依托边疆少数民族文化资源开发旅游产品，找到历史文化资源开发的机遇和结合点，提高项目实施的可行性，将少数民族文化资源转化成文化产品和文化产业，转化为旅游业的重要内容，促进边疆地区经济社会加快发展。

第三，坚持学术理论与现实生活相结合，进一步拓宽边疆少数民族历史文化的研究领域。黑龙江、乌苏里江流域少数民族较多，历史悠久，地域广阔，而且一些民族还没有文字，历史也缺乏记载。要研究得透彻一些，必须深入少数民族聚居地，对其政治、经济、文化、社会等进行较为全面、深入的调查研究和系统梳理，获得真切的感受和体验，将已有的理论研究与现实的生产、生活相结合，考察少数民族文化在新时期的发展和建设情况，发掘具有历史价值的文物、史料。通过对边疆少数民族历史文化资料的挖掘、搜集、整理、研究，相应地向人类学、人口学、民族学、社会学、宗教学、历史学等多学科延伸和融合，促进相关学科的发展，不断拓宽研究领域，提高研究水平，创新研究理论，实现理论与实践相结合、学术性和普适性相结合，更好地保护、抢救和利用民族民间非物质文化遗产，更好地开发少数民族的特色文化，更好地展现我省的文化多样性，推进各民族文化的繁荣与发展。

第四，充分利用边疆少数民族丰富的历史文化资源，建立教育基地和

第二课堂。在挖掘、搜集、整理和研究边疆少数民族历史文化过程中，既要注重文化产业和旅游业等商业性开发，更要注重发挥这些资源对建设精神文明，提高青年文化修养和思想道德水平的作用。边疆少数民族的历史文化反映了黑龙江人文与社会的方方面面，可以作为编写黑龙江省地方教材的绝好素材，可以在有代表性的场所建立教育基地和第二课堂，对广大中小学生、社会青年进行爱国爱家教育，使其了解家乡的历史文化、人文风俗、建设发展历程，激发年轻一代建设家乡的责任感和使命感，承担起时代赋予的使命，把建设龙江、发展龙江与实现每个人的自我价值紧紧地联系在一起，培养青年一代自强、自立、护搏向上的精神风貌。

要以挖掘、传承和繁荣边疆少数民族历史文化为突破口，把黑龙江打造成文化研究的焦点、旅游观光的热点、投资发展的增长点，让黑土文化、龙江精神在推动社会主义文化大发展、大繁荣的大潮中谱写出新的篇章，焕发出新的光彩！

（原载《黑龙江日报》，2009 年 7 月 13 日）

总结经验，开放办社，
走出版业可持续发展之路

按照集团设定的总结自身发展经验的命题，我们对教育出版社 5 年来的发展历程做了一个回顾。其实，这几年我们一直根据社里的实际情况和发展路径及时调整发展思路，不停探索，希望逐渐形成几个核心业务板块，并围绕几个板块在纵向上做深做透，在横向上发挥产业链优势，增强企业的整体竞争力，做强做大。

一、立足龙江建设教育出版研发基地

自 2003 年中小学地方教材连续降价并被国家新课标教材替换、省编教辅被省里取消后，教育出版社的主要经营收入大幅下降。2004 年我回到教育社时，听大家说的最多的就是教育社不行了，教辅没了，旧版本的思想品德、音乐、美术教材退出了市场，新教材的编写没有应标，失去了机会。与人音社合作的新课标音乐教材发行量不好，仅一万多册，赔钱，原有的市场都被其他同类教材分割了。其他市场图书忙了半天，没有发行渠道销量上不去，折扣又大，不挣钱。教育社 2005 年的年利润只有 200 万元，大家情绪都很低落，教育社也不再吸引入职者了，很多人都想着怎么离开去更好的单位。我接手之后立即深入调研课改政策，抓住了国家三级课程开发的最后机会，即地方课程开发的时机，并积极对应教育需求，陆续开发出版了符合课改要求的义务教育阶段全学段地方教材中小学《信息技术》《写字》《黑龙江人文与社会》《生命教育》和覆盖全学科的教学辅助读物《资源与评价》，并全部进入教材征订目录；与人民音乐出版社合作的新课标义务教育阶段音乐教材，也有了 60% 多的市场占有率，特别是在 2007 年我省 15 个地市和系统局首次选用高中音乐教材时，有 14 个地市和系统局全部选用此教材，在新课标教材市场上占领了重要的一席之地。随着这些教材教辅按照年级被递进使用，教育出版社持续发展的产品线也随之形成。2006 年教育社基本稳住了下滑的趋势，图书发行总码洋达到 5800 万元，销售收入 2900 万元，创利 312 万元。到 2009 年利润达到 1975 万元，2010 年利润突破 2000 万元。

　　这样的成效是用我们近五年的时间研发和拼搏换来的。2007 年前我很少到省外出差，我们领导班子其他人和员工也是这样，节约成本是一个方面，另一方面是，出去干什么？自己的地盘都保不住，出去说什么？学什么？所以我当时提出的口号是由"立足本省，面向全国"，改为"立足本省，收复失地"。如果说几年来发展的经验，简单讲就是认清形势，全力以赴。我们从地方教育专业社品牌优势出发，一手抓地方教材的立项编写，一手抓教辅的开发，以重塑经济根基为目标。地方教材《黑龙江人文与社会》，当时已经有别的出版社受委托编写了一个样稿，但是形式和内容太陈旧，审查没有通过。我拜访教育部社会课新课标的制定专家，请他们给予指导，调集省内专家，腾出当时出版社最大的办公室，请专家们在社里集中工作。我还请人从日本捎回比较接近的教材，一起研究新的教材呈现形

<h3>2005—2010 年黑龙江教育出版社财务数据比较表</h3>

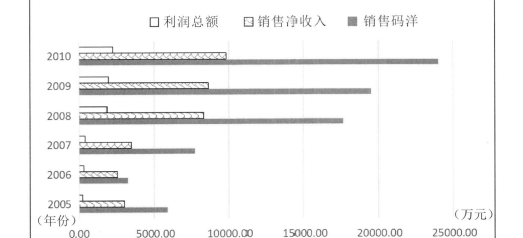

式。我们改变了出版社就是等着作者写稿投稿的出版方式，变单纯的出版单位为研发基地，最后拿出的样张使省中小学教材审查委员会的专家非常满意。在策划《生命教育》教材编写时，我请教育部教材审查委员、国家生命科学重点实验室的主持人亲自指导编写样张。面对全新的教材呈现形式，谁看都说好，审查时很顺利通过。

教辅图书《资源与评价》的市场推广更是有很多的经验和故事。集团领导高度重视，研发时作者倾情投入，编辑呕心沥血，实验学校一致称赞，教育部门发文件推荐，我带领营销部门在市场摸爬滚打，睡觉都梦着它。可是最初投放市场，没有预期的一炮打响。那些不知道何时形成的潜规则，搞得我们很无奈。当时压力很大，有人劝我，教育社就这么几十位员工，有几套地方教材了，再出点自费书，也够温饱了，何必春夏秋冬地在地市县到处跑呢。但是看着那些东拼西凑的高折扣教辅装进孩子书包，甚至装进自己孩子书包，真是不安，更是不服。我们是教育出版专业社，连套像样的教辅都没有出版，实在太没面子。所以，我们这几年无论多么难，也一方面作市场维护，一方面沉下心来做内容研发。我们的目标很单纯，就是要给本省学生提供一套立得住的学习辅助资源。现在终于坚持下来，品种也扩大到400余种，认同的读者也多了，编辑队伍也得到了锻炼。打造教育出版研发基地，做足基础教育出版产业，正成为教育出版社持续发展的根基。

二、面向全国创立大众教育品牌图书

坚持服务教育，并着眼于服务社会大教育的思想。我们在使教育社走上稳定发展之路后，积极调整图书结构，努力寻找新的经济增长点。我们利用作者和编辑资源优势，进一步开发适销对路的教育读物选题，努力扩大其在市场的占有量。为了破解图书策划营销瓶颈，建立长效策划营销机制，我们加大在北京等中心城市的选题策划力度，加强与在京作者和文化公司的合作，进一步探索有效的合作模式，并向其他相关地域辐射，努力提高市场营销的效率与效益，建立适应市场机制的策划营销机构。今年我们尝试在北京建立了编辑信息中心，重点策划市场图书，做深做精大众教育类读物。《父母与孩子必须掌握的沟通方法：父母篇》《父母与孩子必须

掌握的沟通方法：子女篇》《农家女大讲堂丛书——家庭教育手册》《名校佳作》《儿童文学作品赏析》《中小学生行为问题巧解录》《此中有真意》等很受欢迎。策划出版国内教育研究书系、"尖尖角"系列图书，引进国外教育系列图书等，使教育出版社本版图书的出版呈现了新气象。

我们还通过北京博览会和法兰克福书展的渠道与德国、美国、西班牙等国的出版商达成了一些大众读物版权引进及其他合作的意向。这些大众教育类市场读物的整体推出，不仅在市场和读者中产生了良好的社会反响，确立了我社在大众教育读物中的出版方向，同时更加坚定了我们逐步把教育普及类读物做深做精，进一步开拓教育图书市场的信心。

由于历史原因，教育社过去没有发行网点，我们把开发渠道、建设发行网点作为拓宽发行业务、扩大销售、展示龙教版图书的重要途径。经过三年的努力，目前在北京、上海、深圳等大中城市及省内大卖场均开始合作。同时，教育社同一些具有发行实力的区域性和全国性图书中盘签订了发行协议，对教育社新版图书大力宣传推广。重点图书、本版图书得以进行全方位的立体宣传，增加了新的卖点。

充分利用订货会、书博会等图书展会，使静态的图书动态化。我们有两大系列的龙江地域文化图书，都是国家十一五重点图书。我们利用在哈尔滨开展书博会的机会，在展示反映赫哲族生活文化的图书时，邀请赫哲族传承人现场制作演示鱼皮文化制品，把其内容鲜活动态化地展示给读者，打出了一张弘扬龙江地域文化的主题牌。我们的"书香校园读书节"颁奖活动和"校园花开"图书首发式都引起了关注。

过去，教育出版社市场本版图书少，几乎没有关注过团购市场。随着我们本版图书的增加，我们开始着手开拓图书团购市场。首先全力投入"农家书屋"的招标工作，珍惜国家最后两年的农家书屋建设计划，力争使我社的"农家书屋"入选图书达到最大化。积极开拓社区书屋、社会图书馆、高校中小学图书馆馆配，充分利用各种团购渠道，提高市场占有率，促进本版图书发行迈上新台阶。

三、坚守学术出版高端学术精品图书

坚守学术出版是出版人的使命，我们借助国家"十一五"图书出版规

划的引领，努力打造学术精品图书。"十一五"规划重点选题《中国古代疆域史》《走向文化哲学》《黎锦熙文集》《黑水世居民族文化丛书》《东北三江流域民俗文化丛书》《精神家园丛书》已经顺利出版，社会反响很好。在申报国家"十二五"图书出版规划时我们加大了策划力度，共申报 8 个项目近 300 种图书。我们的想法是，通过国家出版规划项目的引领和促进，锻炼队伍，提升品牌，推动企业做强做大，为企业今后的持续发展奠定基础。2010 年我们申报的《中国边疆研究文库》首次获得国家出版基金重大项目资助，我们正在稳步落实推进，和主编及作者们保持密切联系，定期召开论证和进度会，严把质量和进度。我们还策划了《中国边疆文化纪行》丛书，用图文并茂的通俗形式介绍中国边疆地区的历史文化。为了保证项目的实施，我们将责任落实到部门到个人，加快重点图书出版速度，保质保量地完成出版任务。《与改革同行》荣获第三届中华优秀出版物提名奖，《精神家园丛书》入选经典中国走出去出版工程，填补了我省该项目零的空白。《民族精神——精神家园的内核》获全国优秀通俗理论读物奖。

四、探索数字出版与教育合作新路径

信息技术的发展为出版业带来了更好的发展机遇。我们热情拥抱互联网，并积极学习，寻找融合点。按照集团的部署，积极稳妥推进数字出版工作和社内数字化出版流程建设。积极寻找合作伙伴，以项目合作形式将部分优质数字出版资源进行商业合作，全面介入移动互联网和传统互联网业务。立足已有教育资源做好本地的教育数字资源的应用与开发，探索新的盈利模式。成立华文时代数媒公司，全面涉足数字出版业务。

总结近几年对外电子资源合作的经验，以社为主，将优势出版资源数字化整合，包括《中国边疆研究文库》《精神家园丛书》《黑水世居民族文化丛书》等，通过自主整合，牢牢把握这些优质资源数字化的主导权，确保在数字浪潮中品牌资源不流失。

拓展与教育部门原有的合作空间，开展个别数字化项目市场运作，直接针对学校和学生，提供数字化互动产品，例如：学生成长电子手册、心理健康电子读本，人文与社会的电子图书等有市场预期的产品。以教育资源为核心，着手打造教育资源互动平台，开拓教研交流和教师培训及教育

评估的网上服务业务，向建立数字教育资源研发基地的目标迈进。

五、开拓教育培训产业和个性化出版

近几年我们在开发地方教材教辅时，把从单纯的对教材教辅的使用培训，延伸到和教育部门合作，针对教师的继续教育综合培训上，效果显著。我们计划以《初中生优秀作文》期刊为试点，全面实施运营新模式，以主题公益活动促品牌建设，以素质教育为切入点深入教育培训产业，构建教育出版多元化、产业化发展模式。去年我们尝试进行了哈尔滨市最大规模的中小学生作文大赛、"培优教育——阅读与写作名师讲座""以人为本，快乐教育"冬令营活动等，都取得了良好的社会反响和广泛赞誉。接下来，我们将针对语文新课改方案，与学校共建"悦读书苑"校园阅读基地，开展一系列的阅读交流活动，提升教育出版社教育品牌的影响力。以全资成立的远东联达教育文化传媒公司为平台，尝试教育培训服务和个性化出版业务，增加社会辐射能力，改变以书刊销售为主的单一盈利模式，初步形成集教育研发、出版、培训为一体的多元化发展态势，培育新的经济增长点。

六、按照现代企业制度要求建设队伍

按现代企业制度要求加强和提高管理水平，加大人力资源建设力度，是出版企业持续发展的保障。在集团的领导和部署下，教育社顺利地完成了转企改制，完成了"530"人员的内退工作和全面的资产评估、盘查工作，实现了由事业单位向现代企业的过渡。教育社实施的内部改革，在制度设计、机构设置、薪酬分配、激励制度等各方面都顺应了转企改制的需要，员工想事干事干成事的积极性得到了极大的提高，表现出了空前的热情。一支不善张扬但却踏实奋进的队伍，一批立志出版、有担当精神的年轻人正在成长，为教育社今后长足的发展奠定了基础。

黑龙江教育社在全国教育出版社中位居中游位置，与人教、高教、浙教、苏教等教育龙头社相距甚远。虽然在总署首次进行的经营性出版单位等级评估中，进入二级达到了预期，也是集团唯一而全省仅有的两家二级出版社之一。但是弱势很明显，比如本版图书的比重小，拓展市场的能力

不强；信息化管理手段落后，跟不上社里发展的速度；由于历史原因造成编辑梯队断档，年轻人热情高涨，但是出版经验少，队伍建设任重道远。

　　按照集团要求向邻近社对标交流学习的部署，我们选择了兄弟社——吉林教育出版社。我们两社关系很好，员工们也经常交流。尽管吉林教育社由于大环境问题，这几年的利润没有我们高，在总署首次出版社评级中又屈居三级，但是他们在图书市场上拼杀的方略很值得我们学习。他们现在社本部 60 多人，承担一些地方教材教辅及社本级图书，还有两个从编辑部演变而成的公司：一个主要自主研发品牌教辅，面向全国；另一个主要面对省外系统发行教辅。这两个公司除负责人和财务是社里委派管理外，其他人都是公司自行招聘，社本级只对他们进行利润指标考核。我们感觉这种运营模式很灵活，也减少了社本级的运营风险，但是委派人员的能力和忠诚度是关键。现在很多出版社根据业务拓展情况，由原来的部门扩大为中心、事业部，走得快的建立了分社，专项运营某一类图书或项目。这种章鱼式的运营方式对于企业的快速且稳步发展起到了推进作用。出版产业要快速发展，一方面是兼并重组，迅速做大，另一方面内部裂变，形成组合拳，强势拓展。在企业发展到一定规模时，如果还是靠一个整体去与外界力量碰撞，一旦损伤会很重，如果能有这样几只灵活的章鱼探伸寻路，往往会收到意外之喜，吉教社的做法很值得我们学习借鉴。

　　（本文是作者向黑龙江出版集团作的 2010 年度工作汇报，2011 年 1 月 19 日）

为边疆研究的深入精诚合作

首先，我代表黑龙江教育出版社，对论坛的发起者于逢春教授和长春师范大学的邀请表示感谢。能参加这样一个有较高学术研究氛围又很务实的论坛，也是我们的荣幸。特别是与会专家中还有我们出版社的作者，更让我们感到亲切。

上午研讨中，听取了专家学者们的发言，深刻感受到专家学者们严谨的治学精神、求实的研究作风、渊博的学识底蕴。我们很高兴看到，我国的边疆史研究中，已经形成了一批学有专长的学术带头人和骨干。大家的研究成果，对深入探索历代中国边事产生和发展的全过程，剖析不同时期边疆施政的动因与成败得失，总结历代治理边疆的经验教训，进而从新的角度探寻统一多民族国家发展的历史规律，以及中华民族强大的向心力、凝聚力的历史渊源等，都有重要作用。在今天推动国家统一、民族团结以及边疆地区稳定和发展等方面，也均有着重要的现实意义。我们来参会，是向大家学习的。于逢春教授希望我把正在做的边疆历史研究相关的出版工作向大家介绍一下，以便学术界和出版界更好地相互了解，我觉得这是一个很好的提议。

实际上，学术研究和出版工作是分不开的。中国边疆史地研究一直为历代史学家和政治家所关注，也留下了很多文字记载。"二十四史"四裔传、藩部对中国历史上边疆民族、社会的记述，为中国边疆的历史留下了珍贵和系统的记录，开创了一个国家疆域变迁记载的世界之最。特别是随着 20 世纪上半叶民族危机的加剧和现代科学方法的引进，中国边疆和疆域的研究日趋深入。中国边疆史地研究新的群体逐步形成，研究活动已不再仅仅是研究者的个人行为，社会化的发展趋势十分明确。与中国边疆局势及边疆研究密切相关的现代学术团体相继诞生，诸如中国地学会、禹贡学会等。这些边疆研究学会的学术成果与成绩，主要得益于学会有效且有特色的组织工作，而这又首先体现于学会拥有一流的学术活动组织者和一批学有专长的学术带头人及骨干；其次学会制定了顺应中国社会发展和学术进步趋势，又具有较强可行性的工作计划。

20 世纪前半叶（特别是三四十年代），一批官方或半官方的中国边疆研究团体也先后成立并开展活动（如国民政府蒙藏委员会下属的研究机构等），尽管成立官办团体的首要目的是要为当时的政权统治服务的，但有关的学术研究机构的活动客观上还是有利于中国统一多民族国家及其边疆安全与发展的。

新中国成立之后，与中国边疆史地研究密切相关的中外关系史、中国民族史，以及断代史、历史地理、边疆考古诸研究领域得到蓬勃发展。1983 年 3 月第一个以中国边疆为研究对象的专门研究机构——中国社会科学院中国边疆史地研究中心成立。中国学者在中国边疆史地研究的众多领域进行了探索，取得了令人欣喜的成绩。

黑龙江教育出版社自 1989 年起，就关注边疆研究问题，陆续出版了 50 余种有关边疆史地研究的图书，受到广大读者的欢迎和学术界的好评，在学术界和出版界确立了品牌地位。但是以往出版的作品，都是随着研究者研究成果的完成而自然产生的，没有按照我国疆域的划分而有规律地呈现，且有些作品也有一定的时代和研究的局限性。而在全国范围内，虽然研究中国边疆史地的研究著作很多，但是却缺乏系统的、成系列的出版物。这不仅疏离了人们对中国边疆史地研究的了解，妨碍了对历史的认知，甚至阻滞了历史研究事业。

2007 年，我与边疆中心厉声主任、于逢春教授等专家研究，在总结了 20 年出版经验的基础上，重新确立编写指导思想，并试图按边疆区域的划分分卷勾勒出当下我国边疆研究的全貌，这就是我们现在正在进行的 100 部的《中国边疆研究文库》。《中国边疆研究文库》由《中国边疆研究文库初编——近代稀见边疆名著点校及解题》与《中国边疆研究文库二编——当代学人边疆研究名著》两部分组成。

（1）《中国边疆研究文库初编——近代稀见边疆名著点校及解题》（50

种）主编：于逢春、厉声。本编共分为六卷：综合卷（5 册）、东北边疆卷（辽、吉、黑三省各 5 册，计 15 册）、北部边疆卷（5 册）、西北边疆卷（5 册）、西南边疆卷（藏、滇、桂三省区各 5 册，计 15 册）、海疆卷（5 册）。

本编特点：本编所收著作系近代学者编撰的有关边疆的档案文献、笔记、调研报告与专著等。当前，聚集一批前沿专家对这些著作予以点校并解读，可以借此让目前该领域的研究者与学习者了解原作者的生平、图书的内容与学术价值及影响，对于深入了解近代边疆问题，探寻近代中国边疆与边界的演变，有着不可替代的意义。

（2）《中国边疆研究文库二编——当代学人边疆研究名著》（50 种）主编：厉声。本编共分为六卷：疆域理论及综合研究卷（17 册）、东北边疆卷（5 册）、北部边疆卷（9 册）、西北边疆卷（10 册）、西南边疆卷（6 册）、海疆研究卷（3 册）。

本编特点：所收 50 种专著，系 20 世纪 80 年代初期以降迄于今日，当代学者研究中国边疆历史的最新结晶与集大成之作，不但在前人成果的基础上有较大突破，并有所创新，而且填补了该领域学术研究的空白。本文库聚集了大批国内相关专业具有较高学术水平的专家、居于学术前沿的学者，其浸淫多年的边疆研究著作，为本文库的权威性奠定了良好的基础。

《中国边疆研究文库》中大部分都是精品新作，也有一部分题目是以往出版过但作者又进行了一半以上篇幅修改的力作。我们深信，有这样一批执著于国家边疆问题研究的学者鼎力相携，这套《中国边疆研究文库》的出版，一定会体现民族团结、国家统一的国家意志，达到传承历史、服务当代、惠及后人的目的，更能为我国边疆研究、发展与稳定做出贡献。

作为重要的文化建设事业，《中国边疆研究文库》的实施，至少会带来三个方面的社会效益：

其一是在维护国家主权、领土完整方面的重要作用

毋庸讳言，当今我国的广阔疆域中无论是陆疆，还是海疆中的一些部分疆域与周边国家都或多或少存在着划界的争议。而这些争议往往是源于历史上尤其是近代史上的一些争端或历史事件。《中国边疆研究文库》通过对中国疆域热点、难点问题的深入研究使世人更加清楚地了解历史上有关边疆问题的由来、发展的历史脉络，有助于阐明我国在边疆争议问题上的立场，为我国在有关的国际争议中的正当要求提供历史依据，驳斥国外的谬论，维护国家主权。

其二是推动了边疆研究的学术科研，创新研究理念

中国是一个具有几千年文明历史、幅员辽阔的多民族国家，拥有广阔的边疆地区，这为我们提供了丰富的研究资源。涉及中国边疆地区的古代和近代文献资料极为丰富，《中国边疆研究文库》运用现代各学科研究理论与多样性的方法，为边疆史地研究提供了丰富的研究课题与独特视角。通过对中国边疆演进历程全面、系统、科学的研究，不仅可以廓清中国疆域形成、演变中的诸多理论问题，丰富中国史学的学术内涵，而且有助于探索中国统一多民族国家的发展规律，有助于正确阐释历代治理边疆的成败得失，有助于促进边疆地区的稳定和发展以及维护民族团结。

其三是进一步推动人们对历朝历代的边疆问题的社会关注

《中国边疆研究文库》的出版将尽可能地还原历史的本来面貌。这种具有引导示范意义的重大举措，必将载入中国边疆历史研究的史册。通过《中国边疆研究文库》的出版，让这些理论著作走出学术界，让广大读者、社会大众知悉，使人们更加珍惜、热爱祖国的边疆，自觉维护国家领土主权。

《中国边疆研究文库》的出版，对系统地研究历代边疆历史的发展，剖析历代边疆的典型案例，深入探讨历朝的边政与治边之策，进而从新的角度探寻统一多民族国家发展的历史规律，以及中华民族强大的向心力、凝聚力的历史渊源，推动国家统一、民族团结以及边疆地区稳定和发展，弘扬爱国主义等方面，均有着重要的现实意义。

《中国边疆研究文库》依托边疆史地研究知名专家的支持参与，涵盖和点校了国内外边疆史地专家学者的最新研究成果和传世之作，极大地丰富了中国边疆史地研究的学术内涵，使目前该领域的研究者与学习者对中国边疆与边界的演变有一个清楚的轮廓，对今后的研究起到引领作用，有着不可替代的意义。

《中国边疆研究文库》的出版不仅是中国边疆学学科发展的需要，更是维护国家领土主权完整，处理我国与邻国的关系，以及加强国内各民族的团结，促进边疆地区的稳定和发展的需要。该项目还获得国家出版基金的支持，进入国家项目中，吸引了更多优秀学者参与，促使其研究内容的深入和持续，也会促进我们出版人自身眼界和水准的提升，更好地打造精品图书，扩大中国对世界的影响力，为我们国家在当今国际秩序大变局中，拥有声音和一定位置，为世界新秩序的形成做出我们出版人的贡献。

黑龙江教育出版社成立于1983年，隶属于黑龙江出版集团，多年来我们一直致力于服务教育、弘扬学术的出版理念，出版过很多学术著作。现在虽然转为企业，但依然是把打造特色品牌与企业经营服务精神融为一体。优秀的学术作品，应该传承的人文精神，也只有在出版社的成功经营中才能够得到实现，学术精神与出版精神的融合才可能使两个领域共同成长，进而为推动人类文化的发展做出贡献。我们与边疆研究中心及边疆研究学者们有20年的合作，堪称出版界和学术界的佳话。希望《中国边疆研究文库》的出版，能为众多边疆历史研究学者营造一个学术研究的好环境，也为出版社搭建一个与知名学者相会的平台。我们希望挖掘边疆历史文化资源，繁荣传承历史文化的共同心愿，使出版与学术更加很好地相融。让我们大家共同努力，把边疆研究的课题深入而持续下去。

（本文是作者在首届东北论坛上的发言，2011年8月10日。《中国边疆研究文库》获2010年度国家出版基金资助；以边疆研究内容为依托建设的中国边疆研究数字化传播平台项目，获得2015年国家文化产业专项资金支持）

好风凭借力，扬帆在此时

我来自黑龙江出版集团所属的黑龙江教育出版社，作为全国参加十八大的地方出版社的唯一党代表，在人民大会堂聆听胡锦涛总书记所作的十八大报告，深受鼓舞，备感振奋，并深切地感受到党的十八大报告主题鲜明、思想深刻、内容丰富，对于鼓舞全党全国各族人民在党的带领下全面建设小康社会、夺取中国特色社会主义新胜利具有历史性意义。

十八大报告突出强调文化在民族复兴中所起的重要作用，报告指出："全面建成小康社会，实现中华民族伟大复兴，必须推动社会主义文化大发展大繁荣，兴起社会主义文化建设新高潮，提高国家文化软实力，发挥文化引领风尚、教育人民、服务社会、推动发展的作用。"提出建设社会主义文化强国的目标，把文化建设摆在与经济、政治、社会及生态文明建设同等重要的战略位置，形成五位一体的中国特色社会主义建设总体布局，可谓高屋建瓴，意义重大而深远。报告中还特别强调，"推动文化事业全面繁荣、文化产业快速发展"，"提高文化产业规模化、集约化、专业化水平"；明确了文化事业文化产业两手抓两加强，坚持正确的导向，维护社会团结和谐，提高文化生产力，服务社会，造福人民；显示了党中央对进一步掀起社会主义文化建设新高潮充满期待，更充满信心！

事实上，把文化区分为文化事业和文化产业，是这些年我国文化体制改革的一个重大成就。文化事业是公益性的，是为满足人民群众基本文化需求的事业，是由政府主导、财政支撑的；文化产业是经营性的，它的任务是满足人们基本文化需求之外的多层次多样性的文化需求，是市场主导，企业运作。文化事业和文化产业的相互支撑，共同发展，才能形成文化大发展大繁荣的局面。

　　近年来，在党中央的正确领导下，社会主义核心价值体系建设深入开展，文化体制改革全面推进，公共文化服务体系建设取得重大进展；文化产业快速发展，文化创作生产更加繁荣，人民精神文化生活更加丰富多彩，全国文化建设迈上新台阶。就黑龙江来讲，全省文化战线始终按照高举旗帜、围绕大局、服务人民、改革创新的总体要求，不断加强边疆文化大省建设，繁荣发展龙江文化事业。去年10月，省委十届十八次全会审议通过了《贯彻落实中共中央关于深化文化体制改革、推动社会主义文化大发展大繁荣若干重大问题的决定的实施意见》，进一步明确了我省文化事业发展的方向、任务和目标。以黑龙江出版集团发展为例，2008年底出版集团由文化事业单位整体转制为文化企业单位，在省委、省政府的大力支持和省委宣传部、省新闻出版局的指导下，集团转企改制后的三年多内，大刀阔斧搞改革，激情创业谋发展，放活思路推转型，图书销售收入以年平均20%的速度增长。同时集团重塑品牌建设工作，锁定细分图书市场，在民俗研究、边疆史地研究、低幼启蒙和经典阅读、高考美术技法、韩国语辞书和教材、建筑家装及生活类图书等领域形成了品牌。有100余部宏大规模的《中国边疆研究文库》和《中国流人史》《感动一个国家的人物》《精神家园丛书》等精品图书进入国家重点项目，今年又有《民族精神与文化主题书系》《红旗 热血 黑土——100位抗联英雄故事》等14种图书，入选中宣部、新闻出版总署弘扬社会主义核心价值体系重大选题和迎接十八大主题图书，既弘扬了主旋律，又提升了文化产业的品牌效应。目前，集团拥有3种报纸11种刊物，其中《格言》进入了全国名刊行列，《黑龙江画报》《育才报》等报刊的品牌地位不断提升。面对新媒体的发展，省委宣传部推动东北网归属出版集团，迅速打造数字出版平台，力争建设新型出版传媒集团，也体现了省委领导对出版集团的期望。在做强文化产业的同时，出版集团积极参与我省社会文化事业的建设，每年向各地中小学校、图书馆等文化机构捐款、捐书刊价值100多万元，开展了"书香龙江""经典诵读"等百余场文化活动，有力地推动了全省全民阅读活动的开展。

　　文化是民族的血脉，是人民的精神家园。我们要按照党的十八大精神，坚定不移地走中国特色社会主义文化发展之路，坚持为人民服务、为社会主义服务的方向，坚持百花齐放、百家争鸣的方针，坚持贴近实际、贴近生活、贴近群众的原则，推动新闻出版事业全面发展，科学发展，快速发展。我考虑今后出版工作中应坚持六个"重点"：一是始终以内容创新为重点，深入实施精品出版工程，提升图书、报纸、期刊等纸介质传统出版物的产品质量和产业水平。二是始终以业态创新为重点，促进文化和科技融合，大力发展数字出版、网络出版、手机出版、信息服务等新兴出版产业，加快传统出版转型步伐。三是始终以原创创意为重点，加速发展动漫游戏出版产业。四是始终以优化升级为重点，大力发展高质量的印刷复制产业。五是始终以区域整合为重点，积极发展新闻出版流通和物流产业。六是始终以培育市场主体为重点，进一步深化体制机制改革，完善经营性新闻出版单位法人治理结构，在吸投融资、筹划做实做强做大项目上下功夫，提高新闻出版产业规模化、集约化、专业化水平。

这里想要特别提出的是，我省文化产业起步晚、规模小，在全社会整体环境还没有完全有序、市场诚信体系还不够健全的情况下，文化产业同其他产业一样，都需要地方党委、政府和有关部门的大力扶持。近几年来，黑龙江教育出版社就是在省委、省政府的教材教辅政策支持下，快速发展起来的。还有哈尔滨市委、市政府的支持，也让我们感动。当我在开会见到林铎书记，反映我们陈旧的办公楼维修遇到审批问题时，他让我们先写个情况介绍，后来我听说他带人查看了我们办公楼周边的情况，最后协调有关部门，把我们的办公楼列入市里的整修计划，并支援了部分修缮资金。我在出版界工作 20 多年，目睹了我省出版业的发展、滑落和再发展的变迁，也研究过江苏、浙江、湖南等文化大省的出版业发展轨迹，他们那里固然有更深厚的历史文化底蕴，但是他们拉动文化产业成长最快的项目都与地方政府的政策扶植密切相关。现在我们有省委、省政府和市委、市政府的支持，我省的文化产业一定会迈出新步伐。

我是全国参加十八大的地方出版社唯一代表。开幕式时，我们出版集团上下都在收看现场直播，大家都非常感谢社会各界对我们出版集团的重视，我本人更是承载了各级领导、常年支持我们的作者读者、合作单位和我的同事们长久的关怀和厚爱。近几年，黑龙江教育出版社发展较快，目前已经下辖有两家数字公司，一家教育文化传媒公司，一个教育培训机构，一个北京编辑中心，我们的目标是由单一的教育出版，向教育资源的研发、出版和培训基地拓展。工作中，我深深感到，拉动文化产业发展的模式同拉动经济发展的模式一样，就是投资、出口、内需这三驾马车。也感悟到文化的出路就是经济转型升级的出路。从改革开放 30 多年来国家经济发展的成就经验看，在社会法治尚未完全健全的情况下，充分发挥政府的应有作用（主导、引导、规划、规范、推动、推广等作用），加上企业的更加努力，文化发展的大好机遇才可能转化为文化发展的大好局面。

好风凭借力，扬帆在此时。党的十八大确立的扎实推进社会主义文化强国建设的战略思想，把文化体制改革推向更深层次，也为地方文化产业的发展创造了前所未有的发展机遇。我们要顺应文化发展大势，科学把握文化发展规律，坚持社会主义先进文化前进方向，树立高度的文化自觉和文化自信，为建设边疆文化强省大省做出应有的贡献。

（本文为作者在黑龙江省委组织、主办的十八大基层党代表"讲体会、谈感受"活动中的发言，2012 年 11 月 20 日）

　　与中国政法大学终身教授李德顺先生（中），相识于 20 世纪 90 年代后期。当时我找到李先生，请他写一本关于文化建设的书。李先生很是认真地接受了我的请求。2000 年他和孙伟平、孙美堂两位弟子共同完成了《家园——文化建设论纲》一书。2004 年我从日本回国后，他的家就成了我们的文化沙龙。《求是》杂志社的李文阁主任也受李先生之邀，加入其中。在他们的帮助下，黑龙江教育出版社陆续推出了《精神家园丛书》《民族精神与文化主题书系》《法治文化丛书》等多部有影响的作品。

出版的探索与思考

多出好书的三点思考

"坚持方向，提高质量；群策群力，协周发展；发挥优势，形成特色；苦干三年，繁荣出版。"黑龙江省这 32 字的战略构想把提高出版物的质量，多出好书、快出好书提到从来未有过的突出位置，为龙版图书的未来发展指明了方向。全省各出版社都应在新战略构想的指引下，调动一切积极因素，以出精品、保质量、创特色、争效益为目标。一句话，时刻想着多出好书。

那么，如何多出好书呢？鉴于各社的专业分工不同，工作的方向和重点自然有所不同，但出好书的共同规律还是有的，我考虑有以下三点。

一、优化选题——这是出好书的前提

选题在图书出版中的重要意义人所皆知，但最重要的是要在选题优化上下功夫并落在实处。从中国出版业近 10 年所走过的历程看，中国出版业确实在走向强盛。1980 年图书品种仅为 21621 种，而到 1990 年便达到80224种，图书总印数也由 1980 年的 45.93 亿册上升到 1990 年的 56.36 亿册。这中间尽管有被人们称为出版业的"黄金时期"——1985 年之前，这段时间图书年总印数竟达到中国出版史上的最高峰 66.73 亿册；又有令人担忧的"低谷时期"——1986 年图书印数猛跌到 52.03 亿册，比上一年下降了 22.03%，而教材以外的一般书籍印数竟下降了 40.2%，以后虽有所回升，也是起伏不定。但从整体来看，我们应该承认中国的图书市场还是向愈来愈繁荣的方向发展的。不过，作为出版业的从业者，所看到的应是图书市场背后的东西，如社会大环境对图书市场的影响，读者需求结构的改变对图书市场的影响等方面的问题。就目前而言，图书市场的基本购买者

已经由过去的"饥渴"状态变成"温饱"状态，他们手中已经有了一定数量的常备书，再要购买的便是实用的有收藏价值的"营养"书。因此优化选题不仅必要，而且必须这样做，否则就不能打开销路，适应现在的图书市场，不能走出"买书难、卖书难、出书难"的怪圈。优化选题一定要本着"宁可少些，但要好些"的原则，要把编辑从几百万字的书稿中解脱出来，把精力集中到出精品、创"名牌"上来，这是提高出版物质量的关键所在。做得好的出版社要精益求精，较差的出版社要集中全力迎头赶上来。

目前，有的人还存在"大赚大干""小赚小干""不赚不干"的思想，这势必妨碍战略构想的落实。再加上有的编辑工作时间长了，手上接收的书稿逐渐增多，由于种种原因，往往会不太考虑质量便塞进选题计划，让领导定夺。所以只有强化编辑头脑中的质量意识，让他们以主人翁的姿态和高度的社会责任感来把好图书质量关，同时采取有效的制度加以约束、检查，才能减少出版平庸图书，真正压缩品种，多出好书。

多出好书的前提在于要有好的选题和好的作者。要有好的选题和作者仅仅依靠目前这种靠编辑下去调研或作者主动上门的方式是远远不够的。应该承认选题的决策绝不是某一位编辑、某一位领导的个体行为，而应是一种群体效应。当一个编辑得到信息并加以分析，提出某一选题所遵循的指导思想、出书意图、读者对象、同类书籍情况等之后，还应组织该选题领域内的有关人士一起讨论。用集体的智慧和眼光所作出的选题决策，可以避免个人经验的烙印，防止片面性。拥有456年历史的英国剑桥大学出版社，有两个由18名教授组成的"评审会"。这个"评审会"每两周聚会一次，评审书稿大纲。大纲通过后，才能签约定案，作者才开始写作。书稿完成后，先经编辑初审，再送有关领域的权威过目。这种科学、民主的决策方法是很值得借鉴的。

目前各出版社都是在每年的秋季讨论第二年的选题计划，向上级主管部门上报的也是第二年的选题计划，没有中期的和远期的选题规划，即使有也仅仅限于方向性的。这种做法促成了编辑"现炒现卖"的短期行为，不利于优质选题的开发，不利于上级主管部门对整个出书情况的具体指导，同时也导致了图书市场热点图书呈风起云涌、铺天盖地之势。出版社要办得有特色，必须老老实实地根据自己的实际情况，做自己该做的事，不能别人出武侠书就跟着出，别人上股票书就跟着上。就是抢上了，印个十万八万册，挣了点钱，也形成不了本出版社的特点。我考虑，要在三年内改变龙版图书的面貌，必须从现在开始，制订一套中长期的选题规划，宁可1993年少出书，使各社把精力用到今后两三年甚至五六年的选题规划上。上级主管部门对各社的中长期选题规划应有所了解，并且能够及时给予宏观上的调控和指导，协助各社在自己的出书范围内推出一套或几套有特点的精品，把龙版图书的信誉、知名度和自身形象树立起来。中长期选题规划一定要具有战略眼光，有时代的超前性和形势发展的预见性，能预测到读者未来的读书需求，使所设计的选题在出书后富有新意，具有自己的特色。这是一项艰巨的工程，但我们既然要改变自己的面貌，就应该有决心把这项工程进行到底。

这里值得一提的是，从1991年我国图书出版情况来看，图书品种已达89615种，较上年增加11.7%，总印数为61.39亿册，较上年增加8.9%，这对我国出版业来说当然是好事。但出版业者一定要保持清醒的头脑，一定不要过高估计人们对图书的需求程度，应看到这与1991年整个大环境有关，如社会对知识重视程度有所加强、全国性的各种书市的举办等诸因素。实际上，国民的文化素质、人均收入的提高并没有达到使图书以这种速度增加的程度，在所出版的这8万多种图书中，选题重复、内容平庸的情况相当严重，如据不完全统计，仅为配合建党70周年出版的有关党史党建图书就达500种以上。人们称当前的图书是"不好不坏，又多又快"。这种选题与内容重复而累计起来的标志着繁荣的图书品种数又有什么实际意义呢？所以求稳求精应成为出版业发展的长期战略。

二、加强编辑队伍的建设——这是出好书的根本

随着出版工作的发展，编辑队伍也不断扩大，全国至今已有4万多人。然而我们应该看到这支队伍目前尚存在种种不足，青年骨干力量太少，骨干大多是中老年，老一代出版家已寥若晨星。编辑队伍中加入大量的新手，其中虽有大批人才，但更多的是没有做过编辑工作，不懂出版传统，不掌握出版业务知识，又未经培训，仓促上阵。多出好书靠的是编辑队伍，应认识到书籍质量问题归根到底是编辑队伍的素质问题。

抓编辑的思想素质教育，这是一项长期任务，贯穿于整个出版活动中。思想素质教育不仅包括政治理论的学习、政策水平的提高，还应包括对出版工作的热爱，对读者、对社会高度的责任心。就目前来看，图书差错严重。《新闻出版报》1991年4月7日《从"无错不成书"说起》一文写道："有一本二十多万字的书，差错高达三百多处，令人触目惊心！"《上海文化艺术报》1992年3月20日的《无错不成书》一文披露："上海的某出版社出的一本十余万字的书中，错别字等差错竟达一千多处！"黑龙江省1991年图书质量检查中，及格图书不过半数！难道编辑校对人员的文化程度低到连错字病句也看不出来吗？不是！这里的外部原因一是在激烈的商品竞争中经济效益成为出版业者关注的焦点，要快赚钱，哪还顾得上仔细审看、斟酌；二是某些出版社的年出书量超过自己的承受力，一个编辑每年要看二三百万字的书稿，校对人员更要超负荷工作，这势必要导致差错率的上升。但其内在因素，仍要归结到编辑思想素质教育的放松。在这种情况下，一方面要端正出版方向，减少"不好不坏"的图书的出版；一方面要加强编辑的职业道德和社会责任感，学习老一辈出版工作者踏踏实实、甘为人梯的奉献精神。编辑的思想素质提高了，便会自觉地抵制出版那些仅仅考虑经济效益却不顾内容平庸的图书，也才能在工作中坚持严谨细致、精益求精的工作作风。

对编辑队伍的职业能力素质的培养，一是让他们在编辑的实践工作中不断探索总结；二是对新编辑加强传、帮、带，做好编辑技术的传授和学习工作；三是须通过业务培训强化学习。一般来说，充实到编辑队伍来的都具备相应的学历，具备一定专业知识水平，但要防止"只用不学""知识老化"的倾向，要鼓励他们不断地吸收新的专业知识，参加学术会议，撰写专业学术论文，掌握和了解本专业最前沿的研究成果、学术新动向，要为他们向编辑学者化方向发展创造条件，每个编辑应有自己的一门专业知识，在这门专业中应有较深的造诣，并具有一定的学术水平，这样才有希望发现一流的作者，得到一流的稿子。辽宁人民出版社把年轻的业务骨干送到高等学校继续深造，攻读学位（目前很多大学都为在职的大学毕业生开设了学位资格课，并不需要完全脱产学习），这种做法对激励年轻人奋发向上产生了积极作用。局领导应支持鼓励甚至号召黑龙江省有条件的出版社借鉴这一做法。那种认为出版社的编辑有大专或本科学历就足以承担一辈子编辑工作的传统思想，迟早要使这个出版社成为全国同类出版社中编辑素质最低的出版社。

目前，人们已愈来愈认识到出版部门的存在已经不单纯是为满足人民精神文化生活的需要，而是作为物质生产部门之一，作为一项产业，向社会提供商品（出版物），是要计算产值的。因此，市场的概念应在每个出版业者头脑中根深蒂固。基于这一点，每个编辑一方面要不断提高思想素质和业务能力，对书稿严格把关，不让不合格的图书（商品）进入市场；另一方面要了解市场，使所组的书稿、所生产出来的图书符合市场需要，能销售出去。过去那种编辑以编为主的观念是适应不了竞争程度较高的图书市场的需要的。学会在图书生产和销售中运用市场机制，应成为编辑业务能力培养的一个方面。

三、建立有效的制度——这是多出好书的保证

要多出好书还必须有相应的制度加以保证。围绕出好书这个中心所制定的制度一般包括三审制、审读制、奖惩制和评论制。就目前大多数出版社而言，三审制很不完善，编辑、室主任和总编辑一般来说都有很多要责编的书稿。在时间、精力的限制下，室主任、总编辑也只是大体翻翻，签个字便放行了。三审制实际上成了一审制，形同虚设，根本没有起到把关书稿质量的作用。要解决这个问题，第一应减少责任编辑的发稿量，给责编更多时间对书稿精雕细琢；第二应充分利用出版社内外已退下来的编审、副编审这批兢兢业业的老同志，由他们组成三审组，利用他们的经验和力量来帮助把关，既要审原稿，又要审责编签字准备付印的清样，尽可能把书稿中出现的差错消灭。这样做才可以起到对书稿质量的检查验收作用。

三审把住关，书稿成书后是不是就可以不再过问了呢？不可以。还应建立出书后的审读制度。审读制度的建立有助于对编辑编书质量的检查总结和公正鉴定，能使编辑了解自己的编书质量，促使编辑更加精心地投入到高质量的编辑工作中，同时也为出版社总体质量摸了底，更有利于重版时的及时更正。成书后的审读工作可以由老编辑们组成的三审组来承担，审读时应写出结论性意见和审读报告，记录成绩，并与编辑见面。这种成

书后的审读工作看起来似乎为时已晚，其实，它的检查督促在保证图书质量上所起的作用是非常大的。审读后记录的成绩可以作为奖惩的依据，是奖惩制度实施的保证。出版社的奖惩制度应包括图书质量奖、无差错奖、版式设计奖等。对图书质量差并有严重问题、失误的，可由出版社定出一个具体的尺度，给予不同形式的批评和适当的处罚。事实证明，奖惩制度的建立对提高图书质量起了重要作用。

评论制度是指新书出版后，大家可以从新书的内容、思想、封面装帧、版式设计、文字差错等各个方面评头品足，道其长短，并写成文字，由编务室定期收集整理，在出版社内部传阅。这项工作也可以扩大给社外读者来做。

总之，多出好书的办法很多，路子亦很多，关键是要落到实处，要付诸行动。

（原载潘恒祥、靳国君主编《走向繁荣之路》，黑龙江教育出版社 1992年版）

关于畅销书的分析和思考

　　畅销书是出版社的摇钱树，出版畅销书历来是编辑们的追求。但是，畅销书的出版难度极大，美国一位出版界的权威人士说："卖书比编书难，编畅销书比编一本学术著作难。"近年来，一些国家和地区相继出版了一批畅销书，人们对此褒贬不一。看来，对畅销书很有研究的必要。

　　80 年代，有关商业和企业家方面的书在美国比较走俏。班坦（Bantam）出版社于 1984 年、1985 年出版的《亚科卡自传》销售 265 万册，出版社赢利 1800 万美元；《交易的艺术》印刷 90 万册，赢利 150 万美元。按美国出版界的观点，硬皮书销售 10 万册就算是畅销书。自 1980 年以来，一本普通的商业类书籍，销售量都在 10 万册以上，年销量达百万册的书籍也屡屡出现。有些商业类书籍，在销售高峰过后，稍加改头换面，改成培训管理人员的专业教材，并灌注录音重新发行，销量就大增。如《经营的战略》一书，由于采取这种做法，使哈珀·罗出版公司获得了巨大的利润。

　　台湾地区于 1983 年以后，推出"畅销书排行榜"和"小说族"的策略，打开了出版界的突破口，一批大为畅销的小说相继出笼，其题材内容十之八九是男女情爱。据台湾的仓师先生在一篇文章中介绍，张曼娟的《海水正蓝》出版两年半，销售 10 万册，《笑拈梅花》出版一年，销售五六万册；另一"小说族"的六本小说，出版半年即分别再版五六次。这些书的封面、纸张、扉页、插图等都是经过精心安排的，出版社在出书后还要开展座谈会、新书发表会、作家到学校讲演、上电视、名人评价等宣传活动，这些都使得图书销售量大增。但是这类畅销书，少则一年，多则两三年就销声匿迹了。

　　关于上述畅销书的内容和推销宣传方式，人们有不同的见解。如在台湾，有人认为那些小说是"迎合工商社会和小市民口味"的"怪胎"，是"下女小说"，"用华丽的包装（封面和插图）喧宾夺主"，"以博少年稚弱儿女的欢心"，是台湾"次文化地区"的"文化危机"的产物。在美国，自《亚科卡自传》畅销以后，许多大企业家、董事长的自传书籍相继问世，书刊评论家认为"都是一些不知廉耻的吹嘘"。这类书很多是"作者"花钱雇人写的。曾为美国前总统富兰克林·罗斯福写过传记的特德·莫根说："当你阅读由人代写的回忆录和自传时，你需极端小心其中的内容，因为受雇写作的人往往是盲目地相信雇主'伟人'所说的话，而不是根据事实。"1988 年美国出版的《与鲨鱼共存》的作者据说是一个信封制造商，他是根据 1936 年出版的一本名叫《如何待人处事》的旧书重新编写的。一位销售此书的书商说："通篇都是一些陈芝麻烂谷子的废话，在电车上用这种书当笑料来解闷还差不多。"奇怪的是，该书竟是美国 1988 年最为畅销的书籍之一。1983 年销售 110 万册的《探求完美》是一本关于管理技能方面的书籍，该书作者认为：商业书籍本身就枯燥乏味，应该把一些引人入胜甚至耸人听闻的新闻消息塞进去，以引起人们的兴趣。另一种性质的畅销书却在一些国家久销不衰。如美国芝加哥百科全书出版社按儿童年龄阶段（3—5 岁，5—8 岁，8—15 岁），根据学校课程和家庭教育，专为儿童出版了一套《少儿百科全书》，发行量极大，"进入了美国一亿儿童的家庭"，至今仍十分畅销，可称是永不衰败的畅销书。法国自 1950 年起由 90 家出版社共同经营袖珍图书，采取了锁线装订、廉价纸张、压低版税等一系列措施，振兴了曾经一蹶不振的法国图书业，至今仍繁荣着法国图书市场，出版社也赢得了巨额利润。

以出版高质量的医学和生物学图书而著称的卡格出版社，在它 100 多年的历史上为世界科学做出了杰出的贡献。它出版了 90 余种丛书，每年还出版新书 100 种以上。它的信条是："科学不是属于某一单独的民族，而是超越民族，属于全人类的共同财富。"卡格出版社的四代领导人都采取与科学家保持交流和良好合作的做法，从而不断地满足市场的最新需求。当医学科学在 20 世纪初期逐渐打破国界走向世界之时，卡格出版社已在世界医学界颇有名气了。第二次世界大战结束时，卡格出版社的领导海因茨预见到科技的发展将是推动 20 世纪文明的动力，于是他领导卡格出版社率先在将开辟的新科技领域占据了有利的位置，这不但给出版社带来更大的繁荣，也通过他们的出版物促进了新科技领域的发展，卡格出版社的四代领导人被称为"科技界的世界公民"。

举世闻名的施普林格出版社的书价比其他小出版社高出 30% 左右，但是在它 50 年的生涯中始终牢牢地占据着世界图书市场的一席之地而没有被挤出去。这是因为一方面它拥有分布在世界各地的高水平的著名作者，以出版高水平的专著保持着永不褪色的声誉；另一方面，它的编辑能预见几年后的科技发展趋势并能对某一新技术的潜在市场作出预测而抢先占领新的科技领域。当某一科技萌芽之时，他们的图书立即出现在此新科技领域，成为第一部权威出版物，从而使出版社在新科技领域中站稳了脚跟。

日本是出版大国，有 4000 多家出版社。据访日归来的人士介绍，日本出版业的设备、技术、产品等很令人赞叹并给人以鼓舞。继 1988 年村上春树的《挪威的森林》卖出 370 万册之后，又出现了"巴娜娜现象"，年轻的女作家吉本·巴娜娜的作品部部畅销，累计销售 500 万册。雄居东京、名列日本出版界之首的讲谈社出版的《窗前的小豆豆》印数高达 640 万册，不但创造了讲谈社销售量之纪录，在全世界也是夺魁的。

本文简要地列举了上述事实，为的是阐述这样一个观点：畅销书之所以畅销，一定是它适合读者的口味和需要，而这些读者在不同的社会制度、不同的国家甚至一个国家的不同地区都有极大的差异，必须承认这个差异，区别对待，就像不能要求所有的普通工人都读莎士比亚的著作一样。但是，图书出版事业肩负着促进人类进步的神圣使命，坚持不懈地维护和发扬人类的道德规范，推进人类的进步应该是图书出版事业的永恒主题。因此，在摒弃、斥责黄色书刊的前提下（本文未把黄色书刊作为畅销书），笔者认为对待畅销书应该本着这样一个原则：在人类的道德规范的框架内，在符合人类进步的轨道上，在严格遵守各国政府的法律法规基础上，在兼顾各地区人民的风土人情、习惯品位的条件下，欢迎和鼓励出版社出版任何内容的畅销书，特别是数十万、数百万册的畅销书。我们必须承认，出版社必须挣钱才能维持自身的生存，进而才有能力去推进祖国和人类的文化科学事业，畅销书恰恰是出版社最丰满的财源，同时也是某一时期人们文化生活的需要。在上述四条原则之下，对畅销书给予引导和评论，其目的仍然是为了出版社和作者的进步，也就是为了人类的进步和繁荣。打棍子、扣帽子的做法，只能阻碍畅销书的诞生。

如今，和平与发展是时代的主题。在这个主题下，畅销书的走向会是什么样呢？就中国而言，中国人民正在进行改革开放，建设自己的国家，科技兴国、科技兴家已被人们逐渐认识到，因此科技类图书将会热销；中国特别需要一个和平的环境，"和为贵""和则昌""和气生财""和乐便为春"等词语广泛流传于中国民间，自古以来，中国在过年（春节）时就把这些词语写成对联或"横批"贴在门上，表达内心的善良愿望，而关于"和"的进一步阐述，在《论语》《孟子》以及老子的著作和唐宋八大家的文章中都有精辟的论述。中国需要"和"，世界也需要"和"，可以预测，以"和"为主题的图书将很快成为出版界的畅销书。

出版社的编辑是畅销书的发现者、组织者、宣传者，他应该站在时代的前沿，在公众尚处于朦胧的时候，他应该看到地平线下的曙光，及时去寻找作者，组织稿件；出版社的社长应该胸怀大志，敢于承担风险，全力扶植畅销书的出现。

（原载《编辑之友》，1993 年第 8 期）

我国图书市场变化的因素和启示

党的十三届七中全会通过的《中共中央关于制定国民经济和社会发展十年规划和"八五"计划的建议》(以下简称《建议》),是国民经济和社会全面发展的规划和计划,不仅有经济增长和人民生活改善的目标,还有发展科学文化教育事业的目标,这些目标的实现必定会为下世纪初叶我国经济和社会的持续发展奠定基础。出版业在实现发展科学文化教育事业目标中承担着重要任务。出版部门无论从生产具有商品属性的图书这个物质产品角度讲,还是从传播科技知识、促进社会进步这个精神产品方面出发,都应看到加快改革开放的形势给出版部门带来的强大活力。自负盈亏的出版社不但面临着如何使本部门在国家计划和产业政策的引导下,面向市场,自主经营,逐步建立符合有计划的商品经济和富有活力的现代企业的经营机制,使全民所有制企业真正成为自主经营、自负盈亏的社会主义商品生产者和经营者的问题;而且又有能否及时地为这种新形势提供比以往任何时候都需要的精神动力和智力支持,为它的正确发展方向提供有力的思想保证和文化技术保障的特殊任务。在这个历史时期,出版部门担负着创经济效益以自负盈亏,提供精神食粮以服务于经济建设的双重任务。面对这样的形势和任务,图书出版部门需及时总结近年来图书出版方面的经验和教训,以便使我国的图书出版业在 90 年代里能稳步发展,本文拟对此发表一些意见。

一、1978 年到 1986 年中国图书业的高速增长

从 1978 年开始,随着出版体制的改革,各种阻碍文化、教育发展的禁锢被打破,中国的出版事业以世界出版史上罕见的速度发展着。至 1985 年

表1　1980—1989年中国图书印数、品种统计表

年份	图书品种数(种) 初版 / 再版 / 合计	图书总印数(亿册)	书籍品种数(种) 初版 / 再版 / 合计	书籍种数增长率	书籍印数(亿册)	书籍印数增长率	课本种数(种) 初版 / 再版 / 合计	课本种数增长率	课本印数(亿册)	课本印数增长率
1980	17660 / 3961 / 21621	45.93	13366 / 15669		19.10		1307 / 2133 / 3440		18.98	
1981	19854 / 5547 / 25601	55.78	15338 / 18776	+19.8%	28.13	+47.3%	1983 / 2161 / 4144	+5.3%	19.98	
1982	23445 / 8339 / 31784	58.79	18648 / 23957	+27.6%	29.88	+6.2%	1891 / 2696 / 4587	+10.7%	21.60	+8.1%
1983	25826 / 9874 / 35700	58.04	20150 / 26573	+10.9%	26.88	-10.0%	1952 / 3077 / 5029	+9.6%	22.71	+5.1%
1984	28794 / 11278 / 40072	62.48	22007 / 29346	+10.4%	30.86	+14.8%	2164 / 3410 / 5574	+10.8%	23.59	+3.9%
1985	33743 / 11860 / 45603	66.73	26501 / 7605 / 34106	+16.2%	34.77	+12.7%	2332 / 3827 / 6159	+10.5%	24.88	+5.5%
1986	39426 / 12363 / 51789	52.03	31457 / 7695 / 39152	+14.8%	20.79	-40.2%	3174 / 4070 / 7244	+17.6%	24.94	+0.2%
1987	42854 / 17339 / 60193	62.52	34041 / 11123 / 45164	+15.4%	29.16	+40.13%	3537 / 5264 / 8801	+21.5%	26.97	+8.1%
1988	46774 / 19188 / 65962	62.25	37342 / 12107 / 47449	+9.4%	30.78	+5.6%	4328 / 6387 / 10715	+21.7%	26.68	-1.1%
1989	55475 / 19498 / 74973	58.64	45434 / 12042 / 57476	+16.2%	28.48	-7.7%	4721 / 6985 / 11706	+9.2%	27.13	+9.2%

末，中国图书出版总印数由 1977 年的 33.08 亿册增加到 66.73 亿册，图书出版种数也从 1.28 万种增加到 4.56 万种（见表 1）；图书总印数增长率为 9.1%，种数年均增长率为 17.1%（1978—1981 年增长速度最快，总印数年均增长率高达 14%）。出版社总数也由 1977 年底的 114 家增至 1986 年的 438 家。而这期间，图书出版较发达的美、日、英、德和苏联的图书出版种数的年均增长率分别为 2.48%、4.79%、5.09%、−0.196%、−0.184%。作为一个国民人均收入仅 330 美元（1988 年）、中学生入学率仅为 42%（1986 年）的国家，竟高于美国（人均 GNP19780 美元，中学生入学率 100%）、日本（人均 GNP21040 美元，中学生入学率 96%）年图书产量的增长速度，这确实让人惊异、感叹。惊叹之余，人们不禁要问：中国图书业的高速增长原因何在呢？

　　1978—1985 年中国图书业的高速发展，与这一时期国民经济和社会发展环境密切相关。这一时期，全国总的经济增长速度比较高，1985 年全国人均国民收入达到 656 元，人均国民收入增长率在 1979—1985 年达到年均 9.6%。1985 年，全国居民平均消费水平由 1980 年的 227 元增加到 396 元，扣除物价上涨因素，平均每年增长 8% 以上。这期间，科技、教育和文化事业也出现了繁荣兴旺的新局面，1985 年普通高等学校在校生达到 170 万人，比 1980 年的 114 万人增长 40%。随着经济、科技、教育、文化的发展，人们对精神产品的需求也在增长。当时图书定价也低，1983 年版的一本《科技英语语法精要》，14.5 万字，7.25 印张，定价是 0.94 元。如果是同样印张的社科类书，定价仅

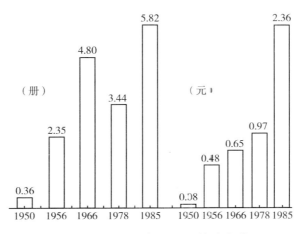

图 1　1950—1985 年全国人均购书情况

在 0.58 元左右。统计资料表明，1985 年全国人均购书 5.82 册，合人民币
2.36 元（见图 1），仅占当年人均收入的 0.36%，占全年人均消费额的
0.71%。可见人均国民收入的提高、对精神产品需求的增强和图书产品的价
廉是促使 1978—1986 年中国图书业高速发展的直接原因。①

二、1986 年以后中国图书市场的疲软

1986 年，中国图书出版总印数猛跌，比上年下降 22.03%（见图 2），书
籍印数比上年下降 40.2%，以后虽然有所回升，但也未达到 1985 年的水平
（见表 1）。还可以看到，1978—1985 年图书出版总印数的年平均增长率为
23.8%，而 1986—1989 年仅为 4.06%，这说明中国图书市场自 1986 年开始确
实发生了疲软。从供给方面看，图书生产的最基本材料——纸张在 1985 年以
后供给量并没有减少；印刷能力也在逐年提高，平均印刷周期从 1982 年的
252 天左右缩短到 1989 年的 120 天左右；出版社的总数也由 1977 年底的 114
家增加到 1989 年的 536 家。中国图书市场的供给方是有足够力量供给货源的，
这种力量已经大到使需求方——读者承受不了以致购买力下降的程度。

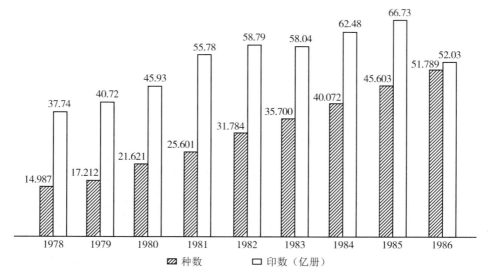

图 2　1978—1986 年中国图书种数、印数情况

① 关于这个时期中国图书市场的全面分析，陈昕、杨龙、罗靖先生在《中国图书业经济分析》中
有更详尽论述。

（一）国民收入的高低影响着中国图书市场

统计资料表明，1985 年起，中国图书市场上的购买者主要是个人，他们的购买量约占图书销售额的三分之二以上，国民人均收入的高低便直接影响着图书的销售情况。1985 年以前，中国城镇居民家庭平均每人全年书报杂志费支出占生活费支出的比重大约为 0.91%，但 1985 年以后，这个比重有所下降，1986 年为 0.87%，1987 年为 0.85%。分析购书能力下降的首要原因是 80 年代中期以后的通货膨胀，高通货膨胀率明显削弱了国民购买图书的能力，尤其是 1985 年以后图书价格的上涨带来的影响最大，最受影响的是收入较低但却是主要购书力量的国民。在 1978—1985 年间，中国国民的实际收入增长相当快，在此期间，户均 4500 元以下为低收入家庭。统计数字表明，这些低收入组居民实际收入的提高，对图书销售的提高起关键作用。因为这部分居民约占到 70%，且多为机关事业单位从事脑力劳动者。而收入在 4500 元以上的户中，购书能力却下降，这部分多为从事体力劳动者。因此，较低收入者实际上是中国图书市场的主要依靠者（这种情况与发达国家正相反）。但是，这部分人的收入在 1985 年以后并没有明显提高，相反，与较高收入者的差距愈拉愈大。统计数字表明，1987 年职工平均工资为 1462 元，比上一年增长 10%，扣除物价因素，实际增长 1.3%，大大低于上年增长 8.2% 的水平；全年城乡居民人均消费额达为 500 元，扣除物价因素，比上年提高 3.3%，略低于上年提高 4.1% 的水平。但由于收入差距较大，有 21% 的城镇居民家庭实际收入水平下降。与此同时，书价的上涨使得这部分购买者明显减少。据统计，1989 年我国人均购书刊费用仅为 4 元，全国近 10% 的图书馆未购置一本新书，在调查的 30 名近年毕业的大学生和 50 名中青年农民中 95% 以上很少买书，有的甚至几年没买一本书。

（二）图书价格的上涨影响着中国图书市场

中国长期以来一直实行十分严格的图书价格管制政策，1956 年，政府规定，全国中小学课本每印张定价幅度为 0.046—0.049 元，一般书籍每印张定价幅度为 0.06—0.20 元。这个价格水平一直维持到 1985 年。其中主要因素在于出版社是国营的，自身也没有特殊的经济利益追求，而国家也不鼓励出版社把利润作为经营目标。出版一本书所需的各种要素的价格由政府计划供给，政府一般都将这些要素的价格维持在最低水平，即使有些出版社在经营上出现亏损，国家也会在财政上给予支持。1985年，中国首次全面提高了各类图书的定价标准，致使图书价格大幅度上涨。图书形成前的各种要素在脱离了国家计划控制后，自然要充分显示自己原有的商品属性，即表现为原材料、印刷工价、发行费用的调整、涨价。这就必然影响各种要素形成的终端产品——图书成本价格的上涨。例如，按照国家定价，国产新闻纸1980年以前每吨为980元，1988年2月调为1750—2350元。而事实上1987年9月市场自由交易的价格是凸版纸每吨约为1800元，胶印纸每吨约为2300元，铜版纸每吨约为4000元，字典纸每吨约为2600元；到1988年9月，上述四种纸每吨价格就分别上涨到3500元、5500元、8500元和4600元。而处于改革时代的出版社正逐步成为自负盈亏的经营实体，国家不再实行各种出版补贴政策，对图书业的财政支持也大量减少，所得税、营业税、增值税、教育费附加等七八种税收相继产生。出版社的员工们不得不注重利润问题，因为这是图书生存、出版社生存和员工们生存的基础。为了保证自身的利益，出版社采取的最见效的办法是提高图书价格，同时政府也有意识地放松了对图书价格管制的程度。1987年12月新闻出版署和国家物价局决定，印数在3000册以下的图书可以按成本定价。1988年8月又发布文件，规定除大中小学教材外的图书都按成本定价，只要利润不超过10%就行。这样看来出版社是不会赔钱的了。但价格是受市场制约的，一本印数千册左右的学术书，成本要定到十几元、几十元一本，按当前的国民收入，有几个人能买得起？以上海版图书价格为例，若以1978年价格指数为100，则1987年图书价格指数就高达212.15。按图书价格指数来调整，1985年的职工工资比1984年下降了16%，以后几年的实际人均收入都维持在1985年的水平上。前文中所举7.25印张的《科技英语语法精要》，即使不按成本定价，在目前最低也要2.50元左右，是1983年书价的2.5倍以上，但目前国民收入却并未以这样快的速度增长。1985年人均购书5.82册，仅合人民币2.36元，如果1985年以后年人均购书册数不变，每年仅购图书合人民币至少也要7.08元。统计数字表明，1987年城镇居民平均每人书报杂志费仅为7.48元。可见，城镇居民不可能再达到人均图书5.82册的水平。那么占人口五分之四的农民由于收入基数过低，用于购买图书的费用更要减少。按照近几年国民收入的实际增长情况，那么到1985年之前人均图书数量能维持在5册左右就已经超过消费者的承受力了。应该承认，图书生产与其他商品生产一样，如果不是根据消费者的需求去调节，不是根据满足这些需求的能力，也就是根据收入的多少去调节，产品就会卖不出去，最终导致产品的积压甚至生产者的破产。虽然目前还没有哪一家出版社因经济原因倒闭，那是因为出版社是国营的，是关是停是并有待国家决定，失业的员工需由国家安排，因此国家对某些资金周转不灵的出版社都是采取扶持态度，尽量给予调节，使其生存。可以这样说，目前真正的图书市场经济并没有形成，自由竞争也没有出现，市场规律不起作用，通过高折扣、行政命令手段出版销售图书的不正之风倒是逐步蔓延开了。

（三）国民文化素质及学生升学率对图书市场的影响

图书是商品，它可以"像肥皂一样卖"，但并不是人人都像买肥皂一样买图书。图书不是人们日常生活所必不可少的商品，属于超必需品。前文已指出，它随国民收入的升降而升降。同时，图书又是一种文化商品，受消费者文化程度的制约。中国拥有12亿人口，其中文盲、半文盲人口要占四分之一。在加入联合国教科文组织的32个亚洲国家中，中国15岁以上人口中不识字的比例居于第12位，这表明中国的图书市场实际承受能力具有很大的局限性。经济的发展，社会的进步，理应使国民的文化素质迅速提高。从美国、日本等发达国家来看，国民文化素质的提高速度应超前或同步于社会经济的发展。只有这样，经济的发展才可以是正常的、稳步的发展。但今天，我国国民经济在快速发展，"乐不思读""读书无用"却像泛滥的洪水冲击着中国大地，尽管决策层重视教育的号召此起彼伏，甚至强力施行九年义务教育制度，但实质上，一种强大的、无形的重经济、轻教育的倾向却渗透在各级领导干部的工作中。教育经费严重不足，仅占国民生产总值的3.2%，低于发展中国家平均水平（4.0%）；"脑体倒挂"使教师的生活水平徘徊在贫困线上下，真是"拿手术刀的不如拿剃头刀的，搞原子弹的不如卖茶叶蛋的"。这种分配不公使人们放弃对知识的追求，大批青少年弃学从商。统计数字表明，1985年中国小学毕业生升学率由1980年的75.6%降到68.4%，同期初中毕业生升学率由41.1%降到39%。知识的贬值，学生入学率的降低，直接威胁着图书市场的发展。即使排除这些不正常因素，随着出生率的降低，7 岁学龄儿童和小学年龄组总人口几乎每年也都在降低。表 2 是根据世界银行 1984 年经济考察团《中国：长期发展的问题和方案》"附件一：教育问题和前景"中提供的数据整理的中小学生入学人数预测值。

表 2　世界银行估计数：1983—2000 年入学人数的预测（百万）

	1983	1985	1990	1995	2000
小学	136	124	99	88	94
初中	38	41	45	43	42
高中	7	12	20	23	29
合计	181	177	164	154	165

从表 2 中可以看出，到 2000 年，由于出生率降低，学生入学率不会比 1990 年有太大的变化，学生对图书的需求不会太高。

（四）图书结构与图书需求结构影响着中国图书市场

1986 年起，图书出版总印数虽然不再增长，但图书出版种数却在急剧上升。从表 1 可以看出，1980—1989 年图书品种以每年 14.8% 的速度在增加，而图书总印数的增长率仅为 2.75%；1985—1989 年图书品种仍然保持着 13.2% 的增长速度，但总印数的增长却为 −3.2%。统计数字表明，1989 年每本书的平均印数是 1979 年的 33%。图书总印数的减少有上面分析的诸多原因，但平均印数的下降还与图书品种相关。因为读者购买力在一定条件下是固定的，图书品种和平均印数之间即成了反比关系：品种多，平均印数就减少；品种少，平均印数就增多。虽然在实际出版活动中每种书的发行量可能相差悬殊，但不能改变这个总的规律。那么是不是消费者对图书品种多样化的需求提高了呢？根本不是这样。中国图书市场的区域分割非常严重，每年出版的图书品种中，有相当一部分仅仅是在局部地区销售，而且销售周期很短。像北京那样的大城市，每年所售的图书品种也不超过 5 万种。图书市场的区域分割导致出版社之间出书的盲目性，造成了图书品种的重叠，尤其是那些热门选题更成为各出版社争夺的目标。出版社从自身的利益考虑，把竞争的目标仅仅放在如何在短期内占有一定的市场，以获得暂时的利润，对于如何用图书的质量和信誉赢得读者，获得长期的稳定的利润却考虑得很少，致使中国年出书品和中初版书种数占了大部分。统计数字表明，1985 年以来，每年出版的图书品种中，初版书与再版书的比例是 2.7∶1，而在发达国家，再版书的品种数要远远超过初版书。如日本的福音馆，每年出书的新品种不超过 50 种，但每年再版书多达 500 种，初版书与再版书的比例是 1∶10。

中国图书业目前这种"一版定终生"的特点，理所当然地要求初版起印数相对较高，这就使出版社想方设法竞争印数。但就目前来看，这种竞争往往都是不择手段的，不是真正的商品经济下的竞争。如果不改变目前出版业的这种竞争行为，仅仅以图书品种、数量上的多少来衡量出版社领导的政绩，仅仅从出版社每年利润的数字来决定出版社效益的高低，而不去鼓励出版社提高重版率，巩固现有的品种已占据的市场，不去鼓励出版社开发潜在的市场，那么中国的图书市场是不会正常稳步发展的。

从表 1 中还可以看出，图书中课本的产量在每年的图书生产总量中占很大一部分。1980—1989 年 10 年中，课本与一般书籍在印数上的比例是 1∶1.2，在品种上的比例也才是 1∶5.1。课本占全部图书的比重大是图书出版欠发达国家图书市场的典型特征。如果扣除课本和少儿读物，就可以发现，中国识字人口人均拥有图书种数和册数在亚洲的排名都明显下降了，这反映出中国图书市场的不成熟性和发展的局限性。

三、我国图书市场的变化特点及"八五"期间发展出版业的建议

图书作为一种商品，具有商品的一般属性。图书市场也同样遵循商品经济发展规律而运行，图书生产通过图书市场制约，即由市场形成的社会尺度来衡量和检验一切生产者的经济活动。这样既可以使图书生产者（出版社）的劳动在符合社会需求的程度方面接近实际，使社会推动每个生产者追踪由市场信息表现出来的社会需求而从事生产和经营，又在客观上使经济趋向平衡协调。正如马克思所说："需求方面有一定量的社会需要，而在供给方面则有不同生产部门的一定量的社会生产与之相适应。"中国图书市场正是在这一商品经济规律制约下发展变化的。尊重这一客观的商品经济规律，我国图书业就会繁荣发展，否则就会使发展受挫。研究分析我国图书市场的变化，遵照供求规律，相应制定出符合图书生产发展的正确政

策，是我们每个出版工作者都应深思的问题。从前文分析可知，1978 年至今，中国的图书市场变化经历了两个阶段，第一阶段（1978—1986 年）为中国图书市场的高速增长阶段。这是由于这一时期国民经济和科学技术发展，人均国民收入提高，人们对图书产品需求增强。出版社为适应消费者的需要，对出版体制进行了改革，一些阻碍出版发展的禁锢被打破，面对以"文革"十年书荒为基础的图书市场，作为图书生产部门的一定量的社会生产与对图书需求方面一定量（渴求）的社会需要相适应，以高速度和相对低的价格向社会提供了大量图书产品，因此呈现了高速发展的繁荣局面，表现为图书出版总印数和种数的大幅增加。但是自 1986 年起，虽然图书出版品种数仍在迅速增长，但总印数却在下降，呈现了单位品种图书印数下降，小印数图书趋于扩大，致使图书市场出现了疲软的局面——中国图书业进入了第二阶段。这一阶段存在两种逆反升降，即图书总印数下降，国民收入、文化水准及各类学校的入学比例的增长速度下降，这表明需求方潜力变小；同时，出版社由 1986 年的 438 家增加到 1989 年的 536 家，印刷能力逐年提高，图书价格大幅度上涨，图书出版品种数剧增，这表明供给方能力增强。由这一升一降对比来看，中国图书市场走向低谷是不难理解的。作为出版部门应老老实实地到低谷中去，认认真真地分析低谷中出现的一些新因素，包括为顺应非商品经济的传统模式向社会主义商品经济新体制转变过程中在体制管理、经营方式上的改变。对商品经济规律在中国图书市场所起作用的初步认识，我们可以看到图书市场的不成熟性和发展的局限性，看到高折扣、行政命令手段出版销售图书对图书市场发展的错误导向等诸因素，从而对低谷采取正确的态度，把低谷看成今后中国图书市场平稳发展、逐步走向正常的开始。"八五"期间，出版部门应以此为基础制定相应的政策，争取在 20 世纪末达到供求平衡、稳步发展的图书市场格局。我以为有以下四点应给予重视：

1. 出版业必须与经济、科技、教育协调发展。图书市场的兴衰与国民经济和社会发展的大环境密切相关，出版业的目标、政策、道路、模式和机制都离不开整个社会的大背景，需求旺不旺不是出版界能决定的，而是一个社会综合性问题，出版社所应做的最重要的方面是适时协调、适时适应，这样才不至于陷入被动的局面。

2. 图书出版的发展速度要慢，要转变观念，不能以品种数量上的单纯要求为繁荣的目标和标志。

3. 努力于市场的潜力开发，不要把重点放在发展规模上。在供的方面求稳定、调整，在求的方面求挖潜、适应，增加有效供给，减少无效供应，这是解决"买书难、卖书难、出书难"的根本措施，这就要求出版部门研究读者需求，注重市场反馈信号。

4. 调整图书结构，提高图书质量，加强编辑队伍建设。全方位提高出版水平是保证有效供给的基础，这是出版部门能做而且也必须做的事，这一点做好了，才能为图书市场的稳步发展提供保障。

（原载《天津辽宁吉林黑龙江出版科学研究年会论文集》，天津人民出版社 1993 年版）

出版——科技进步之舟

　　图书是一种文化商品，自然要受诸多因素的影响，反过来它又影响和制约着其他因素的发展。科技类图书的出版和科技发展的关系就是一个相互影响、相互促进的过程。

　　众所周知，在当今世界，科学和技术已不再仅仅是理论上的探索和生产中的创新，它已渗透到国家的经济、贸易、军事、教育、外交等各个领域，对国民经济的增长速度起着重要作用。有数据证明，20世纪初，世界发达国家科学技术对国民经济总产值的作用力仅占5%—20%，到20世纪中叶上升到50%左右，进入80年代则达到60%—80%。科学技术已成为一个国家经济发展的有力支柱，成为国家繁荣昌盛的重要源泉。但是，科学技术毕竟是潜在的生产力，它要转化为现实的生产力，就必须通过出版这种主要的传播方式，使这种"转化"成为可能。图书在积累和传播科学文化知识方面，有其特有的稳定性，它可以反复阅读，便于理解和记忆，也易于传之久远，受到人们的欢迎和重视。出版工作者有义务利用这一天然的优势，在科学技术和民众之间架起一座畅通的"桥梁"，从而把科学技术知识传递给民众，又把民众中产生的智力财富进一步凝结升华，以更好地推动科学的发展。

　　中国是一个有着悠久的历史和文化传统的国家，历史上虽曾有过发达的科学技术，有影响世界文明进程的四大发明，但由于中国士大夫历来重"德"而轻"艺"，使得那些有关国计民生的科技类书籍一直受到封建统治者的轻视。虽然也曾有《九章算术》《周髀算经》《梦溪笔谈》等科学著作问世，但与经、史类及文学类书籍相比，少之又少。明末清初，科学家适应当时社会的迫切要求积极著书立说，如徐光启的《农政全书》、宋应星的

《天工开物》、李时珍的《本草纲目》等一批科学技术书籍刊印出版并广为流传，在中国科技出版史上留下了不可磨灭的功绩。

新中国成立以后，我国的科技文化教育事业有了长足的进步。截至1990年，全国从事各类专业的技术人员达2432万人，有5000多个科研院所，并逐步创建了"科技成果推广计划""高科技研究发展计划""国家重点科技攻关计划""星火计划""火炬计划"和"基础性研究计划"等六大国家科技计划体系。然而，据经济学家测算，中国科学技术在国民经济增长速度中的作用力却只有30%，要争取达到50%甚至60%的作用力，不提高全民族的科技文化素质是不行的。

基于以上种种分析和考虑，我作为理科编辑室主任，于1991年开始考虑出版一套反映我国近年来科学技术发展全貌的科技图书。经过近一年的调研、走访，在国家科委、中国科学院、国家自然科学基金委等有关领导和许多著名科学家的支持下，《中国当代科技精华》（8卷）的选题策划、组稿工作开始了。我们在众多的科技成果中选出了有代表性的、在世界上比较领先的科技成果300余项，并请这些成果的发现者、研究者撰文介绍。这些人或者是中国科学院院士，或者是学科带头人，工作非常繁忙。更重要的是他们朴素的作风使他们不愿意在传媒中宣传自己，这给组稿工作带来了相当大的难度。为了使科学家们能接受我们的出版意图，为了尽可能不占用他们太多时间，同时保证出版计划得以正常实施，我在朋友的帮助下，先拜见了李四光先生的女儿、著名物理学家李林先生。李先生大力支持，审读了我写出的《李林与超导薄膜》样稿，并同意把此样稿打印分发给其他入选者。我们在约稿信中诚恳地写道："每一位科学家同时都是一位艺术家，具有特殊的技巧和才能，能够把自己所从事的科学研究以通俗、明白、简洁的语言向社会展示，让社会理解科学技术对社会的意义，这也是对科学和技术发展做出的特殊贡献。"对于实在没有时间写的科学家，我们请他的学生、弟子来写，或请他提供资料，我们自己或找他人代写，最后请他本人审阅。

我们的勇气、信心和真诚感染了很多科学家，书稿组织得很快。我们理科编辑室的四位同志为此付出的辛劳在我们的编辑生涯中浓重地写下了一笔。我作为这套丛书的总策划和组织者，在整个出版过程中的锻炼和收益是最大的。科学家们严谨的科学态度、为祖国科技发展甘于无私奉献的敬业精神、朴素的生活、谦和而又直白的待人作风，都给我留下了深刻印象。《中国当代科技精华》出版了，科技界给予了很高评价，然而中国科学技术类的图书出版，远远没有跟上科学技术发展的速度，没有跟上人们对科学技术类书籍的需求。我以为这也是中国科学技术普及率比较低的原因之一。

通过出版业这座"桥梁"，出版足够数量和较高质量的科学技术书籍，为在全民族中普及科学技术和提高科学技术水平，坚持不懈地做出贡献，这是中国出版工作者的神圣使命。

（本文原载《新闻出版报》，1993 年 9 月 27 日。《中国当代科技精华》〔8 卷〕1995 年 10 月获中宣部"五个一工程"奖）

图书出版业的新机遇

出版物要得到社会承认，要有读者购买，就必须面向市场。80 年代图书市场从高潮到低谷，直到 90 年代初也未走出萎缩的困境，说明图书出版业的运行机制正在发生变化，市场机制已经发挥着基础性的调节作用，尽管这个市场机制还不成熟、不完善。投身到市场经济的大潮中，寻找自身发展的机遇，是 90 年代图书出版业振兴的选择。关于这一点，目前已成为出版界的共识。但这仅限于观念上的认识，在行动上常常感到有压力，裹足不前。其实，在市场机制发生变化的今天，有压力是正常的，关键是要在压力中寻找摆脱压力的机遇。从当前社会大环境来看，我认为，至少有以下四个方面的机遇。

机遇之一：国民收入的提高将进一步刺激图书消费

国民收入的高低对图书市场有着直接的影响，总体来讲图书销售量与国民实际收入成正比。1990 年以后，国家经济渐趋稳定，国民经济进入了正常增长阶段，国民收入在不断提高，居民消费增长速度 1991 年达到13.3%。各种娱乐场所吸引了众多的消费者。而集知识、消遣为一体的图书却没有像出版业者希望的那样热销起来。经济改革使人们生活水平提高，增强了消费观念，但是社会在图书消费方面却引导得不够。这种导向固然是全社会的责任，但出版部门作为图书的供给者理应作出更多的努力，想办法刺激人们对图书的消费。如办书市、读者俱乐部、读书社、作者签名售书等，都是刺激人们消费的好方式。目前有些出版社开始重视广告宣传的作用，经常看到《光明日报》《新闻出版报》《读书》《博览群书》等登载新书介绍。但这种宣传比起"康师傅""太阳神"等商品的广告宣传来，显然要逊色得多。图书既然是商品，就应该让更多的人知道它、了解它、接受它。如果我们每天打开电视，都能看到以"书"为主题举办的一些节目，包括广告；如果除了书店和较集中的个体书摊以外，在百货商店、食品店、电影院都能寻到书刊专柜；如果在馈赠亲朋好友的礼品中，能看到精美的图书……总之，如果让人们的视野中充满了图书，人们便会逐渐去接受。这种宣传促销工作做起来不太容易，而且不会立即见效，但从出版业的长远发展来看，将是有益的。

更为重要的是，出版社应重视发行工作。现在很多出版社的发行人员除了收发书、收送订单外，很少直接推销图书。在年出书量达 9 万多种、差不多每 5 分钟就有一本图书问世的大国里，单靠有限的书店和有数的发行人员难以达到图书促销的目的。有消息报道，1992 年全国存书额突破 40 亿元，但仍有很多读者买不到需要的图书。这种"买书难、卖书难"的矛盾，关键在于需求反馈信息系统不健全。计算机已开始进入家庭，书店里却没有为读者提供图书查询的计算机；书店与出版社之间也没有计算机联网装置。出版社、书店、读者之间联通不起来，必然出现卖不动书和买不到书的局面。不以现代化手段武装图书发行系统，图书发行的阻碍很难突破。对于出版社自身，我认为应该采取主动，一方面扩大发行（宣传）人员的队伍，在各地区培育一批专职或兼职的直销人员；另一方面尽快建立计算机联网系统，把读者的需求及时反馈回来。读者的需求得到满足，才能增强购买欲望，达到刺激其消费的目的。

机遇之二：知识的升值为出版业提供了开拓的时机

知识的贬值直接影响着中国图书业的发展。随着社会主义市场经济体制的建立，知识的作用已被愈来愈多的人所认识。走在中国改革前沿的温州由"知识荒漠"到"重教之乡"的转变，高新技术产业的蓬勃发展，全国自费上大学人数的不断增多，农村发行图书占全国纯销售额比例的逐年递增（1990 年为 46.5%）等，都说明人们已经视知识为财富。知识的传播方式固然很多，但图书以其稳定性、可反复阅读、便于理解和记忆、流传久远等特点，依然受到人们的欢迎和重视。出版者应抓住这有利时机，针对读者的需求供给图书。例如，随着乡镇企业的发展，农村产业结构已逐步由家庭作坊式经营向规模经营过渡，从事畜牧业、水产业、机械、建筑、纺织、食品等行业的人越来越多，与这些相适应的实用性较强的各类图书的需求比重会越来越大。在这知识升值的时期，出版业要能根据读者的需求，出版相应的优质图书，并及时送到读者手中，使读者从图书中获取自己需要的知识，这种知识所创造的经济需求，又是生产和经济发展的强大刺激因素。这样往复下去，就有可能形成一个良性循环，这种循环对出版业有利，对整个社会更起到了提高整体文化素质、促进经济发展的作用。

机遇之三：以高质量、有特色的图书在市场竞争中取胜

出版业之间开展什么样的竞争才是市场经济要求下的竞争？一个出版社今天抓到一本低级读物赚 7 万元，明天抢到一本武打小说挣 5 万元，后天出了本内幕赚 3 万元，这样东一把西一把，即使挣到钱也不足取。由此我想起了关于德国施普林格出版社的一篇报道，该出版社的书价比其他小出版社高出 30%左右，但是它在 50 年的生涯中始终牢牢地占据着世界图书市场的一席之地而没有被挤出去。这是因为，一方面它拥有分布在世界各地的高水平的著名作者，以出版高水平专著保持着它永不褪色的声誉；另一方面，它的编辑能预见几年后的科技发展趋势，并能对某一新技术的潜在市场作出预测，抢先占领新的科技领域。当某一新科技出现之时，该社的图书立即出现在此新科技领域中，成为第一部权威出版物，从而使该社在竞争中站稳了脚跟。

从施普林格出版社的发展来看，这个出版社确是选准了自己的出版方向，形成了自己的出版风格，从而实现了两个效益。我认为，我们的出版社都应该首先考虑一下自己的力量，洞察全局，选定奋斗的方向，这样才可以在竞争中生存、发展。出版社不应为了短期的经济效益去掉自身的特点和优势，而去争出"热点"畅销书，失去可能形成与巩固自己特色的时机，从而损害自己的长远利益。出版者应该看到新形势所带来的新要求、新机遇，力求以出版高质量、有特色的图书立于中国乃至世界出版之林。

机遇之四：抓住国家对立法工作重视的时机，用法律保障出版业自身的利益

市场经济正常运行的必要条件是稳定的社会秩序。随着市场经济的发展，人们的效益观念、竞争观念、平等观念等逐渐增强，但绝不要以为有了这些新观念，再靠价值规律那只"看不见的手"，就可以使市场机制和谐运转。事实上，市场经济的产生和发展，必然伴随着利益需求的出现，正当的利益需求会成为经济发展的动力，但是如果利益需求过于膨胀，达到"弱肉强食"的程度，社会经济生活将会出现紊乱。就目前的图书市场来看，有些出版社为了利润的索取，在平等竞争的口号下，逾越专业分工的范围，重复出版热销书，甚至互挖墙脚。市场上色情凶杀之类的出版物屡禁不止，而这些图书很多是协作出版，出版社收取了很少的管理费，却常常放弃对内容的认真审查。还有些图书竟是假冒出版社名义私自印刷出版。对此，有关部门三令五申，也惩罚过一些单位和个人，但收效并不大。

社会主义市场经济应该是法制经济，只有法制健全了，经济生活才能正常有序地运转。当前国家很重视法制建设，出版业应该顺应这样的好形势，利用这一时机，会同有关部门迅速把出版、印刷、发行方面的法律法规健全起来。这是出版业保护自己、发展自己的武器。有了法制做保障，才能确保图书市场的有序运转。

展现在出版业面前的机遇会很多，把握发展的机遇，在市场经济中寻找自己的最佳位置，才能在竞争中取胜。

（原载《出版科学》，1994 年第 1 期）

"米–布" 特色的启示

英国的米尔斯–布恩出版有限公司于 1908 年创立。80 多年来，它青云直上，鼎盛不衰，现在已发展为拥有 400 多家公司的跨国集团；它每月出书 28 部，每天平均销售量为 41096 册，平均每两秒钟售出一册，年销售量 1500 万册。它几乎垄断了英国 55% 的图书市场。它出版的书籍被译成 20 种文字，流传到 100 多个国家。

米–布出版公司创建时出版发行的第一部小说《黑暗中的弓箭》，是一部充满浪漫色彩的爱情小说，十分畅销，当年就为该公司带来了 16650 英镑的纯利。于是该公司就把出版爱情小说作为它永恒的主题，由此，它获得了"爱情出版公司"的美称。它的读者遍及各行各业，许多英国妇女把购买该公司出版的爱情小说视为一种荣耀。这最清楚地表明，它的出版物在读者中具有强大的吸引力。

读者是出版社的生命线。任何一个出版社，只有当它的出版物能够强烈地吸引千千万万的读者的时候，它才会占领市场，才会兴旺发达。

米–布出版公司的出版物具有吸引力的根本原因是具有自己的特色。而出版物的特色，来源于出版公司的经营特色。

第一，它有自己的写作班子（目前有 350 名成员），成员是从全国的优秀作家中挑选的，而且是清一色的女性。这就为作者按照出版公司的方针、任务和价值标准撰写书稿提供了根本保证，从而在出版物中充分体现了出版公司的思想和经营特色。这个出版公司也接受自动来稿，使自己有广泛选择作品的余地，从而做到好中求好。这家出版公司提出的"女人写书女人看"的口号，激活了妇女的特殊心态，驱使她们乐意买书，虽然这个口号未必具有全面性。

第二，这家出版公司规定，不管是哪位作家的书稿，印制成书之后，一律是 192 页，而且书的结尾要以喜剧的形式收场，这就体现了"作者平等"的原则。以喜剧结尾，既符合一般人都具有的"愿有情人终成眷属"的善良心理，又是引导和教育人们去追求忠贞爱情的一种方式。

第三，这个出版公司每年在全国挑选 3—5 名优秀作家，充实写作班子。这些新鲜血液为它的出版物注入了新鲜风格，这就适应了时代的变化和读者的读书兴趣不断变化的需要。

第四，这个出版公司的书价，在英国图书市场上是最低的，平装书定价 1.60 英镑。而一包普通香烟的价格为 1.80 英镑。薄利多销使该公司在英国出版界一枝独秀，它的年盈利达 3850 万英镑。

米-布出版公司依靠自己的特色经营，取得了巨大的效益，它的经验是值得参考的，尽管它的出版物也不是没有缺陷的。

那么，什么叫出版物的特色？出版物在整体上具有引人注目的显著的特征，能激发读者进取，能震撼读者心灵。

出版物的特色是才华和勇气的表现，是突破平庸、长期盛开的花朵，是万紫千红、百花齐放的基本要素，是"丰富多彩的高品位高质量"的形象化描述。

出版物的特色，是出版社经营特色的具体体现。如果某个出版社的全部出版物或大部分出版物都具有特色，就可以说这个出版社是具有经营特色的出版社，就可以说它是一个成熟的出版社。这个出版社的经营者必定是具有才华、独具慧眼的。他们见常人之所皆见，思常人之所未思，为常人之所不为；他们善于捕捉地平线下的曙光，他们深谙经营之道。

米-布出版公司的特色经营，或许能给我们一些启发。

（原载《中国出版》，1995 年第 3 期）

图书业现状的警示

以文字、图形、符号为主要手段的知识载体包括图册、杂志和书籍统称为图书。图书是精神产品又是物质产品，它具有产生社会效益和创造经济效益的双重性能。这种特殊性使研究图书出版课题比研究任何商品都复杂得多，也导致人们在图书出版事业中产生一系列的错误观念。

所谓经济效益是指图书生产后除去成本和上缴税收所得的盈余；所谓社会效益或社会效果（当然是指好的社会效果）指的是图书可以传播先进思想、改变和提高人们的精神状态和道德水准，可以向人们输送文化、艺术和科技知识，丰富人们的精神生活，使人们掌握最新生产技能，为社会创造财富。图书触及的知识领域，图书发挥的作用以及其作用所涉及的时间和空间范围是深远和广阔的，是其他任何商品无法比拟的。图书担负着记载和传送人类文化成果的重要使命。正因为如此，图书被誉为"人类进步的阶梯"；正因为如此，牛顿等千百位科学家才得以"站在巨人的肩上"，创造出推动人类进步的辉煌业绩。纵观人类历史，可以得出这样的结论：图书这个特殊商品（即使在商品经济未占主导地位的年代）的社会效果总是与人类的进步和民族文化的发展联系在一起的。

邓小平同志在第四次全国文代会上代表党中央所作的祝词中提出，要把最好的精神食粮贡献给人民，加强出版发行工作，消灭落后和愚昧状态是长期而重要的政治任务。祝词中把图书的社会效益摆到了极其重要的位置。

在半封建半殖民地的旧中国，许多有识之士很重视图书出版的社会效益问题。如著名出版家张元济先生长期主持商务印书馆的业务工作，提出了"以扶助教育为己任"的出版经营方针，形成了一整套良好的出版作风。

张元济严厉反对为了投机牟利出版内容庸俗、反动、荒诞的书刊毒害读者，也反对片面追求赢利、见利忘义而降格以求。

新中国成立前，商务印书馆出书一万多种，单纯追求赢利、迎合低级趣味的书籍极为少见。商务印书馆经得起时间的考验，长期保持领先地位。张元济作为杰出的出版家而被光荣地载入史册。

在一些国家，唯利是图的思想充满各个角落。有些出版商的出版标准很低，只要能赢利的东西，他就出版。虽然他们的政府也有查禁某些图书的规定，但事实上大量劣质的、受到伦理道德指责的淫秽图书也被出版。但大多数出版商还是意识到了图书的文化职能，意识到了所有的出版活动都是社会活动的一部分，出版社要适应甚至影响这些社会活动，同时用出版去维护和改进相应领域的专业。因此他们聘用知识广博的具有良好作风和文风的编辑。大多数出版社的社长和编辑都很注意书的风格和内容，而不把利润视作他的能力的唯一指标。大多数编辑以与作者一起编印成功具有价值的书籍而感到自豪，感到对祖国的文化做出了贡献，他们认为自豪感是一种更好的酬劳。在这方面可以举出我国的很多先辈和许多外国的出版家。被录入《美国名人录》的出版家、普林斯顿大学出版社社长 S. 贝利认为，"出版社的管理者应是一个有理性的人，他在一个理性的环境中与有理性的人一道工作"，"出版社在用右手抬着作者的同时，又用左手擎着读者"，"出版社左右兼顾，通过匹配担负着一种社会和文化的职能"。

上述例子说明，图书出版的社会效果问题，不管在哪个年代，不管在什么社会制度的国家（如果它不是想毁灭其统治地位的话）都是被重视的，也总是在大多数出版者的头脑中被自觉地或不自觉地考虑着，尽管由于社会制度不同其标准可能不相同。

图书商品的特殊性质，决定了图书市场不能完全听任买方的需求，不能仅仅听任价值规律的自然支配。就我国的图书市场现状来看，一定要有既尊重和利用价值规律又善于对图书市场进行政治、道德约束的有力引导者来干预图书市场，这个引导者即是党和政府。查阅新中国成立以来的出版史料可以发现，我国的图书市场，一直以平静"著称"。这种平静是依靠行政的巨大力量在幕后维持着的。首先，图书价格是由国家管制的，这样国家当然就要付出代价去调整出版社与纸张生产、印刷、发行等部门之间的关系，并引导甚至限制购买者的需求。其次，在图书的编辑、印刷和发行上实行一条龙制度，即国家出版社编辑、新华印刷厂印刷、新华书店发行，这实际上是一种垄断体制，存在很大的弊端。本文不拟讨论这方面的问题，仅指出一点：当时的运行方式对图书的社会效果问题起了绝对的保证作用。对于一个文盲众多、人民生活水平极低、残存的旧思想还相当严重、根深蒂固的封建迷信要急速清扫、从一个破烂的旧中国的废墟上刚刚建立起来的国家来说，这种运行方式是必要的。

近些年来，图书市场发生了激烈的动荡，具体表现是图书品种猛增，图书的平均印数大幅度下降。1989 年黑龙江省几家出版社共出书 1500 种，但平均印数却不到 6000 册，最低的才 1000 册，与之前平均每种书印数为万册和数万册形成鲜明对照。就全国来看，最近 10 年，图书的品种每年增加 5000 种左右，1989 年的品种数是 1979 年的 435.4%，而 1989 年的印数是 1979 年的 33%。这可以提示我们平均印数与品种之间的某种联系。其实，在一定时期、一定条件下，购买力基本上是一个既定的量。品种增多，印数相应下降，这应是规律。品种的丰富表明出版业正在向满足人们日益增长的多文化、多角度的需求方面迈进，这应是出版业进步的表现。但另一方面，近年图书市场数量剧增、畅销的图书多是"新武侠""言情"甚至格调低下的出版物。出现这种畸形现象的原因比较复杂，与多年的文化禁锢有关，也涉及价格、税收、稿费和协作出版放开等几个方面的政策，还涉及编辑出版者如何正确认识出版工作的属性问题，即如何正确处理图书的社会效益和经济效益之间的关系，出版社的盲目增加也是原因之一。

我国的出版社由 1977 年的 114 家增加到 1989 年 536 家，12 年中，出版社数量增长了 470%。根据这 12 年（甚至可追溯到更远）我国高等学校编辑和出版专业的设置情况和不经培训就上岗的事实，可以断定，这猛增的编辑出版队伍，除了原有的老编辑外，绝大多数未必是通晓编辑业务的专门人才，未必通晓社会效益和经济效益的原理和二者之间的关系。这些从各种渠道进入出版社的人，很像春秋战国时期各地诸侯豢养的一批食客。出版社一旦成立，就要生存，也就要养活这样一批人，而且他们还想生活得舒适一些，福利待遇和奖金数量多一些。有这种要求也无可非议，因为人们都有物质增长的需求。问题是如果从事编辑出版的工作者不懂经营之道，缺乏商品观念、价值观念和市场观念，两耳不闻窗外事，一心只撰案头稿，必然不能适应、也不会做好业已从生产型变为生产经营型的出版社的工作（包括编辑工作）。这就会导致在"改革就是为了赚钱"的糊涂思想支配下，在图书品种上挖空心思地进行竞赛，以致 10 年来图书品种剧增。那些摸透了低级图书市场信息的人和摸透了旧社会遗留下来的愚昧、寻求低级趣味的"作者"就乘隙而入，对编辑出版人员进行鼓动或做其他"工作"，使某些编辑工作人员忘却了社会效益这个永恒的主题，有意或无意地利用了手中的权力，在发展多层次文化格局的掩护下，大量出版格调低下、内容平庸的图书，甚至是充满凶杀暴力、封建迷信、色情淫秽内容的坏书。这种坏书的印数非常之大，印数 40 万的《玫瑰梦》是其中的典型。于是，纯洁严肃的图书市场卷起了黑风，以致新闻出版署不得不在 1988 年宣布对 16 家出版社的 21 本坏书给予处罚。尽管如此，坏书仍在暗地里疯狂地流通。据报载，1988—1989 年，秘密进入上海的禁书有 5 种 30 万册以上，中学生甚至抄写流传。于是中央于 1989 年 8 月发布整顿图书报刊市场的命令，在全国范围内大张旗鼓地开展了"扫黄"战斗，狠刹了图书市场的坏风气，图书市场比较干净了。

从以上的分析可见，图书市场的败坏之风，不是像某些人说的那样是由于改革开放"进来了新鲜空气，也进来了苍蝇"，如果我们的编辑出版人员具有起码的社会效益观念，大体上知道坏书给人民特别是给青少年带来什么样的危害，而不是麻木不仁的话，如果有关机构把住了社会效益这个关口，则坏书泛滥的情况是不会发生的。

令人不安的是，事情并没有完结。最近一年来，格调低下的图书又在市场上出现。笔者最近走访了 20 个个体书摊，发现出售诸如《算命术》《中国人生预测学》《相与命运》《魔中魔》《神龙显灵》等算命占卜和武侠小说 26 种。这 26 个品种中有相当一部分是某些省的人民出版社或大学出版社出版的。印数多在 2 万册以上，定价并不低，但销售很快。在一些国家，"一个技术出版社通常不会出版一本烹调方面的书，即使能赢利，这样一种书也不适合于出版社的出版计划，反而会干扰执行其主要目标，这也与出版社试图在作者和读者中建立的信誉大相径庭"。而我国的大学出版社出版诸如"生辰八字""风水先生"等格调低下的图书，怎么能在读者中建立起信誉呢？

以上的调查是笔者个人进行的，是局部的，却在一定范围内证实了出版界权威人士的论述：粗制滥造、迎合低级趣味的图书很容易出版。国家出版社不在图书质量上竞争，而竞相出版格调低下的图书，是这几年带有普遍性的现象。迎合低级趣味的书出来了，坏书就可能接踵而来，不认识到这一点，就有可能需要再来一次大规模的"扫黄"。一本坏书，可以使千百人受害，败坏思想品质，扰乱正常秩序，造成社会不安，产生恶劣的社会效果。可见，始终把住出版行业中社会效益这个关口，是一个十分严肃的原则性问题。

权威人士分析了国家出版社不在图书质量上竞争，却竞相出版格调低下的图书的原因，主要是由于出版经济体制上完全搬用工业系统的模式，用一个利润指标衡量一个出版社的优劣。出版社的一切开支几乎都取决于承包任务的完成和利润的多少，利润少的连工资都难以维持。于是经济效益的导向作用日益明显。权威人士的结论是："从总体来看，这一导向力和诱惑力是不可抗拒的。"

我认为这是从图书的双重性质出发作出的本质性的分析和预言，应予以重视。我们既要看到图书遵守商品规律的一面，又不可忽视其作为精神产品还有自己的特殊规律。图书生产，从稿件交付、排字拼版、印刷直到装订成册的整个过程也是生产三要素的综合过程。好像它与其他物质产品的生产没有什么区别。但是进一步考虑之后就会发现，事情并不这样简单。出版社要搜寻和鼓励各领域、各学科的作者进行特定的写作，这要通过多种信息渠道——报纸、杂志、科研机构和各种学术或专业的会议，去搜寻有意义的选题和合适的作者。这比一个工厂——比如汽车制造厂——从钢材市场上购买钢材、从橡胶市场上购买轮胎要麻烦得多。而且稿件是脑力劳动的产物，没有统一的规格和质量标准。稿件成熟的程度和达到的水平差别很大，就好像钢材市场或橡胶市场上原材料没有统一的规格和质量分析一样（这当然就无法购买）。编辑要对送交来的稿件的结构和内容进行审查，要查阅同类书籍的出版、销售情况，要考虑这一稿件在形成图书后的社会价值和赢利的潜力。有许多稿件要由编辑进行特定的修改或向作者提出修改意见后，才能采用，这是编辑在体会作者的构思并把编辑的思想与作者的思想融合在一起的过程，这也是编辑的职责。如果编辑仅从单一的经济效益方面去看待每一部书稿，出版社又支持这种做法，那么出版业的短期行为会愈演愈烈，进而导致整个社会文化品位的降低。

显然，要解决这一问题，出版社的社会责任应放在第一位。但在目前情况下，某些出版社为生存需要，必然把追求经济收入放在首位。因此，国家对出版业的宏观调控力度和具体指标的规定就显得更为重要。比如印数多、内容平庸的图书和印数少但有较高品位、有保留价值的图书，在税收上应给予区别，用经济手段调控出版社的经济趋向，同时在管理上加大力度，才可能有所改观。这是一个较长期的过程，不可能期望一朝一夕的"查、扫、批"来解决，应有一个长远谋划，特别是引导的政策。

此外，"学术著作出版难"的问题已成为近年来社会关注的焦点。1990年1月6日《黑龙江日报》载文：黑龙江省12家出版社有130多部学术著作排字打印成型待印，原因很简单，因订数太少，出版社赔不起。其他各地也有类似情况。曾经发生过作者借债3万元自费出书到街头叫卖的事，发生过作者在北京前门闹市区挂牌筹款为自己出书的所谓"爆炸性新闻"。直到今天，学术著作出版难的怨言仍不绝于耳。

应该从几个方面来看待这个问题。笔者接触过一位研究花卉的专家，多少年来，他除了吃饭睡觉之外，整天在花窖里观察、测量和记录各种花卉的成长、开花与温度、湿度、光照、肥料、水分等参数的依赖关系，积累了大量有价值的数据。他把原来只能在江南生长的花卉移植到高寒的东北地区，不但成活，而且开花，几次花展都得到了好评。他的资料足够写一本关于花卉的学术著作了。但他仍不肯写书，他认为他的研究尚未达到全国花卉界的首位。这种谦逊态度是很可贵的，也说明了他对学术著作的看法。当前，"学术著作"一词，不同层次的人有不同的理解。出版社应该有自己的见解，不能人云亦云，否则，出版社就失掉了它在图书出版事业中的权威性。笔者认为，学术著作应该是论述了（而不是介绍了）某一领域的核心问题至少是部分核心问题，其论述（或由论述得出的结论）具有指导或推进该领域的学术活动的作用，而且这种作用是经过实践（包括自然科学的实验或在生产中的运用）作出了证明的，至少是已经部分作出了证明的。如果是介绍了某一领域的基本概念和原理，而没有自己的创新（这是一般性的专业书籍），或者是为了教学目的，把前人已经论证的原理、定理加以排列组合（这是专业教科书），都不能视为学术著作，出版社可以不给出版。出版社有承担繁荣文化的义务，一本好书可以再版之后获得大量利润。至于征订数量问题，要作出分析判断，现在图书市场已由卖方市场转变为买方市场，而销售宣传活动却跟不上去（这是当前图书市场的薄弱环节），信息渠道不畅，使新华书店的库存剧增，而出版社又不关心新华书店的库存，书籍印刷装订完毕，送到新华书店就认为完成了任务。在这种情况下，新华书店宁可少订或不订，以避免积压和亏损。新华书店的订数少导致了书稿已经打印成型仍不能出版，造成出书难的问题。如果出版社掌握了市场的情况和趋势，考虑到了征订数量未能完全反映市场的真实情况，就应以其魄力，迅速作出出版的决定。如黑龙江科学院贾文华主编的《今日苏联丛书》一套 10 本，150 万字，河南教育出版社果断地给予出版，并赶在 1989 年中苏首脑会晤之前与读者见面，发行 7000 套，影响很大，香港、台湾的出版商都来购买版权。这样的例子在国内和国外不是少数。高层次的读者需要真正的学术著作，它对国家和民族的长远发展具有重要的价值，虽然赔钱也应该出版。出版社要采取措施，使亏损最小化。而且应该看到图书馆、研究机构对这种图书是感兴趣的，这个市场的需求量也是很可观的。同时，要注意到图书馆对书的定价并不过分在意，而是对折扣很感兴趣。出版社可以在印刷、定价等方面寻求资助，使亏损得以补偿。而且，这种学术著作毕竟是很少的。就是说，如果弄清学术著作的概念，善于经营的话，这类问题不会达到现在的怨声载道的程度。一些国家的出版商为了抓住一个作者，或者为了宣传其出版社，或者为宣传资助者的信仰，心甘情愿出版赔钱的图书。因为他们估计到，得到的效果和亏损相比是值得的，暂时的亏损可用以后的收益来弥补，这不能不说是一种长远的眼光，我们应当借鉴。总之，学术著作出版难的问题，要具体分析，大吵大嚷是不妥当的。

图书市场是按照规律变化的，图书出版也受到环境变化的影响，出版社要适应环境的变化，要精通市场经济学，要不断地关注周围环境和市场的变化，要在变化中求生存，在竞争中发展壮大。出版界的前辈和后起之秀应以自己的智慧和魄力勇敢地迎接这种变化，为繁荣我国图书出版业和完善图书市场做出贡献。

（本文是作者在黑龙江省出版工作研讨会上的发言，1990 年 10 月）

关于出版业结构调整的思考

在出版工作阶段性转移实施的几年里，我们的出版业显示了它的新鲜活力："九五"第一年，全国图书重版率增长 17%，总印数增长 13.6%，优良率由 1995 年的 2.9% 提高到 17.67%。更重要的是，阶段性转移不仅使出版业树起了质量意识、精品意识的旗帜，而且促使出版业向结构调整的深层次发展方向迈进。这里探索一下出版业结构调整应面对的几个主要问题。

一、自身定位

十几年来，出版业存在的短期行为、浮躁心态，使得出版业者为追赶时尚、追逐创收而出现了种种不健康的做法，严重地扰乱了出版业作为一个产业部门所应有的内在规律。出版业之间为了获利互挖墙脚、抢热点书；编辑们掂量着手里的四五个书号，计划着能赚多少钱；当图书评奖可以使出版社或编辑地位、身份提高的时候，大部头的、超豪华包装的种种"精品"图书应运而生。很多出版社建社十几年，虽然有专业分工，但始终找不到自己的位置，不知道甚至不考虑本社该向哪个方向发展。众所周知，各地的教育社、少儿社因建社时间短、内在负担轻，专业分工又使它有一个天然的读者群，经济效益稳定。某些出版社总是想法设法"挖"过一部分教材教辅以"糊口"。有些地方也确实采用行政命令强行划拨，使大家都有了基本"口粮"，名曰"在一个起跑线上竞争"。但结果呢，从近几年的运行来看，"口粮"是有了，但仍是"凭本供应"，没有期望增长的"富余口粮"。有些地方被东一块西一块分割的教材教辅因缺乏统一管理，从内容到装帧设计都失去了系统性、统一性，严重影响了学生的使用，不仅损害了出版界的名誉，同时也削弱了地方出版管理集团的实力。据观察，这样强行分割的做法还有愈演愈烈的趋势。此种所谓"调整和优化"，实质是退回了大锅饭时代，只能导致出版业的涣散。

目前，国有企业面临着向市场转变，乡镇企业面临着进一步提高发展水平，出版业也面临同样的变革问题。如何在市场经济中发现和培育自己的个性和特点，创建自己的品牌，在读者群中找到自己的目标，这是出版业结构调整的方向。面对市场，确立自己的位置，这确实是出版社的难点问题，突破了这个难点，就会切身感受到进步和发展。事实上，有些出版社在这方面已很有成效。如商务印书馆的工具书、生活·读书·新知三联书店的学术著作、清华大学出版社的计算机书、外语教学与研究出版社的英语系列、金盾出版社的科普读物等以其鲜明的个性化特色在图书市场上扎下了根。认清自身的特点，确定自己的立足点，才有可能在市场竞争中生存和发展。

二、人员素质定位

应该承认，出版业的队伍整体素质还是较好的。拿出版社来说，既有一批德高望重的学者型编辑家，又有一批七八十年代大学毕业的骨干，还有近几年毕业的朝气蓬勃的年轻人。虽然在市场经济的冲击下，有一些人陷入了买卖书号、投机牟利的泥潭，但大部分人还是热爱出版事业，很想用自己的努力推进出版业的发展，同时体现自身的社会价值。这些人是我国出版业的希望。新闻出版署出台的跨世纪人才培养计划，把人才培养问题提到了战略高度，这是适应出版业发展趋势的。多年来，许多出版社内部的改革大多是打破"大锅饭"，建立健全奖惩机制，把个人贡献与收入挂钩，用经济利益驱动员工努力工作。这种方式固然调动了一部分人的积极性，但这是浅层次的、短期的激励方式，对个人的自我发展、对出版社的整体提高都不利。在出版业结构调整的新时期里，应把员工自身素质的提高纳入奖惩机制中。

在计划经济年代，出版界强调编辑的案头功夫；进入改革时代，又强调编辑的策划本领。其实，策划本领与案头功夫是统一的。没有扎实的知识基础，没有一定的学识水平和科学研究能力，就不可能跟上人类文化发展的速度，不可能具有观察、分析和决断的能力，也就不可能策划出传世之作。现代的出版业者，应立志成为出版业中的企业家，应该明确意识到自己的职责，不仅仅是策划几个有轰动效应的选题，不仅仅追求经济效益，还应追求那种高瞻远瞩、环视世界的内涵底蕴；要把自己植根于出版业之中，以自己的洞察力、创新力和统率力，为出版业创造出更多的发展机会，用丰厚的科学文化知识和开拓奉献精神开拓出中国出版业的新天地。

三、选题策划定位

选题的定位是整个编辑活动的开始，定位得准确与否，决定成品后的效果，进而影响出版社的定位方向。可以这样说，选题的定位由出版社定位决定，反过来又影响出版社的定位准则。

目前，各出版社之间还存有专业分工，是否应该打破专业分工的讨论一直在持续。然而，目前我国的出版业毕竟是政府控制下的带有垄断性质的行业，出版社必须在政府的调控下运作。既然没有打破专业分工，各出版社就应该根据专业分工的不同和经济实力的情况，向着本社定位的方向策划，开发相应的选题。例如，对于教育出版社来讲，以出版教材教学辅助用书及教育理论研究成果为主要出书范围。借助专业分工的优势，教育出版社在开发教育类图书方面速度很快，自身积累较大。有的教育出版社开始向大部头的社会科学、自然科学方向转变。一方面，希望能为学术界做些实事，解决学术著作出版难的问题，另一方面，也可以提高自身的品位。如果教育出版社能够利用现有的经济实力，在某一门类选题上有所突破，并能长久坚持下去，这也是一个发展方向。应该避免无序化的"精品"出现。就某一本书而言，可能不失为好书，但不能显示出版社的整体定位原则和出书特色，每一个选题应放到整个出版社选题定位的大方向上来考虑，才能使出版社向更高层次发展。

四、外部发展定位

国民经济和社会发展"九五"计划，提出了"对国有企业实施战略性改组，搞好大的，放活小的，重点抓好一大批大型企业和企业集团，充分发挥它们在国民经济中的骨干作用"。这是今后一个时期国有企业发展的方向。出版业作为一个产业部门，尽管有它创造精神产品的特殊性，但它今后的发展方向也必然如此。必须形成出版业的中坚力量，培育和发展中国出版业真正意义上的支柱，创造出版业的"航空母舰"，提高在国际上的竞争能力，名副其实地跻身于世界出版强国之列。

出版社要在市场中赢得竞争优势，内部建立完整的管理体系是前提和基础。出版社的管理系统应该是一个有机的整体，应通过控制成本，提高人、财、物的管理水平，更新选题的观念，开发新品种，增加发行力度等战略手段，使出版社的生产规模在某一特定范围内得以发展。然而，从我们国家现有的出版业结构来看，即使是内部管理手段再高超，在一定程度上可以提高出版社的整体效益，那么这种发展还是有限的，到一定程度时，也仅仅是延续出版社的生命周期，难以使出版社持续稳定发展。出版社要谋求突破性发展，就一定要突破外围的环境，采取扩张战略。比如，采取互换和购买版权、组建合营或联盟，甚至兼并、收购其他相关企业等吸收外部资源的方式，扩大规模，用"创造性地破坏"推进出版业的更大发展。目前有些出版社已有所举措，外语教学与研究出版社与音像出版社合并前的年销售码洋总计不到1亿元，合并后的第一年，总码洋直达1.8亿元，第二年已达2.5亿元，外文图书与音像制品的有机结合及版权的大规模贸易，为外语教学与研究出版社开辟了新的发展空间。再如，相应专业的出版社与报、刊社的结合，既便于集中利用资源、集约化管理，又可以使图书与报、刊相互补充，相辅相成，达到图书与报、刊相互促销的目的。

内部管理与外部发展的有机结合，构成了出版业结构调整的基础，使得出版业可以横向延伸、纵向发展，竞争能力得以不断加强。

（本文是作者在黑龙江省出版工作研讨会上的发言，1997年5月）

劣质图书的成因及治理

如同假冒伪劣产品在中国市场经济运行中泛滥一样，图书的劣质问题（这里劣质图书包括平庸、低劣甚至淫秽、色情、反动图书）也已成为当今的一大公害。其实，图书的质量问题很早就引起出版界领导的关注。1992年的全国新闻出版局长会议，就把提高出版物的质量作为中心主题，认为质量是出版工作的关键。那么，为什么在屡抓质量问题的同时，劣质图书却依旧不绝呢？我认为，弄清劣质图书的成因，建立一个劣质图书信息反馈机制，就有可能根绝劣质图书。

一、劣质图书的成因

应该承认，在市场经济刚刚起步的今天，以追求利益为目的，是市场经济活动的主要目标。以自负盈亏为生存依托的出版社，自然要考虑自身的经济利益，这并没有错。尽管我们一再强调图书作为精神产品的特殊性，然而图书已成为一种代表经济收益的产品的事实是不容争辩的了。在这种情况下，制作、销售图书甚至出售书号的速度，一般就成为可获得额外利润的充分条件。于是，一个编辑一年可出 100 多本书，某个作者一年可轻松地编 10 多本书。这种为追逐赢利而产生的神奇出版速度，是导致劣质图书泛滥的主要原因。正是上述原因和必要条件的同时具备，才导致了劣质图书的泛滥。

的确，在市场经济中，出版者和销售者为了追求最大限度的利润，尽可能增加收益，以赚钱为前提，自然是能出版什么就出版什么，在质量和内容上能蒙混过去就蒙混过去。不过，在市场经济中，读者也同样在追求自身利益，那就是不愿看到劣质图书，并且要最大限度地抵制劣质图书。

出版、销售者与读者之间其实存在着利益较量。然而，读者在购买一本书时，往往是根据一本书的简介来定夺的，不可能先把书读一遍后再决定是否购买。也就是说，读者不可能一眼就看清图书的内在质量，常常是买回去后才大呼上当。目前，对假冒伪劣产品的生产者和销售者已经有了与之抗衡的"消费者协会"，而对于几元钱一本的图书，又有谁愿意耗费时间、精力甚至比一本书更多的费用去投诉呢？到目前为止，还未见到有人为购到一本劣质图书而去投拆的报道，有的也只是在报端的披露而已。出版、销售劣质图书者也正是抓住了读者的这一心理，才敢于大胆妄为。

　　既然读者的力量不能与劣质图书的出版、销售相抗衡，那么政府呢？本文开始就提到政府的态度是要坚决消灭劣质图书的，从新闻出版署到各地的新闻出版局，都已把抓图书质量问题放在了首位。然而，对国家、对民族、对地区有害的劣质图书，对某个出版单位或销售单位却可能有利。例如，某出版社抓了一部畅销书稿，并与某家发行部门签订了何时以前出版可包发几万册的合同。在时间短，人力、物力不足的情况下，这部畅销书就可能成为质量较差的图书。但这部较差的图书却为出版社带来了可观的经济收益。现在的出版社都在由单纯生产型转向生产经营型，无论出版社是否搞承包，效益与职工利益都密切相关，而上级在考核出版社领导政绩时也常常把利润指标升高多少作为重要的一条。所以，只要不出禁书，只要能赚钱，单纯质量问题就只能是次要问题了。出版社的领导，对直接质量问题责任者也会高抬贵手，甚至在上级领导面前给予掩饰，这样势必助长了劣质图书的蔓延。

二、构建劣质图书信息反馈机制

　　从以上分析中可以看出，围绕劣质图书有三个相关者：出版销售者、读者、主管领导。在市场经济中，这三者的共同特点是：都以尽可能获取更大的收益为行为准绳，但因其所处位置不同，对劣质图书就会各自具有不同的行为方式。我们可以根据其不同行为方式，顺应其收益尽可能多的心态，采取措施，使三者为着自身利益最大化，不得不向着减少劣质图书的方向运作。可以肯定地说，对劣质图书的治理，实质上是对人的治理。

　　既然出版、销售者从劣质图书中可以得到利润，那么有关方面就应设法尽可能降低其利润的获得。上级主管部门对各出版社所出图书开展的评书制度、审读制度，应相应地配以奖励或惩罚等措施，对提高图书质量是一个监督。然而，对目前图书品种日趋上升的局面，要做到对所有出版的图书一一进行复查，必定要耗费大量的人力财力资源，在现实中是很难做到的。相对来说，如果增大出版、销售劣质图书者的风险，使之觉得出版、销售劣质图书是一种冒险活动，而此种活动所带来的风险报酬又很少，那么从微观经济学的角度讲，当所获得的正常利润减少、得不偿失时，出版、销售者便会停止这种活动了。就目前来看，在各种法律制度不健全的情况下，最省力又最有效的办法就是由有关部门制定出具体办法，重奖举报者，而奖金由对出版、销售劣质图书者的罚金来支付。这样就有可能形成一个"劣质图书信息反馈机制"。大多数读者不会再有因为几元钱的一本书去投诉而"不合算"之感。相反，却会处处留心去搜寻劣质图书，以获得自身的最大收益。即使一些本来不愿读书的人，也可能在重奖之下，掏出几元钱购一本书，以期得到额外收益。这样势必增大出版、销售劣质图书者的风险，更加有利于消除劣质图书。

这里，我们一直把出版者和销售者视为一体，实际上出版和销售是两个部门，现实中也是分开的。文中之所以合并处理，是因为在目前市场上出售的图书，基本上是由以下三种出版方式出版的：正式出版、自费（协作）出版、盗版。无论哪种方式出版，这些图书都是经过销售者之手流向市场的（即使是局部市场）。有的销售者明知出售的是劣质图书（如盗版图书质量是可以辨别的），但因为销售这类图书利润高，这些销售者往往更能摸清劣质图书出版者的脉络。试想，如果一个销售者出售劣质图书被举报罚款后，其罚款金额超出其收益，他还会去销售劣质图书吗？而如果他去举报劣质图书的出版者，所得奖金又高出其收益，他就有可能成为"劣质图书信息反馈机制"中的一员了。

当然，建立这种信息反馈机制并保障其健康运作是需要耗费一定资源的。但这种耗费与该机制建立后可大量消除劣质图书而直接或间接节省的社会总资源相比，是微乎其微的，何况这样做也可提高国民的读书热情，使图书销售量增加。

"劣质图书信息反馈机制"的建立，对各出版社必定是一个触动。如果上级部门对出版社领导再有些刚性措施（如在考核政绩时，把治理劣质图书作为重要内容），并建立一套具体的奖惩制度，我相信，图书治理问题定会作为图书收益的一部分而在市场经济的运作中被同时考虑的。目前的卖书号问题、重复出版问题，也会在每个社领导乃至编辑们的头脑中真正重视起来。实际上，图书质量问题解决得好，其他问题就会迎刃而解。

（原载潘恒祥、张伟民主编《阶段性转换与出版繁荣——黑龙江第七届、第八届出版科学研究年会论文选集》，黑龙江教育出版社1997年版）

编辑素质的再提高

　　近两年来，出版业"从以规模数量型增长为主要特征向以质量效益为主要特征的阶段性转移"已初见成效。从 1995 年的统计数字看，新版图书种数达 6 万种，较 1993 年下降了 10.7%，有效地控制了我国年出书量超过 10 万种的过快发展速度；重版书的比例加大，1995 年的重版书比例为 41.6%，较 1993 年增加了 38.7%，为我国的出版业与世界出版业接轨创造了条件。重点书、精品书的比重加大，"五个一工程"图书档次品位越来越高，"书架工程""送书下乡"活动广泛开展，"扫黄打非"的加强，为优秀图书的出版发行提供了良好的市场环境。

　　欣慰之余，我们也应该清醒地看到自身存在的问题。那些借自费出版、资助出版、协作出版之名，实则变相买卖书号的行为还没有杜绝；平庸、重复出版物还占相当大的比例。1995 年新闻出版署对 35 家出版社的 35 种图书进行了抽查，图书合格率仅占 20%，让人忧虑。我们知道，设法取得短暂的成功比得到长久稳定的效益容易得多。出版业要持续、稳定发展，应该从根本上寻找突破口。

　　以笔者之见，在用行政手段控制书号、控制总量、促进质量的同时，应把编辑素质的再提高提到重要位置。"为他人做嫁衣"，这就是编辑的工作。从古至今，从国内到国外，这已成为编辑永恒的职责。正是编辑对于这一职责无悔无怨的追求，才使得《永乐大典》《四库全书》这样的鸿篇巨制得以流芳百世，才使得人类文明得以延续。然而，何时编辑与买卖书号联系到了一起？何时编辑与贩黄互相牵连？又何时编辑以收受贿赂、权钱交易之名让世人冷眼相看？有人说，这是市场经济的产物。固然，在市场经济的大潮中，无论国家、集体还是个人，利益问题都比以往任何时候突出。就个人利益而言，每个人在付出体力或脑力劳动的同时，希望得到更多的经济回报，以满足必不可少的对物质的需求。这种意识对调动个人积极性、创造性，促进社会进步是有利的。但是，当追求超越了正常范围，达到见利忘义的程度时，即带来了理性的丧失和道德的泯灭，这也是市场经济所不允许的。如果从事出版业的文化人沦落到这一步，那将是中华民族精神萎缩的开始。在当前，出版界自身的素质还是较高的，受传统道德、文化的熏染要浓重得多，加之日日与书稿相伴，缕缕的书香总是要感召人的灵魂的。所以，在出版业阶段性转移的今天，把编辑们被动地接受书号限量、图书质量追踪的政府行为转移为编辑们的自觉行动，把以出好书为荣，出平庸书为辱，出黄书、禁书可耻的思想渗透到编辑日常工作中，把编辑的整体素质提高一个档次，这才可能使"优质高效"成为我国出版业永恒的主题。

编辑素质的再提高，并不是指让编辑仅仅停留在兢兢业业为他人做嫁衣的境界上，这种境界是对编辑最基本的要求。在此基础上，还应根据时代发展的需要，增加更多的内容。依笔者之见，编辑素质的再提高，应包含以下几个方面。

第一，在强调编辑为社会主义出版事业服务的同时，应要求编辑首先为本单位服务好，尽其诚，尽其忠。就我国目前出版业现状来看，编辑不可能脱离出版社而个人独立存在。编辑个人的成长、人生价值的体现，都离不开所在出版社的环境。因此，应树立"我与社共荣辱"的观念。如果每个编辑都对其单位尽诚尽忠，那么我们的出版业该是何等欣欣向荣！

第二，加强编辑的语言文字、技巧等方面的修养，这是致力于弘扬我国的传统文化、向世界传播祖国文化的基础。在文字传媒高度发达、电子出版物日益兴旺、视听媒体迅猛发展的今天，活字媒体印刷系统固然不会消失，但人们对汉语的感知力却日渐衰退。编辑作为活字媒体的直接操纵者，有不可推卸的义务。1997年召开的全国新闻出版局长工作会议，提出了向世界华文市场进军的战略目标，对编辑提出了更高的要求。编辑只有在悟出了民族语言的灵性与内涵之后，才可能把精美的华文书籍献给世人。

第三，要加强编书是编辑职业根本的思想教育。过去常听说编辑是杂家、是通才，笔者认为，在学科研究和社会分工越来越细的今天，一个人要想成为通才是不可能的。对编辑来说，要求有文字功底，要求有独到见解，要求有策划能力，要求有组织能力，要求有预测能力，要求掌握一门外语，要求与电脑对话，要求懂得出版业务，这些要求足以使编辑学习终生了。要成为一个编辑家，同时又成为一个作家或某一专家，这种兼得的思想，最终会一事无成。"术业有专攻"，这精辟的论断值得从业者牢记。

第四，从择优而编的初级阶段向策划和组织书稿的高级阶段过渡，形成各自的出版风格。编辑工作的初始，一般是处理自发来稿，而很多人往往多年陷入其中不能抽身，其中虽然不乏精品，但这种等来之作，其实不利于编辑能力的培养，更不利于使出版物形成特色。出版物的出版过程应该是一个系统工程，这不仅表现在一本书的成书过程的系统性，而且也表现在图书结构的系统性。对出版社而言，其出版物如能构成一个有序化的系统，就会产生比单本出版物的总和功能更大的功能，从而奠定了出版社的出书特色，而这需要出版社编辑的整体运作。

第五，编辑应以最快的速度掌握现代出版工具。从 15 世纪活字印刷术发明以来，活字印刷已延续了几个世纪，编辑已习惯于这种排版印刷程序。然而 80 年代以后，电脑进入出版领域，为出版物创造了前所未有的效果，编辑进入电脑时代已势在必行。虽然我们可能不从事电子出版物的出版，但是当厚厚的稿纸变成薄薄的磁盘时，我们的文字匠拿起的笔就必须换成电脑的键盘。除电脑以外，外语已成为现代社会交往的基本工具了，我们的出版业要与国际市场接轨，要走向世界，没有语言工具是不行的。这一点毋庸赘述。

新闻出版署于 1996 年在井冈山启动了全国新闻出版行业跨世纪人才培养工程，强化人才强国人才兴业战略意识。"政治强、业务精、纪律严、作风正"应该是对全体编辑的具体要求，编辑素质的整体提高，才有助于孕育出优秀的编辑和出色的管理人才。

从统计资料上看，我国 35—50 岁的编辑约有 3 万名，这是我国出版业的生力军。这些人的素质培养将决定我国出版业未来的发展状况。日前开展的编辑岗位培训，对编辑素质的提高起了积极作用。这种培训应经常性地进行，培训的方式也应多样化，并形成一种大气候，应逐渐使这种外在形式变成编辑的自觉行为。

　　编辑队伍的整体素质，是勤业、敬业之基础。如果能加以正确引导，大部分编辑是会达到"零落成泥碾作尘，只有香如故"之境界的。

　　（原载潘恒祥、张伟民主编《阶段性转换与出版繁荣——黑龙江第七届、第八届出版科学研究年会论文选集》，黑龙江教育出版社 1997 年版）

　　黑龙江省出版工作者协会组织的出版科学研究年会，为当时我们这一代青年编辑创造了一个学习、研究和交流的平台。

日本的自费出版

日本的自费出版究竟起源于何时，日本出版界并没有明确界定。学者们普遍认为从文化繁荣的江户时代的中后期，随着识字人数的增多，人们开始用笔记录，由过去的口头表达方式转向书面语。但是，当时能读书的人属于特权阶层，直到明治时代，近代教育实施，识字人数急速增加。这一时期形成了百姓用文字形式表现自己的习惯。有钱的人把自己写的东西制成版本，日本学者认为，这实际上是"自费出版"的最初形式。

明治十八年《我乐多文库》杂志的创办，标志着最初自费出版活动的开始。有些教育家在教授人们识字、知识的同时创作作品，有些作品就是自费出版的，如宫泽贤治的早期作品《注文の多い料理店》就是自费出版的，当时费用很高，但该书在出版后的70多年中一直感召着人们，给世人带来的恩惠是无法用金钱代替的。这也是日本自费出版史上的骄傲。

随着教育普及率大幅度增长，日本国内识字率接近100%，高中入学率达到97%，老少都可以执笔了。同时，由于经济的发展，更为人们自我表现的天性增添了勇气，把自己的事写下来出版，成为永久的纪念，这是大多数自费出版者的愿望。

自费出版的种类有自传、诗集、歌集、小说、随笔、历史、哲学、地域文化、民俗、摄影作品（很多是反映自己的学习工作和生活的精彩照片，称写真集）、画集、生活及子女教养的体验、自家庭院绿化及手工艺品制作研究经验等等26种之多。其中，自传诗歌、句集、体验记、随笔、小说、写真、画集等比较多见。

日本很多出版社，尤其是中小出版社在策划商业出版时兼做自费出版，有些出版社则专营自费出版。日本自费出版的图书，从审稿到印刷成书都由出版社安排。有些出版社做自费书久了，有了经验，成本降低，同时又在国内委托多家书店代理销售，所以很能吸引读者，像创荣出版社就是这样。该出版社创建于昭和四十九年，有自己的创荣印刷有限会社。创建初期，很是辛苦，用社长新出安政的话讲："一天睡 4 个小时，每周还要干两三个通宵。"26 年来，这家自费出版专门社已经出版了 1800 多种图书，并且可以在全国贩卖。在日本，出版的垄断化现象已经产生，讲谈社、小学馆、集英社、福武书店、学习研究社的图书在市场中占主要份额，加之岩波书店、日经ヒ°ーヒ°社、教育社、光文社、旺文社等 20 多家年所得额在 1 亿日元以上的大中型出版社的角逐，像这样的小型出版社能够生存下来而且办出了自己的特色。这在竞争激烈的日本出版界是很不容易的。

日本图书的开本很多，这与原纸规格有关。印书用的原纸规格（称"判型"）有表格中所示几种。我们常说的多少开本，在日本称为 A 几/B 几/四六判。一般说来，自传、随笔和以文字为主的书籍用四六判，写真集、画集用 A4 判，大型豪华本用 B4 判，文库本用 A6 判，周刊志用 B5 判，根据个人喜好也常制作各种特型开本。所以，自费出版的书籍虽然印数不多，却很麻烦。

日本自费出版的图书出版过程比较严格，一般来说分以下步骤：

（1）接待作者，听其陈述，确认原稿种类、内容、字数、手书或打印、照片或图片质量。（2）出版书的目的和用途，是非卖品或贩卖品，有效的活用方法。（3）书的开本、印数、出书时间。（4）出版成本预算表。内容包括制版、上版、照片制作、插页、印刷、装订、用纸、编辑费、发送费、营业经费、作者的消费税等费用。（5）签订出版合同。（6）出版社对原稿进行编辑加工，排版。（7）社内进行两遍校对，同时作者校订，最后出版社产生校订本。（8）修改。（9）作者第二次校订（用出版社产生的校订本校订）。（10）修改。（11）制版。（12）印刷。（13）装订。（14）成品检查。

表　日本图书的几种开本

判型	X · Y(mm) （原纸规格）	判型	尺寸(mm) （裁品规格）	判型	尺寸(mm)
A 判	625 · 880	A2	420 · 594	B2	515 · 728
菊判	636 · 939	A3	297 · 420	B3	364 · 515
B 判	765 · 1085	A4	210 · 297	B4	257 · 364
四六判	788 · 1091	A5	148 · 210	B5	182 · 257
		A6	105 · 148	B6	128 · 182
		四六	127 · 188		

　　在日本，自费出版一本 32 开、256 页、正文单色、印 500 册的图书，经费约需 120 万日元左右。日本近年年出书在 6 万种以上，自费出版的图书占多少，官方没有详细统计，但业内人士估计在 3—4 万种。自费出版的图书一般由中小型印刷厂承印。1996 年，这些印刷公司联合成立了自费出版研究会，目的是为推进出版文化的研究。现在，一些出版社、企划编辑公司也加盟进来，使自费出版的质量和数量得到更大的推进。1998 年，该研究会在朝日新闻社、丸善、小学馆、富士胶卷等十几家公司的协赞下，首次举办了自费出版文化奖的评奖活动。由出版文化造诣较深的专家学者组成的评委会，从 1800 种图书中评选出 9 种获奖作品。业内人士认为，这次活动对自费出版的质量、对地域文化及民俗的研究、对自传史的真实性等都是一次很大的激励和推动。目前，日本已经有了自费出版研究专门刊物。

　　日本自 90 年代开始，书籍的发行量几乎没有增加，杂志发行量却快速增加。月刊、周刊的触角更加迅速地向书籍市场延伸。其结果是，1997 年书籍发行 15 亿 3930 万册，是 1975 年的 2.1 倍；月刊发行 30 亿 3200 万册，是 1975 年的 2.5 倍；周刊发行 21 亿 9200 万册，是 1975 年的 1.9 倍。1975 年，书籍发行 7 亿 3300 万册、实卖金额 4912 亿日元；月刊和周刊共发行 23 亿 4700 万册、实卖金额 4882 亿日元，与书籍相差不大。但是，到 1997 年，书籍实卖金额为 1 兆 1062 亿日元，杂志已达到 1 兆 5726 亿日元。在日本，出版社不能直接向市场出售图书，有实力的出版社，如讲谈社、小学馆等都是图书和杂志齐头并进，而且已成为日本两大贩卖公司——东贩（以杂志发行为主）和日贩（以书籍发行为主，但教科书和教学参考书由另一大贩卖公司——日教贩经营）的大股东。业内人士认为，日本的出版垄断化现象已经产生。但是这些出版社的商业出版行为较浓，出版物大都呈系列化，无暇或不屑顾及自费出版。而市场上，图书的返品率要达到 40% 以上，竞争非常激烈，没有实力的出版社难以招架。自费出版的发展正为中小出版社和中小印刷厂开辟了生存空间。

日本现在人均收入已居世界榜首，人们的闲暇时间也在增多，写一本自己的奋斗史留存后人，把自己的研究、创作、体验记录下来，已经成为大多数人的心愿。为了鼓励自费出版，还有人创办了自费图书馆，专门收存自费出版的图书，这对作者无疑是一大鼓励。

（原载《出版广角》，1999 年第 12 期）

日本农山渔村文化协会的出版活动

题记　一个偶然的学习机遇，使笔者有机会来到经济发达的日本，并在那里学习生活了一段时间。这期间，笔者感受到这个工业主宰经济的世界经济强国，从政府到国民似乎都十分关注农业问题，并发现，在由最初的轻视农业，甚至不要农业，到现在的重视农业、以农为本的转变过程中，日本的出版工作者们付出了艰辛的努力。笔者以日本的农业专业出版社——农山渔村文化协会（以下简称农文协）为例，详细考察了该出版社伴随日本农业变化情况，其农业出版相应变化发展的轨迹。

一、农文协的出版活动

农文协是日本 13 家（注：数字止于 2001 年，以下同）农业书籍出版协会中最大的出版社，1940 年建社，有从业人员近 200 人；年出版新书 100 余种，期刊 11 种，代表性的期刊为《现代农业》，创刊于 1960 年。从出版规模来看，农文协在日本的 4000 多家出版社中居于百强之列。

农文协的出版活动一直是以农业为中心，以农民为对象展开，并以围绕农民的生产、生活、文化和教育活动为出版宗旨，以服务农民的农业生产活动和经营活动为目标，向农民提供技术信息。在近年，农文协又应对读者的多样化需求，出版的视野以农业为中心向生活的全方位扩展，踏出了一条独特的出版道路。

从 1945 年到 2000 年，农文协合计出版新书 2576 种，制作幻灯片 951 部、电影 42 部、录像带 196 部、CD-ROM 44 部，杂志《现代农业》的出版一直是其出版活动的中心。特别是伴随着多媒体的普及，农文协抓住这一契机，很快开始由传统的幻灯片制作向录像带制作转换，以后又增加了 CD-ROM 光盘的制作。多样的出版活动持续开展起来。

　　农文协的出版发行活动和一般出版社不一样（在日本，出版社主要是通过书店来销售图书的），其工作人员半数以上都深入农村进行巡回访问，这种巡访并不是单纯地以营业为目的去挂销书刊，更多的是担当着为生活在农村和山区的人们提供情报、传播信息的任务。在每年实施的全国农村读书调查中，农文协的《现代农业》位居"每期都读的杂志"第 2 位。农文协出版的特征简单地概括在表 1 中。

表 1　农文协的特点

会志的变化	承接了 1936 年创刊的日本农政会会志《农政研究》，1941 年将其改名为《农村文化》，1960 年又更名为《现代农业》——伴随着农业的变化曲折地发展，最后终于稳定下来。
职员的活动	农文协每天有近一半的职员与农家接触，从"现场"直接捕捉农业的问题，倾听农家的要求。
出版物的特征	在日本农业出版社中，农文协拥有农业相关的杂志数最多（11 种），杂志有"主张"栏目；每年书籍出版最多，内容最丰富；从幻灯片、电影制作到录像带、光盘的生产，出版与农业相关的多种出版物。
发行的方式	杂志《现代农业》的推广，是从职员们直接走访农家进行销售开始的，其增刊却是通过书店贩卖的。出版物走的是一条直销—批销—再直销—网上销售的路径。
独特的活动	创建农文协图书馆，向社会公开所收藏的古农业书和现代出版的农林水产业的图书，为农村地区的发展、农村和都市的交流提供和储蓄信息。以自然和人间的调和为目的开始与中国的交流。

二、农文协农业出版视点的变化

1.《现代农业》的变化

　　农文协出版活动的一个突出特点是对在农业生产中农家自身积累的生产技术给予足够的重视。杂志 1960 年更名为《现代农业》后，在日本传统的水稻技术和畜产业的集约化方面给予了特别的关注。当时农业基本法的主要内容之一就是"扩大农业生产的规模"。对此农文协提出了多种经营的主张，在向农民提供多种经营的生产技术情报的同时，重视提高水稻生产的劳动生产率，从农民的需要出发提供水稻的增产技术。这种倾向性可以从《现代农业》登载的内容上反映出来。1961 年 9 月号的《获得反产量 7 石的水稻生产技术》（反是日本的面积单位，1 反＝100 平方米；石是日本的重量单位，1 石＝150 千克——作者注）、1962 年 7 月号的《获得反产量 6 石的稳定的水稻栽培技术》、1963 年 10 月号的《水稻增收 4—6 石的办法》及《水稻的剖析：村子里的增收》等关于水稻增产的内容连续被刊载。在 1964 年 7 月号到 1965 年 1 月号中，连续刊登了山形县农民片仓权次郎的水稻栽培技术。这项技术因为与农民的实际生产要求相符合，所以被农文协发现后，作为一项增收技术被推广。后来《现代农业》对片仓氏的水稻种植技术的介绍一直持续到 1968 年。这期间，《现代农业》的发行数量不断增加，对农家产生了深刻影响。

进入 20 世纪 70 年代，面对当时所说的以农业经营的规模化、机械化、专作化为目标的"近代化路线"，《现代农业》开设了"主张"专栏，在把农民的声音向社会传播的同时，明确表明农文协自己的观点。"考虑近代化路线的人，实际上不是为了农民的利益，而是为了经济界自身的发展"，"自身对农业失去了信心，所以让自己的后代对农业有自信也是不可能的。万般无奈，只好把后代送进工厂做工"等等，反映了多数农家的声音。这就是所说的通过杂志和农业生产者直接进行交流。

由此，农文协针对农业基本法政策下的农业近代化路线，大力倡导农家自给的思想。在 1970 年 4 月号《创造新的自给生活》中，提出了"新的自给生活并不单单是一户一户的自给，而是创造自给的生活圈；不是生产和生活的完全分离，而是使两者积极地连接起来，从而保证经营和生活都能正常进行"。从此开始，《现代农业》的内容不但涉及生产方面，也开始积极探讨与农业、农村相关的衣食住等日常生活问题。例如，咸菜的制作、不使用添加物的手工制作的豆酱和豆腐的事例，进而触及人们的"自给信念"，鼓励人们珍惜本乡本土的特色风味，以食物的根源是农业为着眼点，提出了从农民生活的角度来考虑改变农业生产的观点。

从 1976 年开始，《现代农业》增加了"社会的动态"专栏，兼业问题、田地整建、世界粮食供给的窘迫、石油危机和粮食危机等问题被提起，开始把农业和社会生活的事情联系起来向广大读者介绍。1984 年 8 月号紧急特集《主食的危机》《不是主食用米，而是加工用米的紧急输入——粮食厅的巧妙战略》等就是把与农民利益切实相关的事情及时公布的一个实例。这一时期《现代农业》增刊开始发行，《大米的输入：59 人的意见》（《现代农业》1987 年 6 月号）、《大米的逆袭》（《现代农业》1987 年 11 月号）、《粮食自立国际研讨》（《现代农业》1989 年 3 月号）等与国民生活密切相关的内容被连续刊载。

　　进入 1990 年以后，在以上基础上，出版的视点又向着医（健康）、食、农、想（教育）的领域扩展，从"日常生活""生产文化、生活文化"的变革开始，探索农村和都市新型结合的发现与创造，也就是说，以创建"自然和人类调和的社会"为目标，从"农"的立场，唤起国民对农业的重视。

　　从 2000 年开始，在"农"的领域以"产销"为轴开始向更广泛的读者宣传"农"的重要性，在"想"的领域利用"综合学习时间"进行食文化教育。

　　从《现代农业》中看到的农文协的变化，在农文协的其他出版领域也被反映出来，见表 2。

表 2　农文协出版的部分全集和丛书的状况（种数）

年代	农业·农政类	农业生产类	食生活·文化·教育类	食农教育的绘画本类
1956—1959	—	—	23	—
1960—1969	—	24	18	—
1970—1979	51	54	85	—
1980—1985	111	70	79	—
1986—2000	75	197	419	199
合计	237	345	624	199

　　2. 出版物的多样化、CD-ROM 等大容量化时代的到来

　　农文协不但出版书籍、杂志，而且如表 1 所示那样制作幻灯片、电影等影像制品。其在 1953 年到 1988 年间，有 24 部幻灯片和电影获得各种奖

项，例如电影《蔬菜价格的方策》被认为是"因为与实际生活关系密切，所以有很强的现实意义"。

此外，从 20 世纪 80 年代开始，随着情报的数字化变为可能，作为情报媒体的"书物"也发生了变化，一向以纸媒体为存在形式的出版物被赋予了各种各样的出版形式。而随着录像机和计算机在家庭的普及，读者的需求也相应地发生了变化。农文协顺应这一潮流，近些年来开始探索多种出版方式。1987 年开始制作录像带，1996 年通过国际互联网开设了数据库《农村电子图书馆》，CD-ROM 的出版也随之诞生。《现代农业》《农业技术大系》《日本的食生活全集》等纸媒体出版物也开始以庞大的电子化储备形式，向读者提供服务。

农文协农业出版事业应对出版物的多样化变化，进行了各种各样的尝试，从以上的相应对策中可窥见一斑。

三、考察

通过以上对农文协的部分出版活动的分析，可以看出其出版活动的视点：最初从农村娱乐、农村文化出发，逐渐向农业政策、农业生产和生活的领域扩展；面对公害和环境的破坏，向实质是倾斜于农药和化学肥料的现代农法提出了质问；针对当时的农业近代化背景，强调重新看待传统农法；以健康和饮食为切入点，向更广泛的读者层普及自然观和自然法则。关于"食"的方面，提出其饮食本来是生活的基本部分，"食"的根源是"农"的主张。此外，出版物向影像等电子化出版领域的扩展，并不只是为迎接网络信息化的出版时代，也是为方便农民获取必要的信息，进而进行加工，建立以自己的情报为主体的数据库。此外，农文协还作为农家自主团体通过开展农家交流会、读者会等，试着对农民的自主活动给予直接的赞助。

近年在日本，与农业相关的杂志、书籍的数量不断增加，但是其部分出版视点却远离农业的基本理念，以单单为了吃或迎合趣味为主的内容占了一定的比例。国民生活的多样化是以衣食住为基本的，特别是在食和住方面与农业的关系变得更加密切了。认识到农业重要性的都市生活者虽然逐渐增加，但是大多数国民对于农业作用的认识和农业在经济方面给予的支持理解不够。在这种形势下，农业出版事业担负起大众传媒的任务，及时地对农业在社会生活中的多方面作用给予了充分的肯定和倡导。农文协把食和农以及生活和农相结合的视点，作为对农业出版事业发展方向的评价应是很必要的。

（原载《出版发行研究》，2007 年第 5 期）

　　2001—2004 年在日本学习期间，丁一平参加岩手大学组织的调研活动，并对日本的农业出版做了专题研究。

做出版不忘国家利益

　　第 54 期全国出版社社长总编辑岗位培训班进行得紧张而富有实效。仔细回味 80 学时的每个学时课程内容，无论是新闻出版总署几位领导关于出版业形势、政策、法规的解读，还是相关专家的报告，或是业内出版专家的实践，无不引人深思。在出版业的转型时期，在各方面都需要研究需要重新梳理重新定位的时候，能沉浸在总署培训中心创造的安静而宜人的环境里，沿着领导和名师的导引，联系自己所在出版岗位的实际，盘点现在的工作，思索今后的战略，深感受益。

　　作为出版工作者，站在国家和民族的利益考虑出版产业的发展，是一个永恒的命题。特别是国家经济的迅速崛起，日益引起西方关注，面临巨大政治经济和文化挑战的今天，如何维护国家的利益，捍卫民族几千年的文化，如何促进经济持续发展，构建和谐环境，开发国民福祉等问题，使得出版工作者所担负的责任更为重大。改革开放 30 年，我国的出版业取得了巨大的成绩，无论是品种数、销售册数、重大出版工程，还是出版法律法规、出版程序的建立和完善，都令人瞩目，出版大国的形象已经是世界公认。但是正如署领导所讲，出版大国向出版强国的发展还有很大差距，出版业作为文化产业的一部分，在世界上的地位和公认度亟需提高。

　　我所在的出版社是一家地方教育专业出版社，地处边陲、规模不大。这些天边学习边思考最多的是，我们社地位的摆放问题。从接力社、外研社、语言大学出版社等过去规模不大的出版社渐变为强社大社的发展历程看，以国家利益为最高目标，构建长期稳定的出版发展战略，坚持专业化发展，执着追求，走人无我有，人有我特的出版业持续发展之路，是一个出版社能够崛起的基本方略，也是我们应很好学习和研究的。

　　这次学习，给我触动最大的是出版人必须站在国家利益的高度、站在出版产业发展的国际视角认真审视自己的位置，确定自己的战略，执着于把一颗石子变为一颗宝石的信念，潜心工作，无私奉献，才有可能使一个出版社对地方对国家出版业的发展有所作为，对出版队伍的建设和从业人员自身价值的实现有所作为。

　　最后，感谢培训中心老师的关怀，特别是梁老师和于老师，已是退休之人，却那样敬业，给每个人以帮助和慈爱。于老师把自己的摄影作品拿给大家欣赏，让我们在紧张的学习之中感到轻松，得到了意外的收获。

　　（本文是作者在第 54 期全国出版社社长总编辑岗位培训班的小结，2009 年 8 月 14 日）

增强出版业整体实力和竞争力的几点思考

改革开放 30 年来，我国的出版业发生了令世人瞩目的跨越式发展。仅从统计数字上看，1978 年到 2006 年，报纸从 186 种增加到 1938 种，增加 9.6 倍；期刊从 930 种增加到 9468 种，增加 9.2 倍；出版社从 105 个发展到 573 个，增加 4.5 倍；图书从 1.5 万种增加到 23 万种，增加 14.5 倍；印数从 37 亿册增加到 64 亿册，增加 0.73 倍；出版系统利润，从 3.23 亿元增加到 46.49 亿元，增加 13.4 倍。这些数字足以说明出版业 30 年发生了翻天覆地的变化。

当今世界，国际竞争日趋激烈，我们国家要在竞争中赢得主动，不仅需要强大的经济硬实力作基础，而且需要强大的文化软实力作保障。出版业作为文化传播的重要载体，在提高国家文化软实力中发挥着越来越重要的作用。但是，出版业要在构建社会主义核心价值体系、传播社会主义先进文化、扩大中华文化影响力方面发挥重要作用，做出应有的贡献，必须进一步解放思想，转变观念，加大改革力度，加快转变发展方式，做深做细做好文化产业，不断增强出版业的整体实力和竞争力。

一是加快出版社的转制步伐，通过建立现代企业制度增强发展活力。长期以来，经营性出版社的事业体制严重制约了出版业发展，普遍存在着数量多、小而全，资源分散、重复出版，实力不强、活力不足等问题，许多出版社处于亏损状态，有的甚至靠行政摊派、买卖书号维持生存。这种吃大锅饭、端铁饭碗的状况既不适应社会主义市场经济的需要，也不适应社会主义文化大发展大繁荣的要求，应该按照中央的精神，加快进行体制改革。除极少数的公益性出版单位保留事业单位性质外，其余出版社都应尽快转企改制，通过建立现代企业制度，使出版社成为真正的市场竞争主体，按市场经济规律办事。2008 年 12 月，黑龙江出版总社成功转制为出版集团公司，为几年的转企准备工作定了调，也正式拉开了转企改制的帷幕。实际上，在集团正式成立之前，已经要求所属单位内部按企业运营模式推进了。以教育社为例，全员竞聘上岗，新进员工全部是企业合同制身份，人人把自己的切身利益与企业的经营状况紧密相连，每个人的身上既有压力，更有动力，形成了有利于出精品、出效益、体现自身价值的发展环境和氛围。近年，全社实现销售收入和利税均以两至三位数递增。集团的正式成立，新闻出版体制改革新政的支持和落实，将会使转企改制的出版企业在市场竞争中充分焕发活力，加快发展。

二是大力实施集团化战略，通过整合资源壮大发展规模。在激烈的市场竞争中，地方的各家出版社单打独斗，既浪费资源，也形不成规模。明智之举就是要走集团化发展之路。要以资产为纽带，坚持行政推动与市场运作相结合，通过联合、兼并、重组等方式，培育导向正确、主业突出、实力雄厚、核心竞争力强的大型出版集团公司，使之成为出版业的骨干文化企业和战略投资者。变资源分散为优化配置，变恶性竞争为"抱团取暖"。在集团内部，走内涵式发展道路，把改革、改组、改造紧密结合起来，形成一批专、精、特、新的出版企业。目前，出版业的兼并重组和集团化发展已开始冲破行政地域界限，向全国范围推进。如深圳发行集团与海天出版社、江西出版集团与和平出版社、吉林出版集团与中华工商联合出版社、江苏新华发行集团公司与海南新华书店等兼并重组，这些都是以资产为纽带的企业重组，都是市场化的改革。这样，一些落后出版发行企业将在激烈的市场竞争中逐步被淘汰，一些出版发行企业通过产权多元化和建立现代企业制度，实现与社会资本乃至外资的逐步融合，就可以迅速做大做强。未来几年，以跨地域、跨产业链上下游为代表的兼并重组将成为大势，国外的大集团也是这么发展起来的。我们要进一步转变观念，乘势而上，加大体制创新和政策扶持力度，打破行政垄断和地区分割，调整出版产业布局，鼓励有实力的出版单位进行跨区域、跨行业合作，尽快培育出一批主业突出、特色鲜明的骨干出版社，从而适应出版产业精准发展的要求。集中更多的资金，采用先进的信息技术成果，建设先进的电子业务平台，进行有序的市场开拓，形成企业的核心竞争力，在中国出版传媒市场上发挥应有的先导作用，并在东北亚区域市场上能够代表中国特色出版的形象，在开拓国内市场和参与国际竞争中发挥独特作用。

　　三是对出版传媒企业进行股份制改造和上市融资，通过产权主体多元化增强发展实力。股份制是现代企业制度的基本形式，它一方面明晰了产权，实现出资者、所有者与企业法人财产权的分离，从根本上解决对国有资产人人抽象占有，实际无人负责的问题，使资产运营效率大大提高；另一方面，拓宽了融资渠道，以一定的存量资产或增量投入就可以控股支配社会资本，实现规模效益和资本增值。我们的出版社都已随集团转制，要"趁热打铁"，积极推进股份制改造，可以通过吸引市场资本参股，建立规范的股份制公司，实现股权结构多元化，壮大资本实力，将企业做强做大。2006 年以来，股权多元结构进入快车道，全国先后有上海新华传媒股份有限公司、四川新华文轩连锁股份有限公司和辽宁出版传媒股份有限公司等一批出版发行公司在香港和内地上市。据媒体披露，经过改制的新闻出版单位，国有资产的增值每年都保持在 40% 以上，有的产值翻番，利润增长在 30% 以上，是没有改制的同类单位的 5 倍左右，效益非常好。资本的多元化整合，使得兼并、重组、跨地区、跨行业、跨所有制经营的市场活动模式在出版领域成为可能，并日趋活跃。当然，上市以后又做什么，所融资金又如何改造传统主业、如何提高产品的赢利能力，更是我们要深入细致思考和研究的，我们要关注上市的出版传媒企业的运营模式和典型案例，用市场化的思维重新审视出版。当前，要借助转企后市场化运作的理念为突破口，用足用好授权经营政策，鼓励出版社和发行单位探索如何相互资本合作、利益捆绑的合作模式，共同有效地开拓图书市场。研究如何吸引大型国有企业和非公有制经济投资出版产业，推动有条件的出版、发行公司上市融资，组建若干股份制大型出版发行企业，使单一的出版、发行模式向多元化的混合型体制转变，最大限度地解放和发展生产力，使企业在市场竞争中做大做强。

　　四是积极"引进来"和"走出去"，通过扩大开放拓宽发展空间。出版业要加快发展，增强国际竞争力，必须坚定不移地走扩大开放之路。一方面，要在自觉抵御西方不良文化渗透的前提下，积极开展引进工作。可选择国际知名出版发行公司进行合作，这样既能引进外资，又能学到先进的管理理念和经验。要大力加强版权引进工作，重点引进高新技术、先进生产工艺和管理科学等图书，吸收先进文明成果。另一方面要以弘扬中华文化为目的，大胆地"走出去"。要切实落实新闻出版对外合作和出口政策，建立健全企业、产品"走出去"工作机制，推动我国新闻出版业同国外新闻出版业全方位的合作与交流。要瞄准周边地区、国际汉文化圈和西方主流出版市场，以推广产品为重点，组织境外书展，努力开拓境外中文出版物市场，并通过书展带动出版物、版权、出版服务和资本走出去。要争取与国际知名大型的传媒集团建立实质性的合作关系，鼓励有条件的出版社积极与海外出版机构合作，以此取得新的技术、新的资源、新的市场，并在此过程中迅速推动我们出版业务模式的转型和发展方式的转变。充分利用国内外两种出版资源，开发海内外两个市场，扩大出版业的发展空间。

五是要突出抓好精品出版，通过产业结构优化升级提高发展质量。出版企业的特殊性质就在于它们是内容提供商。出版产品的质量高低取决于其内容。出版物能否赢得市场，最根本的问题在于出版物是否具有强烈的思想感染力、情感的亲和力、精神的震撼力以及生活方式的凝聚力。只有赋予出版产品这几种力量，才可能是精品，才会得到国内外消费者的认可。精品就是竞争力，就是影响力。陈昕先生在《中国出版产业面临的挑战与对策》中指出："现代出版产业的结构分为大众出版、教育出版和专业出版三大门类。相对而言，专业出版的集约化程度最高。与发达国家相比，中国出版产业这三大门类的结构严重失衡，且呈现出低度化的状况。更为严重的是，中国图书市场中教材教辅的产值比重高达60%，相当多的出版社集中在这一领域厮杀，而很少有出版社愿意在未来前景看好的集约化程度较高的专业出版领域投资。"他认为，政府应通过产业政策的制定，吸引出版企业进入专业出版领域，推动出版产业结构的优化升级，从而实现发展方式的转变和发展模式的转型。出版的各个产品门类都要突出精品战略，从选题规划、产品制造、产品推广到政策扶持、激励机制上都要突出精品意识，鼓励策划和出版更多反映人民主流文化和现实生活、群众喜闻乐见的优秀精神文化产品。2004年长江文艺出版社出版的《狼图腾》，不仅全国畅销热销，十几次印刷，而且英文版权卖了10万美元，法文版、德文版等版权也顺利售出。因此，要大力倡导原创意识，形成尊重创造、敢于创新的良好氛围，组织开发大批精品力作和思想性艺术性可读性俱佳的优秀出版物。大力实施"品牌工程",精心维护好业已形成的、品牌优良的名社名刊和名牌出版物,如我们集团出版社的边疆研究系列、东北地域研究系列等,精心经营和管理好品牌,发挥品牌效应,扩大品牌的影响力和示范带动作用。

六是要抓好科技兴业战略,通过推进出版创新提升发展层次。改革开放 30 年来,我们不仅告别了"铅与火"的出版时代,而且迎来了以数字网络出版、数字印刷为主体的新型出版业态高速发展的新阶段,数字化成为我国新闻出版业技术变革的重要标志。目前,网络等新型媒介正在成为新闻出版业的新生力量,已经引起业内实质性的变化和重视。我们要积极应对,要通过政策引导和扶持,鼓励、推动出版企业在数字网络出版、印刷技术和出版电子商务等方面加大力度,争取在数字出版领域跟上时代发展的步伐,借此,加快产业升级,实行跨越式发展,在数字传播应用格局中争取一席之地,实现从传统单一出版方式向现代多种媒体共同发展的方向转变。

七是主动参与加强出版市场的治理整顿活动,通过维护公平竞争改善发展环境。要通过出台扶持政策,建立专项发展基金,大力培养新闻出版新业态,形成产业群、产业带、产业园区,重点建设一批游戏开发、数字出版、网络出版等创意产业示范园区和基地,为出版产业加快发展创造良好条件。我们出版机构还要积极与出版行政管理部门配合,加强市场监管,花大力气规范出版企业的竞争行为,肃清产业内的侵权、盗版、恶意拖欠等诸种不诚信现象,依法追究其行政、经济和刑事责任。呼吁政府部门继续加大对教辅图书市场的监管力度,全面清理、整治出版发行市场,创造规范有序、公平竞争的市场环境。

总之,发展是出版业的第一要务,只有采取行之有效的措施,才能谈得上加快发展,才能切实提高整体实力和竞争力,也才能让我们行业在时代大潮中立于不败之地。

（本文为作者在黑龙江出版集团出版工作研讨会的上发言,2009 年 5 月）

努力做最好的出版人

遵照省委宣传部干部处的要求，我于 9 月 21 日去北京参加中宣部"四个一批"人才培养工程的培训班。学习时间虽然只是一周，但紧张而内容丰富，收获很大。培训班上，中宣部常务副部长雒树刚作开班动员并作关于中国特色社会主义的辅导报告。蔡武部长就加强文化工作的软实力问题，外交部副部长武大伟就当前的外交形势，国务院研究室江小娟就坚持科学发展观，保持经济社会发展好局面，北京奥组委执行副主任蒋效愚就北京奥运会情况分别作了报告。最后一天，刘云山部长到会，与学员座谈。我作为来自出版业最基层的工作者，能被省委宣传部推荐到"四个一批"人才建设队伍中，感到十分光荣，也非常感谢省委宣传部的培养。这里就学习情况和自己的体会向部领导做一汇报。

一、不断学习，指导实践

通过学习研讨，我进一步开阔了视野，增进了对世界局势和国家发展形势的了解，增强了政治意识、大局意识，感受到党对宣传思想文化工作和人才工作的重视。正如中宣部常务副部长雒树刚作开班动员时说，实施"四个一批"人才培养工程，是党的十六大以来宣传思想文化领域加强人才建设的重大战略举措。几年来中宣部采取多项措施推进这一工作，取得明显成效，这次培训就是其中的一项。其主要任务是以邓小平理论和"三个代表"重要思想为指导，深入贯彻落实科学发展观，认真学习贯彻党的十七大精神，学习中央关于宣传思想文化工作的有关方针政策，进一步坚定正确的政治方向，增强做好宣传思想文化工作的责任感和使命感，开阔视野，提高工作本领和业务水平，更加自觉主动地推动社会主义文化大发展大繁荣。

雒部长在辅导报告中就关于中国特色社会主义理论体系如何把握、如何推动中国特色社会主义向前发展和加强对中国特色社会主义理论体系的学习研讨作了系统的解读。我体会，学习中国特色社会主义理论必须作为一个内在统一的科学体系贯通起来理解和把握，才能真正领会它的历史地位、时代背景、科学内涵、精神实质和根本要求。当前学习中国特色社会主义理论体系最重要的就是深入学习科学实践发展观，着力转变不适应不符合科学发展观的思想观念，着力解决影响和制约科学发展的突出问题，着力建立有利于科学发展的体制机制。而在学习科学实践发展观活动中，宣传思想战线特别是出版业肩负着既要带头认真参加学习实践活动，又要大力宣传科学发展观的双重使命。出版业应当借助改革开放30年来的实践和成果，深入总结各地各部门各行业贯彻落实科学发展观的好经验好做法，从各个方面揭示中国特色社会主义道路对世界经济特别是发展中国家的意义，扩大中国对世界的影响力。

关于文化体制改革这个话题，欧阳坚副部长就深刻认识加快文化体制改革的意义、文化体制改革的进展和出现的问题、改革的重点和如何加强领导保证各项任务完成四方面作了总结性的论述。使我对中央文化体制改革的重要性和迫切性有了更深刻的体会。文化产业是物质资源消耗最少、可持续发展最长的产业，是最符合科学发展观的朝阳产业。而加快文化产业发展的首要条件就是体制改革，彻底改变存在的假企业假市场主体的状态，推进文化产业的深层次发展。蔡武部长就加强文化工作的软实力问题作了报告。事实上，改革开放以来，国家经济建设发展很快，但是文化软实力比较软，文化产业的发展不能满足人民的需求，与国家的发展和世界的影响力差距很大。就图书出版而言，作为从事出版工作20多年的编辑，我经历了出版行业的迅速发展，目睹了全国年出书品种达到20余万种的繁荣景观，感受到了遍布城乡的发行网络。而连锁经营、物流配送等先进的经营方式和业态的广泛应用，印刷业技术装备水平的提高，汉字激光照排技术的使用和网络出版等现代传播手段的积极应用，使得我们出版业的产业化程度不断提高，竞争能力和水平不断提升。但是我也深刻感受到我国出版业急需解决的问题，出书的品种中有三四成是普及性的教材，而且内容重复者居多；一般书籍的内涵，总的来看其现代知识和科技水平，还比不上世界上发达的国家，影响力也很有限，图书的市场化运作水平也较低。所以提升文化软实力必须高度重视，这也是从国家战略决策层面提出的，是中华民族实现伟大复兴的需要。要用科学发展观统领文化建设，要加大力度，扩大影响，要采取硬措施，使文化软实力硬起来。作为图书出版人，更应该真正肩负起提高民族文化传承力，弘扬中华文化的使命。我们出版人有责任出版让外国人了解中国的书，不仅了解中国的历史，还要了解中国的今天。我也联想到我省挖掘宣传利用地域文化资源的工程，这实际上就是站在全球的高度所进行的战略性考虑。

二、深入研究，应对挑战

通过学习和研讨，我体会体制机制的创新给出版业的繁荣发展注入了生机和活力。从出版体制改革的试点省份和单位的发展来看，其发展的速度是惊人的，江苏、浙江、上海世纪和湖南等出版集团的图书出版业的总码洋、销售收入、利润总额和总资产都是以两位数的速度增长。江西出版集团对中国和平出版社有限责任公司的改造，吉林出版集团对中华工商联出版社的并购，辽宁出版传媒的上市，江苏新华发行集团与海南新华书店的重组，拉开了出版业跨地区合作的序幕。这次学习班上，来自全国出版单位的同志共有27人，大家在交流中共同的感受是，体制机制的创新给出版业的繁荣发展注入了生机和活力，但是，随着经济全球化的趋势增强，我们国家的出版业受世界的影响也越来越大。当前无论是经济运行还是出版业发展，都还有许多不均衡不协调的地方，国内出版业的资源整合、出版结构调整和转企改制正在加速进行，传统出版业面临新的挑战。特别是现在出版业成本上升很快，全球领域中出现的金融危机对出版业的影响很大，使出版业的困难更大。在这种全球化、多元化和市场化的背景下，出版业要实现跨越式发展必须通过一种市场模式来实现新的增长。出版业的转企改制，实际上就是在寻求一种新的能参与市场主体的新模式，通过增强硬实力进而提升软实力。因而，出版从业者特别是管理者要用全局眼光、战略思维、大局意识谋划出版业发展，要把所在出版社的发展放到这个大局里来考虑。

三、联系实际，应对挑战。

当前国家出版体制改革的路线图和时间表都已经确定，几位部长在报告中都提到出版体制改革的事。我省出版业的转企改制正在进行中。这是挑战，也是机遇。有些单位和个人采取等政策看方向的做法，会导致"改革疲劳症"，会错失很多机会。在全球市场化程度越来越高的今天，市场不讨论愿不愿意转企，什么时间转企的问题，读者也不考虑图书的出版是不是企业的问题，市场要的是按其规律办事，读者要的就是好书。在这个过程中，我们一方面要相信组织相信上级领导会就改革中各方面的利益问题妥善解决，另一方面，我们基层出版社的发展不能停。要在当前政策允许的情况下推动出版社内部的改革，使之逐渐向现代企业制度过渡。

我任职的黑龙江教育出版社经历了产业迅速发展到进入低迷又到现在实现恢复性增长的曲折变化。伴随着社会大环境的变迁，自 2001 年以后，中小学地方教材连续降价并被国家新课标教材逐渐替换，省编教辅又因"减负"被取消，我社出现了利润持续走低的状态。几年之中，教育出版社的主要经营收入由千万元大幅下降到百万元。2005 年之后，我们提出了以教育出版专业化发展为目标，由单一教育出版单位逐步向教学资源的研究开发基地、生产制作基地和服务基地转变。逐步构建以开发立足本省的地方教材、教辅为基础，以面向全国的大众教育普及类图书和品牌学术图书为板块的立体化的出版格局。按照这一发展目标，我们倾力打造了《黑龙江人文与社会》等 4 套地方教材，始终按照国标教材的要求编写，摆脱传统地方教材的说教和乡土内容的堆积，使其在内容质量、呈现形式、课改理念、教师培训、教学回访、教材评价、课题研究、网络支撑等方面不断探索创新，受到各方面乃至教育部的肯定。今年，国家对农村学生和城镇贫困学生实行政府采购，免费供给教科书。在很多省的地方教材被拿下，过去进入我省的专题教育教材也被清理之时，我社的地方教材在审查中得到好评，全部被列入免费征订书目。与人音社合作的中小学音乐教材不断扩大了使用率，在 2007 年高中新课标教材进入黑龙江省首次选用时，教育社承担的高中音乐教材的市场占有率达到了 90% 以上。为重构我社在省内教辅读物出版的基础性地位，我社全力开发的学生用书《资源与评价》在市场环境极其艰难的情况下，我们以极大的耐力和执著，使其影响力和市场份额不断攀升。教育普及类图书，如《尖尖角丛书》等在积极开拓教育普及类图书市场方面也有了可喜的推进。每册首印数都在 1 万册以上，并都陆续再版。学术图书、大中专教材的选题辐射领域也在不断扩大，国家"十一五"出版规划选题的数量在全省出版社中位居首位，在全国教育社中也居前列。

但是我们更应该清醒地认识到，经过这几年的发展，我社虽然跨上了新的平台，但也面临着更大的挑战。我们是一个规模不大的地方出版社，在变革时期最易受各方面的冲击。从内部看，编印发各项业务的市场化水平都比较低，利润结构单一，教材教辅所占的比例还比较大。这些虽然是出版业的普遍问题，但从长远来看，却是影响出版业发展的桎梏。教育出版社立足于出版教育专业化发展，教材教辅当然必须作为主业，决不能把其划到主业之外。但新教材的建设并不排除一般书的重要性。一般图书的策划必须加大力度。今年 6 月我们进行的内部三项制度改革，其中重要的一项任务，就是要进一步在新教材建设上提升影响力，在一般图书开发和营销上打开新局面。

这次学习对我的触动很大，与来自全国理论文艺新闻出版战线的代表相聚，为他们对事业的负责态度和执著精神所感染，与几大出版集团和走在全国前列的出版社的老总们并肩而坐时，感受到他们对出版业未来发展的信心和追求。我在感到巨大压力的同时，也坚定了把教育社打造成教育出版强社的信念。我想有省委宣传部的强力支持，有出版从业人员的努力追求，有越来越鼓舞人心的体制机制转换，龙江文化产业的发展会更上新台阶的。

（本文为作者 2008 年 9 月 21—27 日参加中宣部"四个一批"人才培养工程第三期培训班后向省委宣传部提交的汇报）

坚守出版精神　助推中国梦实现

党的十八大报告提出扎实推进社会主义文化强国建设的战略任务。习近平总书记在参观《复兴之路》展览时强调，实现中华民族伟大复兴，就是中华民族近代以来最伟大的梦想。他在全国人大闭幕会的讲话中，全面阐述了实现中国梦必须走中国道路、弘扬中国精神、凝聚中国力量。中国梦历史内涵丰富，广大文化工作者肩负时代赋予的使命。出版工作作为社会主义文化强国建设的重要组成部分，如何在实现强国梦中扎扎实实地做出实实在在的贡献，是每一个致力于出版工作的人都应认真地思考研究的问题。出版人应当坚持出版思想，坚持出版精神，坚持出版追求。

一、传承精神

当前整个社会处在转型期，转变经济发展方式是十八大报告提出并在2013年两会工作报告中着重强调的。在发展中促转变，在转变中谋发展，表现了党和政府转变经济发展方式的决心。出版业在这种转变的大框架下，应该认真地思考出版的转变方式。人类能留给这个世界最持久、最具延续性的，就是一代代创造了这个世界的人们留下的科学文化技术，这是最高深、最价值无量的。负责传承这些文明的出版人应该怀着敬畏之心，精心甄别、编辑，像老一代出版家一样，满怀传承的责任，为出版建立标准、设立目标，在知识层面上有背景，在出版上有研究、有角度，耐得住寂寞，吃得了辛苦，并有竭尽毕生孜孜求索的精神。技术的发展、社会的变化改变了出版传承的路径，但是永远改变不了出版传承的使命。从产业层面去思考，在具体运作观念和方式上去跟进，都是对出版传承的贡献。文化是民族凝聚力、创造力的重要源泉。出版经典，弘扬中华民族的优秀文化，传播人类文明成果，激发社会正能量，发挥引领风尚、教育人民、服务社会、推动发展的作用始终不变，是我们坚守传承精神的根本所在。

二、担当精神

伴随着中国文化体制改革的深入，转制后的中国出版业的发展方式、产业形态和市场环境等都发生了深刻变化。但出版中曾必须坚守的担当意识，却在一些出版人心中淡漠了。这些年有相当一部分图书误入了低端制造的行列，比如教辅和少儿图书，本来应是针对孩子年龄、认知程度、学习内容等，写出适合孩子阅读习惯的图书的，但是不知道从什么时候开始，小学文化的人甚至没读过什么书的人都敢来担当主编，拉起队伍，包围学校，卖弄文化。曾是我国低劳动成本、低端制造技术和低科技含量的家庭作坊，竟然延伸到图书出版业，竟然使被绩效考核压得"讲金不顾心"的部分出版人放松担当责任，为其合法准入提供便利。如果我国的制造业只为快速获利而没把登上大雅之堂作为目标，那么，当从煤炭经济到石油经济再到已经开始的数字经济变革，当工业化重返欧洲，制造业重归美国，中国制造成为历史时，我们的出版业还要重蹈覆辙，始终得过且过地处于全球出版产业链下游的位置。肖启明在他所作的《大学出版精神与大学出版社的发展——中国大学出版发展文化研究》一文中指出，大学出版精神首先是"文化建设承担精神、求真与超越精神、打造特色品牌与企业经营服务精神"。其实，这不仅是大学出版的精神，也是整个出版业所应肩负的出版精神。毋庸讳言，出版的最终产品是由读者购买、以物的形式呈现的商品，出版精神中必然含有商业精神，但是这种商业精神应是商业担当精神，是要担当起对买主的社会责任的。

三、梦想精神

18世纪后半期到19世纪中叶发生的第一次工业革命，是以平版印刷和蒸汽机为代表的，带动了企业系统管理，提高了劳动者的学习能力。19世纪下半叶至20世纪初发生的第二次工业革命，以电信技术与内燃机为标志，把人们带进了石油经济和汽车时代，催生了消费文化。目前人们热议的"第三次工业革命"被认为是互联网技术和可再生能源的革命。回顾历史，每一次工业革命带来的不仅是技术的创新和生产水平的提高，更重要的是促进了文化教育等社会各方面的变革，是社会创新、技术创新和体制创新的结合。而在每一次的变革中，出版业都有其发展的机遇。那么在智能化、网络化的第三次工业革命到来之际，我们要看清经济发展大势和前所未有的科技进步浪潮，要感受到信息的高速膨胀带来的传媒方式的变化，要在延续两千多年的纸质图书受到新媒体的强烈冲击下，认识到纸质图书的编辑工作，包括编辑思想、技术手段等都将发生许多变化。出版人不能停留在惶恐之中，而是要把人类的梦想用到出版中，用到调整出版结构中，让出版稳步前行。我们要看到虽然图书的印数在下降，但是网上阅读的人数在激增，这说明人们的阅读兴趣并没有减少，只是方式发生了变化，更喜欢方便阅读和个性化阅读。

"新媒体深刻改变了人们获取知识、传递信息、鉴赏文化的理念、渠道和方式，给新闻出版业带来了前所未有的挑战，同时也带来了前所未有的机遇。"（蒋建国在全国新闻出版工作会议上的总结讲话）出版曾经是最具有创意的事情，在这个技术快速发展、使人充满梦想的时代，心存梦想，才能飞得更高。我们一定要使纸质出版进入信息技术的高速公路，让出版的传承精神在新的路径上更好地走下去，得到更大的弘扬。

四、协同精神

在我国，出版业的格局是比较整齐划一、分工明确和地域化的。各地方同类的出版社，在自己的触角范围内经营着自己的小天地，业界的书博会等为大家搭建了交流平台，但也仅仅局限于相互展示产品，真正的协作并不多见。比如，在纪念雷锋逝世 50 周年和毛主席为雷锋题词 50 周年时，有报道说与雷锋相关的图书就达 300 多种，"选题角度各异"，"满足各层次读者的阅读"。300 多种图书中一定有精品力作，很好地挖掘和弘扬了雷锋精神。但是，如何从 300 多个角度去传播雷锋精神呢？其中就没有跟风之作吗？让读者如何快速去选择呢？过去一套中小学教材统治全国，大家都相安无事；教材多样化后，教材的地域选定之战就没停止过，而教辅选用更是狼烟四起、乱象丛生，这种情况从出版业延伸到教育界，一本《新华字典》伴随在几代人的身边，但是当国家财政出资要为中小学生配置时，各种形式的字典纷纷登场，甚至有的寻找各种理由偷梁换柱。说到底是利润成为人们关注的最大出版目的，也变成了出版人之间相互设防、不能坦诚相待的最大原因，成为出版精神无法坚守的最大障碍。出版行为是融于社会同时又可超越社会的。出版连接着作者和各行业读者，又是有创作导向和社会期待的，是最能体现社会协同精神的。在线上可以链接交流，在网上可以阅读出版。甚至不用印制、没有库存的当下，我们其实面临的最大竞争已经不是业内的竞争，而是与业外的竞争，出版业应该基于社会各业态的需求和变化同心协力，响应社会期待，以独特的策划创造超越时间的品牌，延续业已构建起来的千年的书写传统，珍爱出版的价值。在这方面，中国出版集团走在了前面。从 2004 年起，中国出版集团在立足于整合所属出版单位经典图书资源的同时，联合全国各家出版社，出版了《中国文库》，实现出版业跨地域、跨单位的优势资源互补与合作共赢，为出版业的协同发展提供了一个很好的范例。

五、创新精神

有人说中国的发展已经进入了最考验耐力的相持期，在经济结构调整中，谁能够创新路径，谁就可能是下一个健康发展者。就出版业而言，科技对传统纸质印刷的挑战已经开始，特别是 3D 打印技术的出现，使创意与成品之间减少了视觉之差，让个性化、特色化的创意可以变成现实，定制化生产会帮助人们满足不同需求。技术的革命迫使出版业必须换一种思路去思考以往熟悉甚至依赖的出版路径，包括对新技术、新模式的掌握、应对变革所必需的出版者素质的提升、现有的图书市场环境体系的建设等方面。纸质图书传播和记载信息的任务已经被削弱，甚至报纸提供时讯消息的功能都被弱化，新的传媒技术会让纸质图书有更深刻的变革，那就是纸质图书会在留存价值、内容创造、阅读多元、诠释魅力、工艺赏析等方面大放异彩，留住读者。同时，出版者还要考虑尽快借助新媒体技术保持纸质图书的价值。比如，以中国儿童分级阅读研究成果为核心的在线阅读能力测评、对应阅读水平的图书推荐指导的中国青少年多媒体阅读推广平台项目，正由接力出版社启动中。依托已有出版资源的整合，使在市场有影响力的图书品牌，从纸质载体延伸到网络或手机的成功几率就会很高，线上线下相互依托，凸显优势。

目前，国家对生态环境日益重视，那么出版业的文化生态环境建设也不容忽视。"出版文化深刻地涉及中华民族文明运行的方向、方式和气象"（见柳斌杰为《出版文化丛书》所作的总序），出版文化生态的建设直接影响人们的观念，决定公民的素质，改善出版发行的环境，进而体现国家的文明程度。一个出版大国，应该是文明大国、出版生态环境良好的大国。如果仅仅靠数量堆积起出版大国的体积，却不能在国民素质和国家形象上显示文明程度的内涵，那是出版人的耻辱。所以巩固出版内容优势应该是新业态乃至整个出版业发展的基础。出版业无论怎样优化升级，其积累和传承的意义都不会改变，都应该是使出版精神更好地升级，更好地用出版人的力量把文化融入民族的血脉、人民的精神家园中，在富强国家的建设中表现美丽国家的面貌，进而真正缔造美丽富强的国家。出版精神应该是每一个出版人坚持并在追逐中国梦中率先觉悟、努力践行的。

（原载《中国编辑》，2013 年第 3 期）

从边疆学术出版到边疆数字化出版

在现代民族国家框架下，疆域的界定是一个重要的历史过程和政治过程。边疆的稳定不但突出地表现为边疆和谐社会的构建问题，而且是国家领土完整、主权独立的表现。由于历史与现实的原因，中国与周边国家之间仍存在着一些显现或潜在的热点，外国对华的宗教、文化等也影响着我国边疆的安宁和稳定。中国边疆是历史上中国边疆的继承，探索历代中国边事产生和发展的全过程，剖析不同时期边疆施政的动因与成败得失，总结历代治理边疆的经验教训，进而从新的角度探寻统一多民族国家发展的历史规律，以及中华民族强大的向心力、凝聚力的历史渊源，不仅能极大地丰富中国边疆史地研究的学术内涵，而且在推动国家统一、民族团结以及边疆地区稳定和发展、弘扬爱国主义等方面，均有着重要的现实意义。

黑龙江出版集团旗下黑龙江东北数字出版传媒有限公司牵头建设的"中国边疆研究出版传播平台"项目，将建设成为一个汇聚中国优秀边疆史地科学学术资源的海量数据库，数据库中包含古今中外有关中国边疆的档案、文献、研究论著等十万种（卷、册、篇），并为广大学者、相关科研机构、高校和企事业单位提供权威学术信息服务的数字出版平台。

一、项目预期目标

"中国边疆研究出版传播平台"首先以国内外庋藏的档案文献，以及国内外出版发行的边疆史地论著为收集整理对象，以国内外权威研究机构的资深专家为依托，运用国际学术数据库设计的先进理念和技术，广泛整合包括学术期刊、论文、著作、报告、讲座、课件、图片、音视频资源，及学者信息、学术机构信息等各种学术资源，集边疆的学术出版发行、在线研讨、各边疆研究机构相互链接、中国历代边疆文化于一体的综合服务平台。"中国边疆研究出版传播平台"主要收录国内外有关中国边疆的档案文献，以及国内外出版发行的边疆史地学术论著、通俗读物、调研报告等。

"中国边疆研究出版传播平台"计划使用多语言建设并传播，以"空间"为基本维度计划划分为"东北边疆研究文献资源库""北部边疆研究文献资源库""西北边疆研究文献资源库""西南边疆研究文献资源库""海疆研究文献资源库"。在"空间"维度的基础上，在"时间"和"人物"两个维度上进行补充完善，进行资料整理和数据标引。平台划分为六个子库——"边疆民族数据资源库""中外界务数据资源库""边疆行政建制数据资源库""边疆研究专家与机构资源库""边疆研究期刊资源库""边疆研究图片资源库"，逐步形成资料全面、内容权威，并能实时反映我国边疆史地科研水平的国家级大型知识数据库。

"中国边疆研究出版传播平台"项目借助中国边疆研究资源与数字出版相结合的优势，通过文献整理、编辑加工、数字技术转化、网络出版等环节，将各类中国边疆文化精粹资源进行统一整理加工，最终进行数字化存储，将中国边疆精粹内容进行科学保存，并通过网络、手机、iPad 等展示给大众，逐渐实现多种语言版本同步传播。"中国边疆研究出版传播平台"项目集信息的开放性、终端的扩展性、运用先进的技术实现在数字空间接触到中国边疆研究的可能性于一体，以满足不同群体的需要。该平台充分将数字出版技术和边疆内容资源相融合，争取成为数字出版技术多元化利用的良好典范。

二、项目背景分析

自秦汉以来，历代中原王朝都十分重视边疆的经营，花大气力，倾注国力治理和经略边疆。历代边疆发生的重大边事和中原王朝在边疆的施政，又往往深刻地反映着历代中原王朝国势的兴衰和治国的得失。近代以后，中国沦为半殖民地半封建社会，在列强的入侵蚕食中，处于边缘的中国边疆首当其冲地陷入深重的灾难之中，边疆的安危又与国家的生死存亡紧密联系在一起。至 20 世纪初，中国边疆在瓜分的狂潮中被列强分割为各自的势力范围，为进一步占有或吞食中国的边疆地区，列强先后在所控制的中国边疆地区策划和制造"边疆独立"运动，酿成了中国边疆地区持续产生分裂活动的祸根，遗祸今日。所以，反对和抵制列强的侵略和宰割，维护边疆的统一和领土完整，成为国家根本利益的组成部分，在这种背景下，我们研究边事（或边患）和边政的政治意义便更加凸显。

边疆在历代中原王朝及其与之平行的各类政权疆域内，均处于相对特殊的地带，其政治、经济、文化的发展又往往处于特定的历史条件之中。通过对历代中原王朝及其与之平行的各类政权边事与边政的系统、全面的研究，有助于依据历史事实，深入探讨历代中原王朝及其与之平行的各类政权的治边政策，并在"藩属""羁縻"、割据与分裂的界定、不同类型的社会经济在边事中的意义和作用、民族和宗教等问题上，有所突破。

从理论意义上讲，边疆研究是对历代中原王朝及其与之平行的各类政权边疆重大事件历史过程的考察，是对其边疆施政的理论分析，在此基础上探讨中国边疆历史发展变化与历代边疆治理的规律。历史上人类社会往往是在矛盾出现与化解的交替中发展的，社会发展的矛盾既有普遍性的，也有相对特殊性的。作为中国统一多民族国家的组成部分，边疆有其自身政治社会发展方面的特殊矛盾，相应国家在政治社会发展中的各种普遍性矛盾也往往会程度不同地反映到边疆地区。此外，还有国家与边疆在发展中相互之间形成的矛盾等等。边事的发生，往往是上述三类矛盾激化的结果。而不同时期的边疆施政和治理，则是历代中原王朝及其与之平行的各类政权通过行政举措，或强力控制来化解或缓和各类矛盾。所以，系统地研究历代边疆历史的发展，剖析历代边疆的典型案例，深入探讨历朝的边政与治边之策，在中国通史研究中占有十分突出的地位；而从理论上梳理和辨析影响历代边疆发展的各类矛盾及其变化，是探索和深化边事、边政研究的关键所在。

首先，随着经济的高速增长与内地能源的匮乏，边疆地区的发展和稳定与否已经成为中国今后能够顺利发展的重要因素。

边疆省区占国土面积的60%以上，同时又是我国大多数少数民族的聚居地。由于特定的历史条件，古代中国边疆历史的发展具有与内地不同的特点；步入近代后，西方列强环伺，处于前沿的边疆地区又饱受渗透侵略、领土丧失的痛苦；在旧中国，割据战乱频仍，社会动荡，民不聊生，由此致使边疆地区社会经济的发展长期落后于内地中原地区。新中国建立以后，党和国家对边疆和边疆少数民族的发展倾注了诸多心血，给予了特殊的政策和各种优惠措施，边疆地区的社会经济和各族人民的生活水平迅速提高。但是，特殊区位及诸多条件的限制、旧中国遗留下来的种种遗患或弊政、社会经济发展的长期滞后，使我国大多数边疆地区在总体上处于欠发达状态；改革开放以后，如何在政治上进一步维护国家统一、维护边疆地区政治与社会的稳定，如何加快我国边疆地区社会经济的发展、尽快改变和缩小与内地的差距，如何进一步加快边疆作为我国战略资源后备基地的建设，如何尽快改善和提高边疆各族人民的生活水平，都成为我国的政治和国计民生的重要问题。加强对我国边疆地区历史与现状的研究，为党和国家制定边疆发展大政方针提供参考服务，成为改革开放初期我国社会科学工作者的重任之一。

其次，伴随着中国日益与世界接轨并逐渐成为世界大国，国际社会特别是周边国家对中国社会发展的影响愈益突出。

由于历史与现实的原因，中国与周边国家之间仍存在着一些显现或潜在的热点，如中蒙两国关于成吉思汗归属、中俄中朝中印等国之间的国际河流航行及污染、中国与东南亚诸国间的铜鼓文化发祥地、中韩两国的印刷术等的发明权归属、端午节等重大节日的历史渊源、中日中韩之间的专属经济区与岛礁划分、中印两国未定国界等等问题的分歧和争议日渐凸显。还有一些深层次的紧要问题，如外国对华的宗教渗透、文化侵略等也影响着我国边疆的安宁和稳定。伴随着我国经济规模的扩大，进出口物资不得不依赖海运，海洋已成为我国经济发展的生命线。同时，我国日益向海洋国家迈进，蓝色国土业已上升到制约中华民族能否复兴的地位。所以，涉及与周边国家关系的相处与一些边界历史问题的困扰，以及敌对势力的渗透破坏和分裂与反分裂的长期斗争，又使我国部分边疆地区在政治上不时呈现出一些风波。

因此，在这样的背景下，建设"中国边疆研究出版传播平台"项目对于研究中国边疆发展规律、总结历史经验教训、传播边疆文化、促进边疆稳定等方面具有重要的意义。

三、项目发展的意义和必要性

（1）顺应市场需求，推动学术出版产业数字转型的必然选择。

搭建"中国边疆研究出版传播平台"是有效整合边疆历史类出版资源，提高产业集约化规模，带动学术出版产业完成数字化转型，最终实现业态升级，实现振兴学术出版产业的远大目标的必由之路。项目将搭建"云出版平台"，开发协同编撰系统，构建学术著作数字出版新流程，实现一次制作，多元发布，并无缝整合 SNS 社区、电子商务、博客、维基等互联网功能，为学术出版数字化全流程综合应用提供产业协同支撑平台。

（2）利用数字技术，聚合并管理好国家学术资源的重大工程。

"中国边疆研究出版传播平台"项目将利用先进的数字技术，聚合并管理好国家学术资源，是保护国家学术资源、维护国家学术安全的重大举措。项目的建设，将有效防止我国优秀学术成果的"外流"，提高我国学术资源库的服务能力，提高国际竞争力和影响力，扩大市场占有率，有效对抗国际大型学术资源库厂商对中国学术出版市场的巨大冲击。

（3）创新学术服务，推动学术交流与文化创新的重要桥梁。

"中国边疆研究出版传播平台"项目将顺应数字时代的学者等专业知识用户需求，提供涵盖学术资源服务、科研管理服务、学术信息服务、学术交流服务等方面的一系列符合数字时代的全媒体学术产品，为广大学者更好地进行教学和科研提供服务，并打通学者、学术与社会各方需求的通道，为扩大学者的社会影响力、发挥学术研究成果的社会价值充当桥梁作用。

四、国内外有关该项目的发展现状

对于边疆的重点研究也才是近些年的事情，目前专注于边疆研究方面的大型数据库还没有，见诸媒体的也只是某一机构基于自己研究成果的数字转化，或者是研究机构图书馆的电子扫描版，供内部查阅便利。但是在线学术平台却方兴未艾，这也为"中国边疆研究出版传播平台"的搭建提供了参考。

最近 50 年，全世界产生的知识量约占人类社会知识总量的 90%，人类科学知识增长的速度不断加快，19 世纪是每 50 年增加一倍，20 世纪中叶是每 10 年增加一倍，当前则是每 3—5 年增加一倍，而有些尖端领域和新兴学科，甚至每 2—3 年就增加一倍。随着数字技术不断介入出版领域，学术平台中在线学术期刊呈现爆炸式的发展，据 Tenopirl 的研究显示，2003 年 11 月，全球在线学术期刊为 11000 种。Kurata2005 年 1 月的统计结果为 16364 种，2008 年 11 月全球在线学术期刊为 29405 种，而 2010 年 1 月 10 日检索的结果则为 32401 种，在短短的 6 年多时间里，全球在线学术期刊增加了 1.9 倍，是 6 年前的 2.94 倍。

随着服务于学术的商用平台不断的进步，在线学术研究在快速发展及不断提高质量的同时，也在着力拓展其服务功能。如开展定制服务、推送服务、存储服务等多种形式的个性化服务，满足用户的多种需求。通过在线学术服务平台、发送电子邮件等方式实现编者、作者或专家的网上信息互动交流。目前学术平台提供的用户交互功能主要有实时咨询、期刊推荐以及意见反馈。如 Wiley 为用户提供的 "Customer Support" 不仅可以搜索常见问题，而且可以通过 "Live Chat" 实时咨询数据库客服人员；另外，它还提供 "Ask a Question" 和 "My Wiley InterScience Support" 两项功能，允许用户向在线学术平台的客服人员提问，并保存个人的问题及答案，客服人员如对问题答案进行更新系统会以通告的形式通知用户。此外，通过数据推送技术，在线学术平台还可以将已注册用户需求或定制的有用信息及时发送给用户，甚至直接推送到用户的桌面，实现主动服务。①

当前学术出版（尤其是重要学术期刊）逐步被若干大出版商垄断，科研人员的研究成果成为出版商牟取暴利的工具，由于这些暴利及其造成的昂贵价格，严重地限制了科学研究成果的传播和交流。随着网络开放存取运动的蓬勃开展，实现科学资源、科学研究成果的开放共享，有助于提高信息的出版和传播速度，全开放、无时空限制的获取能满足科技人员查阅最新文献信息资料的需求，大大减少科研人员信息获得时间，使他们能够迅速、及时地掌握国内外最新动态。这些免费学术期刊降低了用户获取知识的成本，为用户直接从网上获取原文提供了机会，极大地促进了学术成果的无障碍传播，使全球科研人员不受地域和经济状况的影响平等地获取

① 关于在线期刊的学术研究内容，详见王云娣《全球在线学术期刊的出版现状及发展趋势》，《浙江师范大学学报》（社会科学版）2011 年第 1 期。

信息资源。

目前，人类的科技创新活动越来越密集，科技创新周期不断缩短，科技创新成果越来越多，在线学术研究随着科技创新的加速度发展势必呈现出几何级数的增长态势。与此同时，网络出版技术的发展彻底改变了传统学术交流体系的概念和格局，基于网络新技术的学术交流系统以无可比拟的高速度，交互性，超文本链接，载文量的无限性、灵活性与不断降低的成本迅速冲击着传统的学术交流系统，大大缩短了出版的周期，降低了出版成本。再者，近年来用户信息需求行为的变化催生了国际学术期刊回溯数据库市场，越来越多的出版商将注意力集中在学术性期刊过刊全文数据库的开发上，很多学术期刊均由第 1 卷第 1 期开始提供在线期刊全文。如 Elsevier 卷期最早回溯到的是发行于 1823 年的 The Lancet 的创刊号，Springer 最早回溯到 1854 年，Wiley 最早回溯到 1799 年等。以上三方面因素的交互作用，最终将助推在线学术期刊数量的持续增长。

我国学术文献出版业务范围较窄、产业规模较小，发行量小，诸如博硕士论文、会议论文、专利、科技成果等重要文献，大都成为灰色文献，束之高阁。网络出版是拓展学术出版社会功能、实现出版产业跨越式发展的可行之路，但必须积极而又谨慎地处理好两种产业的利益关系和相关的著作权问题。其中，建设为出版单位和作者服务的各种文献采编网络平台，支持编辑出版部门提高文献质量，提升国际竞争力，是至关重要的项目任务。

五、申报单位简介

黑龙江东北数字出版传媒有限公司依托黑龙江出版集团所属各出版社的优质出版资源，重点打造黑龙江省数字出版基地，是对外合作的重要数字出版接口，具有强大的科研能力，为数字产品研发提供智力保障，集中开展数字出版业务，顺利实现黑龙江省新闻出版业由传统出版向数字出版的转型，促进黑龙江新闻出版产业在新形势下快速发展，从而提高我省文化软实力，推进我省文化产业可持续发展，推动文化大发展大繁荣。黑龙江省东北数字出版传媒有限公司将利用自主研发的全媒体数字出版平台，将以图书、期刊、报纸和光盘为代表的传统出版物形式进行重新定义和组合，存放到统一标准的数据库平台中，建立起跨行业、跨学科、跨媒体的知识网络，通过广电媒体、互联网平台、移动终端进行再出版、再发售。公司的宗旨是打造一个通过互联网、手机、手持电脑等数字设备终端，将传统出版内容以数字图书形式进行传播应用的数字化出版平台，从而实现对传统出版物形态和出版经营模式的一次革命性变革。

东北数字出版传媒公司开展的手机出版、网络出版、多媒体出版、动漫图书、微电影拍摄、专题宣传、软件研发等各项业务，已在业内处于领先地位。通过数字出版平台建设和业务开发，公司目前已经与中国移动、中国联通、中国电信、国内知名数字出版平台签署了战略合作伙伴协议。黑龙江东北网络台是黑龙江省影响力最强、访问量最大的官方综合性网站，具有新闻发布、资讯服务、社区互动、音视频播报、多语种传播等多种媒体功能，日点击量 2000 万次，相继开通了的韩文频道、日文频道、俄文频道和英文频道，四大外文频道构成了黑龙江省最大的外宣平台，目前拥有200 多万新媒体用户。黑龙江东北数字出版传媒有限公司充分整合利用东北网优质的网络宝贵资源，通过网络进行营销推广。

（"中国边疆研究出版传播平台"项目几经边疆研究专家论证，被集团确定为数字化发展项目，并于 2014 年入选新闻出版改革发展项目库，2015年获得国家文化产业专项资金支持。本文是 2014 年 2 月 8 日作者作为项目的发起人和负责人，率领项目团队在论证会上的部分汇报）

传统出版媒体与新媒体融合发展

推动传统媒体和新兴媒体融合发展，已经上升到国家战略层面。传统媒体人从排斥、忐忑到关注，进而表现出前所未有的热情，预示着传统媒体的新技术革命正快速到来。2014年4月，国家新闻出版广电总局和财政部联合发布《关于推动新闻出版业数字化转型升级的指导意见》，提出"通过三年的时间，支持一批新闻出版企业，实施一批转型升级项目，带动和加快新闻出版业整体转型升级步伐"。并确定了四方面的主要任务目标：一是基本完成优质、有效内容的高度聚合，盘活出版资源；二是再造数字出版流程，丰富产品表现形式，提升新闻出版企业的技术应用水平；三是实现行业信息数据共享，构建数字出版产业链，初步建立起一整套数字化内容生产、传播、服务的标准体系和规范；四是促进新闻出版业建立全新的服务模式，实现经营模式和服务模式的有效转变。并在2014年文化产业专项资金中对申报的新闻出版转型升级项目给予了资助，既为推动传统新闻出版媒体的转型指明了方向，又采取了实质性的支持和推动措施，力度之大前所未有。

黑龙江出版集团也开始积极部署，要求出版单位结合自己内容资源和出版方向积极应对。实际上，集团在2012年就成立了东北数字出版传媒公司，负责集团内出版资源的数字化整合业务。虽然因为多种原因没有快速达到预期效果，但是数字化的理念和导向亦被各出版社所关注。我到集团后，根据集团的实际情况，牵头策划的资源聚合与应用示范项目入选2014文化产业资金支持项目，中国边疆研究出版传播平台项目也入选2015年文化产业资金支持项目。前者是按照总局指导意见，利用技术手段搭建资源管理系统，把集团的出版内容资源进行有效管理和盘活；后者是在资源有效管理的同时，依据边疆特色资源建设专业资源数据库，为形成全新的专业化服务模式探索新路径。

实际上，互联网已经以一种全新的技术形式，正把地球乃至宇宙中的万事万物连接，形成一个纵横交织的快车道，在我们看到或看不到的空间驰骋，并日益成为这个社会的基础性支撑，以不断变化的姿态推动社会的发展。在这样的互联网时代，资源的开放、机会的开放、合作的开放都呈现给每个站在快车道上的人，快车的大门在向所有人开放。能否及早搭上并且搭准适合自己的快车，探寻适合自己前行的路径，直接影响了传统新闻出版媒体未来的格局。这里仅从这两年的思考和尝试的实践角度，和大家交流一下传统出版业在新媒体爆发时代的应对策略，以期让各位专家学者了解并支持传统出版人向新媒体融合。

第一，坚持出版专业特色，把自己的最"长板"发挥到极致

在经济学原理中有"木桶效应"，是讲桶的容量是由桶的最短的那块木板决定的，提升和补齐一块块短板很重要。但是在当今的互联网世界中，往往取胜的是伸出自己的最长板，引起他人的注意，获得更好的合作。在传统出版领域，大多数传统出版社都经历至少 30 年的发展过程，形成了自己"长板"的出版专业特色，也在社会中建立了良好的声誉。特别是在互联网存在信息过度的环境下，读者面临着信息识别的困惑。传统出版人如果借助信息技术手段，把自己"长板"专业内容提供方面的"长板"声誉迁移到网络出版，使读者在互联网上保持对出版物的信心，传统出版业借助这种信誉影响力赢得网络市场的机会也就大大提高了。

传统出版的媒体融合，并不是要抛弃传统出版。传统出版在设计选题、把握内容、深度挖掘、持久传承和公信力等方面，有着新媒体无法比拟的优势。传统出版的固有优势，在新媒体融合中已经开始显著提升。从目前三大运营商和网络技术商与出版社的合作条件和分成比例的变化上，已经得到印证。黑龙江出版集团内有 7 家出版社，都堪称专业社，有自己的出版定位和专业出版方向。在互联网时代，集团鼓励各社积极拥抱互联网，借助互联网把自己的专业出版做出更大的影响力，对作者及作品也是一种更好的推介。

第二，珍惜特有出版资源，加快数字化梳理、聚合和应用

如果说在单纯的传统纸质图书中，出版的功能更多的是把作者的作品付梓成书，那么在互联网时代，传统出版单位更要珍惜作者授托出版的图书，因为每一本图书的背后不仅是作者一个人，而且是一段历史，一个故事。要把每一本图书都看作是鲜活的生命加以活用和珍爱。过去出版社只能存留实物图书，万余种图书内容的积淀或许只能使出版社把图书封尘在某个库房或角落里，不便经常查阅，有时甚至被视为占据空间的负担。即便是著作权拥有方的作者或他们的继承人也不一定保存完备，更很难说再利用这些内容资源了。正因为如此，出版社更要以先进技术为支撑，内容建设为根本，借助技术工具把尘封的内容寻觅出来，把一本书容纳不下的背景研究资源和不断发展的成果及时收纳或补充，快速实现对接形成自己独特的信息源，为读者查询检索提供更多的方便。

实际上，不同时期的作品是那个时代的科技、教育、文化、社会等诸多方面的反映，对研究那个时代的诸多方面及当下的发展都具有现实意义，是弥足珍贵的智慧资源。把这些智慧资源借助科技手段数字化并合理地梳理、聚合、分析、活用，使这些智慧资源得以永久保护和便利应用，既活化了原有纸质形态作品，延伸了作品内容的生命力，也丰富了社会智力资源的储备和传播，更使得传统出版社在互联网时代增加了新的服务模式。数字化时代，传统出版始终坚持的"内容为王"的价值观被重新拾起。强调信息技术、互联网思维时并不是忽视内容的重要，尤其是以用户为核心的互联网思维下，技术与内容的相互支撑显得更加重要。

第三，利用传统专业出版优势，构建专业化可信数据智库

20 世纪 90 年代末和 21 世纪初，中国知网、超星、书生之家和方正四大技术提供商，依托传统出版社、期刊社的纸质图书和期刊内容，建立了四大专业数据库，在我国数字出版领域抢占了先机。之后又有多家技术公司涉足数字出版数据库建设，使出版资源竞争愈发明显，也愈发激烈。这一方面反映了专业数字出版资源的潜力和开发价值，另一方面也可看出传统专业出版虽然具有较强专业性，但是传统出版社由于体量小及对数字技术的陌生，在数字出版领域处于被动地位，更谈不上数据库的建设，只能

听凭技术公司去聚拢这些资源。特别是期刊的分散性，使得很多专业期刊不可能做强。有些小期刊社甚至仅仅承担稿件组织工作，把设计排版校对印刷等工作全部由这些技术公司完成，这些技术公司统一技术标准，直接把内容装入相应的数据库中，成为"借壳"的期刊社。

随着出版社的转企改制，出版业加快了发展速度。大型出版集团的组建和股改上市融资、单体出版社的裂变组建集团公司，使得出版业在重视自身企业化信息化管理的同时，也开始重视出版资源的数字化管理。很多出版集团和大型出版社抓住机遇，组建数字公司，迅速整合内部专业出版资源，并集中某一领域优势资源深度开发，力求为读者提供相关专业可以迅速检索且可信赖的数据库，实现由传统内容提供商向网络信息服务供应商的转型。

其实，国际上的权威数据库都是出自大型传统出版集团，如施普林格的农林医药工程法律等学科的领先优势，也使得他们的数据库在这些专业上形成了信息垄断；麦克劳·希尔面向学校和图书馆的访问科学数据库为他们确立了稳定的盈利模式；爱思唯尔旗下的"科学指南"是世界上最大的科学、技术和医学文献数据库；日本农文协的农业数据库，除了面向农民开放外，在公共图书馆和高校图书馆都有很好的反映。他们都是在多年出版资源的积淀、高质量的图书内容和优秀作者的支撑下发展起来的。

第四，边疆出版资源的深度开发，凸显权威独占优势

2001 年我国加入 WTO，加快了融入全球化的步伐。全球化虽然打破了出版信息和市场的壁垒，为不同国家、不同区域的出版人提供了获得出版资源的便利，但是中国出版在计划经济条件下的特殊布局并没有因为全球化和转企改制而改变。在全国 500 多家出版社中，有 200 余家中央及部委级出版社集中在北京，其他各省市出版社的数量大体均衡。在经营内容上，除少数几家走出本区域外，大部分还都是以本地域资源为主，并经营于地方。出版资源的这种原始配置，虽然被视为"不适应国际竞争的需要，应实行重组和兼并以便做大做强"，但是的确在一段时期内缓解了全球化给出版业的冲击，也为地方出版社在互联网时代，抢占本土文化、地域资源并覆盖全国相关领域创造了时机。

黑龙江省地处边疆地区，早在十年前就开始重视边疆地域文化的挖掘和整理，黑龙江的金源文化、赫哲族狩猎等少数民族文化、抗联文化、俄侨文化等等丰富的历史文化资源，都是黑龙江这个区域独有的文化特色。本土独特的文化，独有的资源，一定是在信息服务市场最具竞争力的资源。我们集团很多出版单位也出版了很多研究作品，虽然真正成体系的完整梳理还有待加强，形成地域文化专业数据库的理念还没有建立。东北数媒公司建设的萧红数字化映像馆，为萧红故居增添了鲜活的内容资源。当然距离萧红研究数据库的建设还相差甚远，我们还在努力丰富其内容。我们出版的《中国边疆研究文库》，将边疆研究的作者和内容扩展至整个国家疆域，在边疆研究领域有一定的影响力。以此为基础继续不断扩充的内容资源和作者学者资源，使我们正在建设的"中国边疆研究出版传播平台"的数字化项目成为可能。这些内容资源如果能真正梳理好，深入挖掘好，权威论证好，结构化处理好，专业服务好，一定会备受国内外读者青睐，成为丰富的边疆研究信息资源的传播平台。右信息数字化浪潮猛烈冲击的今天，能够满足个性化需求，依托独特历史文化资源建设的专业数据库，越来越凸显出其最具价值的独占优势，为边疆研究专业化智库建设提供了可能。

第五，协同创新传统媒体资源，搭建互通互融的传播平台

互联网时代，使传统出版不容易直接面对读者的困局变成了可能。有些出版社建立自主平台，采取微信、微博、QQ或天猫店等多种方式，直接和读者对话。最近比较流行的众筹形式，使图书还没有印刷时，就实现了读者的订阅，这都是运用大数据技术和思维挖掘消费潜力的尝试。把对用户信息的收集分析作为出版营销模式创新的重要内容，借助电子商务领域的销售优势拓展用户信息优势，以数据分析支撑的用户需求引导出版准确地定位市场。此外，出版社之间的出版资源聚合和应用也应该是互联网时代要开拓的出版新模式。像知网是把期刊以数字化的形式整合到知网数字平台上，供使用者付费查阅，形成一种利用互联网整合各方期刊资源而盈利的创新模式。还有我们都接触过甚至一直合作的方正阿帕比的书籍电子版内容的整合和数据库建设，也成为各图书馆购置的资源。而书刊电子化后，在新媒体上的传播，使一贯低调沉稳的传统书刊，一跃成为和其他所谓舆论媒体并列的公众媒体，书刊在新媒体下的角色定位被重新诠释。但是这些仅仅是书刊内容数字化的又一种销售和传播形式，只是纸质书刊电子版的集成和快速发酵。即便是《人民日报》正在打造的"新闻中央厨房"，目前也只是重构新闻采编生产流程，升级采编系统，建立统一指挥调度的多媒体采编平台，实现新闻信息采集、多种生成、多元传播，也不是真正意义上的所谓大数据下的数据集成、数据管理和数据分析加工。当然，传统媒体为适应新媒体发展首先要进行流程改造，但这不是新媒体融合的开始，也不是出版与新媒体融合的目标。目前爱思唯尔出版集团建立的30万名高级学者的审稿人团队，是用数据库技术实现的对出版内容选择和评审融合的典范。

有研究者这样认为，"在新媒体环境下，传统主流媒体应成为绘制社会地图的机构、塑造政府形象的载体、公众意见交流的论坛、开启民间智慧的舆论导向、进行社会监督的有力武器"①。做到这一点，其实必须以大数据应用为前提，在海量资源背景下，借助技术手段采集、编辑、拆分、标引、深度加工和有效发布才可以实现。当下，我们集团出版要做的，一方面是应该顺应现代企业管理需要，基于信息化的出版流程再造；另一方面是基于存量特色资源的优势化研究，依据未来发展方向和用户需求偏好，对内容资源进行非线性结构化处理，提供个性化数字出版服务。我现在带领团队进行的就是这两方面的尝试。当然，依照现在集团的实力和投入，我们可能做不了太大。但是在国家文化产业资金的支持下，我们进行尝试，并期待联合学界共同搭建边疆资源数据库的愿景或许还可以实现。

2014年8月18日，习近平总书记在中央全面深化改革领导小组第四次会议上的重要讲话指出，要通过融合发展，使主流媒体科学运用先进传播技术，增强信息生产和服务能力，更好地传播主流声音，更好地满足人民群众的信息需求。2014年10月24日，中央全面深化改革领导小组第六次会议审议了《关于加强中国特色新型智库建设的意见》。习近平总书记强调，需要"重点建设一批具有较大影响力和国际影响力的高端智库"。这是

---

① 骆正林：《媒体多元条件下我国传统媒体的角色定位》，《新疆社会科学》2008年第1期。

十八大以来中央最高层至少是第五次公开强调智库建设，也是第一次从国际影响力的角度阐述智库建设的重要性。在这样大环境下，传统出版人以科学技术、人文思想为创新驱动，积极参与实现各类智库建设的目标成为可能。传统出版人以对内容至上的坚守优势，与新媒体技术主动融合，必然创造互联网时代传统出版的新格局。

（本文是作者在"第五届东北论坛"讨论会上的发言，2015 年 10 月 13 日）

七十载人生路　半世纪中国情

> 说句心里话，我有两个家，
> 一个家在东瀛，一个家在中华……
> 虽然回到祖国，难忘中国的家，
> 是中国的养父母，把我收养，抚育我长大……

　　我第一次听到这首歌时，是在 2015 年 7 月 5 日，在日本东京都台东区的"NPO 法人中国归国者·日中友好之会"的会所里，有很多 70 多岁的老人，充满深情地一遍一遍地演唱……

　　友人告诉我，这些老人都是在日本侵华战败后，被遗弃在中国黑龙江的日本遗孤，当时只有几岁。他们大部分都在中国生活了几十年，回到日本也已经有 30 多年了。他们的孩子在日本上学、工作，基本融入了日本社会。但是，这些老人一直不忘养育自己成人的中国和中国的养父母。有人回到日本后定期给养父母邮寄生活费，还有人把养父母接到日本一同生活，也有人把养父母送终后才回到日本定居。他们在这里排练，是为了在世界反法西斯战争暨中国人民抗日战争胜利 70 周年之际，组成"日中友好之会感恩团"，自费回到中国黑龙江，赴"中国养父母公墓"进行祭扫活动，祭奠含辛茹苦养育他们的中国养父母，希望以此表达对养父母的深切感怀，促进中日两国人民世代友好往来。这首《说句心里话》的歌词，就是他们集体改词创作的，表达了他们对生活了半个世纪的黑土地和中国养父母的怀念之情。

> 说句实在话，我也有情，

中国的恩情比海深比天大，

虽然回到祖国啊，难忘中国的家，

梦中热泪洒，呼唤着中国的老妈妈……

我被这些老人的真情所感动，相约在哈尔滨再相见。

2015年7月11日晚，50余名日本遗孤在日中友好之会会长池田澄江女士的带领下，从大连转高铁来到哈尔滨。12日，黑龙江省外事办及哈尔滨市红十字会、中国养父母联谊会等部门联合举办了欢迎会。会上，遗孤们合唱了《说句心里话》，表演了舞蹈《中国妈妈》和京剧等节目。中方也准备了歌曲、舞蹈和武术等节目。会场气氛非常感人。

13日，遗孤们去了位于哈尔滨市方正县的"中国养父母公墓"祭拜。14日去北京。15日在北京人民大会堂，受到了国家副主席的亲切接待。17日遗孤们返回日本。

日本遗孤的遭遇，充分证明世界上的一切侵略战争必然给人民带来深重的灾难，日本人民也是那场侵略战争的受害者。抗日战争结束后，中国人民以德报怨，帮助百万日侨重返家园，把数千名日本战争遗孤抚养成人，显示了中国人民的博大胸怀和无疆大爱。

在几天的接待和采访中，我一方面对这些不顾年事已高，依然漂洋过海，回报养父母恩情的老人们充满尊敬；另一方面，也深为这片黑土地上善良淳朴的养父母们感叹，为中华民族博大的胸襟所感动。

正是由于对这种人间大爱的感动、感叹和感悟，我建议遗孤们和出版社联手，把见证了日本侵略战争给两国人民带来的伤害、把日本遗孤与中国养父母共同生活数十载的真情实感记录下来，为后人铭记，警醒后人共同珍爱和平，共创友好发展。我的建议得到了各位遗孤的鼎力支持。他们大多年逾古稀，却不辞辛劳，以邮件、电话或视频等方式积极配合出版社。由于受篇幅和时间所限，出版社仅选取了20位遗孤的故事为代表，并以中日两种文字出版，书名为《日暮乡关何处是——我和我的两个故乡》。

在本书策划出版过程中，日中友好之会会长池田澄江女士及白山明德先生、入泽美和子女士等都给予了耐心指导和热情帮助，他们以自己身为遗孤或遗孤二代的经历，经常往返于中日之间，成为中日友谊的使者。哈尔滨市红十字会胡晓慧女士，这位 30 多年来一直关爱中国养父母，热心帮助日本遗孤的老人，让我有了更多的感动。她牵头主导的中国养父母展，不仅在哈尔滨长期展出，而且还在日本进行巡展，以一己瘦弱之躯，架构了一座日本遗孤和中国密切联系的桥梁。

　　日本遗孤被遗弃他乡和中国养父母的育孤善举成为古今中外战争史上空前的事例，也使闪耀着人性光辉的中国养父母和遗孤之情温暖世界，感动更多人。我相信日本遗孤及他们的后代，会把中日友好的故事一代一代讲下去，以他们的亲身经历促进两国民间交流，感动和吸引两国各界人士特别是年轻一代踊跃投身中日友好事业，在交流合作中增进理解、建立互信、发展友谊。使两国人民以史为鉴、面向未来，共促和平发展，共谋世代友好，共创两国发展的美好未来，为亚洲和世界和平作出贡献，让和平之歌唱响全球。

　　（本文系《日暮乡关何处是——我和我的两个故乡》一书后记，黑龙江教育出版社出版，2015 年 12 月。该书是作者为纪念中国人民抗日战争暨世界反法西斯战争胜利 70 周年而组织策划的中日文双语图书）

借助新媒体途径开展普法教育

　　党的十八大将法治作为社会主义核心价值观基本要素之一，强调建设社会主义法治国家总目标，必须把法治教育纳入国民教育体系。党的十八届四中全会通过了《中共中央关于全面推进依法治国若干重大问题的决定》，中央宣传部、司法部发布了《关于在公民中开展法治宣传教育的第七个五年规划（2016-2020年）》。作为数字媒体出版单位，黑龙江东北数字出版传媒公司在充分研究国家政策导向的同时，积极调研市场，着手策划了面向少年儿童的法治教育数字化电子产品——《小公民学法》原创无障碍动画片，以期更好地为法治社会建设做出数媒人应有的贡献。

　　少年儿童是祖国的未来、民族的希望。加强儿童法治教育，使其从小树立法治观念，养成自觉守法、遇事找法、解决问题靠法的思维习惯和行为方式，是全面依法治国、加快社会主义法治国家建设的基本要求，是在儿童群体中深入开展社会主义核心价值观教育的实际需要，也是全面贯彻党的教育方针，促进儿童健康成长、全面发展，培养社会主义合格公民的有效保障。

　　随着社会法治建设的日益完善，聋哑人作为社会生活中的弱势群体，其合法权益的保护越来越受到立法和司法部门的关注。预防聋哑人犯罪则是对其更为基础性的保护。该项目旨在让包含未成年聋哑人的少年儿童群体在遇到危险情况时能够通过法律手段进行自我保护，为立足社会奠定基础。同时，让他们和健全儿童一样树立遵纪守法意识。

　　目前，我国没有为残障儿童制作的法治教育类无障碍动画片。该项目采用原创动画与真人手语翻译相结合的方式，在屏幕一角增设手语演示窗口，使聋哑残障儿童也能轻松愉悦地学法，有效弥补特殊群体儿童缺乏法治学习的空白，为特殊群体儿童同样享受法治教育的普及做出了积极贡献。

动画片共分为三季 37 集，涉及法律 31 部。第一季 12 集，第二季 12 集，第三季 13 集。每集时长约 3—5 分钟，总计时长 140 分钟左右。

创作脚本依据国家教育部、司法部、全国普法办印发的《青少年法治教育大纲》内容，通过三十余个法治生活案例，由法博士分集总结讲解相应的三十余部法律法规。着重普及法律常识，使观众养成守法意识和行为习惯，感知生活中的法、身边的法，培育其国家观念、规则意识、诚信美德和遵纪守法的行为习惯。

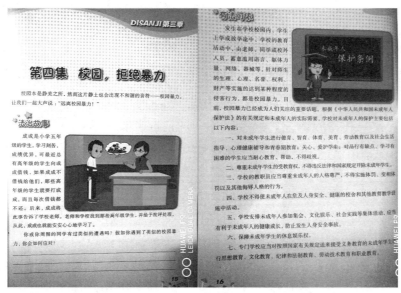

图 1　《小公民学法》文本内容

动画片第一季适用于 6—8 岁儿童，侧重于认知国家象征及标志。小观众通过动画，可以初步了解国家、国籍、公民的概念；初步建立对家庭关系的法律认识；初步建立规则意识，初步理解遵守规则、公平竞争、规则公平的意义与要求；初步建立法律面前人人平等的观念；了解消防安全知识、基本交通规则，知晓常用公共服务电话；初步了解自然、爱护动植物的重要意义。本季包括《天安门前国旗升》《环境保护靠大家》《交通规则我知道》《消防安全记心中》等故事。

排放的大量污水把清水污染了　没有了干净的水源

图2　第一季第四集《环境保护靠大家》

　　第二季适用于9—10岁儿童，侧重于建立对宪法的法律地位和权威的初步认知。小观众通过动画，可以初步了解人民代表大会制度；初步认知主要国家机构，国家主权与领土；了解国防的意义，增进民族团结；初步了解公民的基本权利和义务，简要认知重要民事权利，了解法律对未成年人的特定保护，了解校园欺凌行为并建立防范意识；初步理解权利行使规则，树立依法维权意识，树立有权利就有义务的观念；了解制定规则要遵循一定的程序，进一步树立规则意识，遵守公共生活规则；初步了解合同以及合同的履行，理解诚实守信和友善的价值与意义。本季包括《我是国家公民》《宪法在我心中》《人人生而平等》《我们的保护伞》等故事。

　　第三季适用于11—12岁儿童。小观众通过动画，可以初步了解消费者权益保护、道路交通、环境保护、消防安全、禁毒、食品安全等生活常用法律的基本规则。初步认知未成年人能够理解和常见的违法和犯罪行为及其危害和要承担的法律责任。初步了解司法制度，了解法院、检察院、律师的功能与作用，了解我国加入的一些重要国际组织和国际公约。本季包括《法庭内外》《是非善恶有尺度》《寻求法律保护的途径》等故事。

　　无障碍版动画《小公民学法》，让听障儿童也能通过真人手语演示"看懂"法治动画故事，使其和普通儿童一样领略和享受动画艺术，维护听障儿童获得法治知识的学习权利。该项目有效弥补特殊群体儿童法治学习的空白，对特殊群体儿童接受法治教育以及引导动画产业关注残障群体具有积极促进作用。

　　该项目还将在完成后，持续深度拓展各个专集内容，特别是与少年儿童学习生活密切相关的内容，如校园欺凌、消防安全、禁毒教育等专题内容，并在自有网站、亲子阅读微信公众号上广泛宣传，也期待与教育和公检法等机构网站合作，加大普法教育活动的推广力度。

　　（本文是作者作为策划和主持者，带领项目团队在 2017 年 7 月黑龙江省有关部门召开的法治教育项目论证会上的发言，该项目后来被纳入省内普法宣传活动中，并获得 2018 年国家出版基金资助）

加快整理和保护东北老工业
档案文献的重要意义

　　东北地区是我国工业发展较早、基础比较雄厚的地区，从 19 世纪末东北开埠设厂到新中国成立前，东北地区已经积累起比较丰富的工业资源，打下比较扎实的工业基础。新中国成立后，作为国家最为重要的工业基地，东北地区为新中国现代工业基础的奠定和现代工业体系的建立立下了汗马功劳，东北工业一度被誉为"共和国长子"。"出机器、出经验、出人才"，大力支持全国的工业建设，是党中央对东北寄予的期望，东北工业也以自己的重大贡献为党中央交上了一份优秀的答卷。

　　改革开放以后，东北地区成为改革开放大业成本的承担者，所担负的指令性计划时间之长、任务之重，全国其他地区无法比拟。随着改革开放的日益深入和社会主义市场经济的发展，东北工业遇到了一些困难，出现了一些问题，不仅未能再现昔日辉煌，而且在全国的经济位次还不断下滑。

　　进入新世纪后，中央启动"振兴东北"战略。2003 年 10 月，中共中央、国务院发布《关于实施东北地区等老工业基地振兴战略的若干意见》，明确了实施振兴战略的指导思想、方针任务和政策措施。2004 年 8 月 3 日，中央政治局常委、国务院总理温家宝主持召开振兴东北老工业最高规格的会议，明确指出，振兴东北老工业基地，是党的十六大提出的战略任务之一。中央支持东北地区等老工业基地加快调整和改造，用新思路、新体制、新机制、新方式，走出加快老工业基地振兴的新路子。"振兴东北"战略提出后，一系列战略规划、指导意见和配套政策相继提出：2009 年 9 月，国务院发布《关于进一步实施东北地区等老工业基地振兴战略的若干意见》；2012 年 3 月，国务院批复东北振兴"十二五"规划；2014 年 8 月，国务院印发

《关于近期支持东北振兴若干重大政策举措的意见》；2016 年 5 月，国务院印发《关于全面振兴东北地区等老工业基地的若干意见》。政策力度不断加强，指导意见渐趋具体，东北老工业区的振兴也逐渐得到全社会的普遍关注。

东北老工业地区有丰富的工业资源，经过一百多年特别是新中国成立后几十年的建设和积累，留下了丰厚的工业财富和重要的工业资料，一些工矿企业虽然经历了迁址或破产等种种变迁，但其发展过程中的档案文献、机器设备、厂房遗址乃至光辉历史、企业精神等，都成为重要的工业遗产，是开展工业史研究以及在新时期激励企业艰苦奋斗、创新发展的重要资源。

认识到老工业遗产的历史价值，对老工业遗产进行保护和再利用，已成为一项国际性的文化事业。欧美一些老牌的工业化国家如英国、德国、荷兰等，对工业文化遗产的保护与开发投入大量人力物力，将这些工业文化遗产视为其国家的历史象征和骄傲，并积极推动国内的工业文化遗产入选世界遗产名录。我国政府和民间也越来越重视老工业遗产的保护与开发，一些工业遗址已经成为文化教育基地或文化产业园区。例如原沈阳铸造厂翻砂车间改建为中国工业博物馆，北京的原 798 工业园区已成为国际知名的时尚艺术区。但是，目前很多老工业档案文献整理保护不足，特别是倒闭的老工厂，其档案文献处于散落状态。借助信息化技术手段，对东北老工业的档案文献进行系统梳理，便于全方位、多角度研究老工业历史的电子文献库更未见到。

东北作为中国经济四大板块之一，在"经济新常态"的今天破解困局，实现振兴，赶超东部地区，不仅是东北民众的殷切期盼，也是中央高度关心、孜孜以求的目标。欲了解今日之东北，必先了解昔日之东北。因此，回顾和梳理东北地区工业发展的历史，具有现实的意义。

首先，回顾和梳理东北老工业区的发展历史，能够提振东北发展的士气，增强发展信心，鼓舞东北振兴的干劲。东北老工业区曾经辉煌的历史、蓬勃向上的创业氛围，是今天东北地区实现振兴的精、气、神。东北老工业区雄厚的工业资源，是今天谋求产业升级的坚实物质基础，是实现创新发展的底气。历史上，东北工业曾经是新中国这辆机车的发动机，诞生了100 多项全国第一，强力推动了新中国的工业化建设。东北的工人阶级和工业企业，为我国解放战争、抗美援朝以及"三线建设"奠定了坚实的物质基础，为全国的工业化贡献了大量的人力、物力、财力，援建了大量企业，如一汽援建二汽、一重援建二重、鞍钢援建攀钢等。东北在新中国工业体系建设中支援了全国，为我国形成完整的工业体系作出了不可磨灭的历史性贡献。"大庆精神""铁人精神"是新中国艰苦创业、顽强不屈的精神象征。东北振兴，需要有这样的精、气、神，需要有这种不服输的劲头。

其次，回顾和梳理东北老工业区的发展历史，能够增强东北的凝聚力。通过对东北老工业区发展历史的回顾和梳理，可以比较全面地展现东北工业的辉煌历史和当今面貌，让更多人深入了解东北老工业区的历史和现状。东北地区国土面积占全国的1/7，人口有1亿多，能源资源、环境承载、产业基础、科教人才等支撑能力较强，虽然近期发展出现了一些困难，但投入的边际效益仍然很高。特别是东北制造业基础好，装备制造业、原材料产业和国防科工产业在全国具有特殊的战略地位，部分企业的技术装备水平达到了国际先进水平，产品也具备与国际同行竞争的实力。这是东北地区的优势和机会，向更多人展示这些优势和机会，可以凝聚人心，让东北地区的干部群众更有信心，提升历史自豪感，同时也可以间接起到吸引资金和人才回流东北的作用。

再次，回顾和梳理东北老工业区的发展历史，能够推动工业史研究，推动对东北老工业区的文化挖掘，形成智力资源。东北老工业区丰富的历史资源还没有得到足够的重视，相关的工业史研究还存在明显不足，这与东北老工业区的历史地位是不匹配的，而且也难以为当前的东北振兴战略提供足够的智力支持。东北地区一部分工矿企业经历了破产倒闭和迁址重建，档案文献、生产设备、厂房遗址正在一点点消失，对这些重要的历史遗产进行抢救性保护需要全社会提高认识，需要引起专家学者、政府官员乃至普通民众的重视。对东北老工业区的发展历史进行回顾和梳理，能够吸引更多的人关注，以推动老工业区历史文化资源的开发与利用，促进工业史研究，提高老工业区的文化价值。

（本文是作者在2016年9月10日作为策划和主持者，带领团队在黑龙江省文化产业项目调研会上的汇报。东北老工业档案文献整理项目入选国家新闻出版"十三五"规划，相关的数字化项目入选新闻出版改革发展项目库，电子音像产品获得2018年国家出版基金资助）

以边疆研究为例的知识服务平台

黑龙江出版集团 2015 年申报的"中国边疆研究数字化出版传播平台"（以下简称"边疆平台"）项目，获得国家文化产业发展专项资金支持，我作为项目的策划和负责人，在带领项目团队实施过程中思考了很多。借此阶段性研讨会召开之时，和专家学者们交流，期待共同研究，做好此项目。

一、关于边疆平台构建的思考

黑龙江出版集团旗下的黑龙江东北数字出版传媒公司（以下简称"数媒公司"）承担着边疆平台建设项目。数媒公司依托出版集团内容资源的积累和收集的自有资源，把学术研究与大数据相结合，作为构建边疆平台的基础。该平台的设计理念充分贯彻"互联网+研究+文化"的发展方向，其核心功能包括：利用互联网把边疆学学者联系起来，针对同一问题组成讨论组展开学术交流与合作，从而加速新学术成果的产生；发布学术动向报告，便于学者及时了解领域内的学术思维动向，从而提高其对学术热点问题的敏感性，等等。在这些过程中，平台收集用户产生的信息并对其加以处理，进而为多方提供知识服务。值得一提的是，借助大数据相关分析技术，该平台还将学术研究内容与社会大众联系起来，在利用社会公开信息服务学术的同时，对学术信息进行深度加工，用以服务普通民众。

在边疆平台建设中，我们发现，近年来边疆学研究领域不断有来自法学、国际关系学、社会学、人类学等学科的研究人员加入进来，它已经不再是这些学科的一个共同研究方向，而逐渐成为一个需要专业知识和定向培养的独立学科，而不同于目前已经逐渐定型的传统学科。由于不断有不同的学科加入到研究中来，这个学科的知识体系正处于一个开放成长的状态。这对我们构建边疆学相关产品提出了挑战。经过多方研究和求教，我们与相关专家达成了一致，决定把利用技术手段为边疆学提供相应知识体系作为整个知识服务平台的前提条件纳入视野。

这部分工作首先是建立维度，边疆学研究专家根据研究需要确立几个重要的研究维度，如边疆、海疆、国家、中华法系、国际法、丝绸之路等。我们结合产品搭建的实际情况对这些维度进行考察，为了内容展示方面的需要，加入地区和时间两个全局的因素。每个维度下设二到三级分类，每个分类下设若干关键词标签，使整个体系更加适合制作成数字阅读类的知识服务产品，如学术型主题数据库发布平台。

二、关于用户需求与产品形态的思考

学术型的主题数据库发布平台，是一种常见的学术型数字出版产品。对于学者型用户而言，这种产品的存在价值在于为其提供海量的相关领域研究资料。也就是说，它实际上是知识生产的工具。

为了给学术型用户设计数据库发布平台产品（以下简称"平台产品"），我们进行了一对一访谈式的需求调研。在调研中，我们发现几乎全部的学者专家，对主题数据库的第一个需求都是内容质量。用户的这一需求确实是产品需要优先保证的部分，但它对于产品设计本身并没有足够的参考价值。所以在用户需求调研中第一需要注意的是从用户实际使用产品的目的中挖掘用户对产品的使用意图，从而最终确立产品形态。例如，对于学术型主题数据库发布平台的用户而言，使用主题数据库发布平台的目的是为写论文查阅资料，而他们写作论文时通常使用的工具是个人电脑，这决定了产品的载体应该以 PC 平台为主。

在用户调研中，我们发现学者用户普遍关注三个方面的问题：一是引用位置是否准确，二是检索起来是否精确，三是同行之间对内容的分享是否简便。我们决定把解决这三个"痛点"作为产品设计的重要参考。

首先，关于引用功能。通常情况下，平台产品会把资料以全文数字化的形式发布，这一来满足了全文检索的需求，二来方便用户对内容进行复

制，但因此也带来了引用位置难以确定的缺点。因为经全文数字化的内容是流式的，其排版、分页会因浏览器界面大小的变化而发生变化，因而往往与资料最初的排版格式不同。而根据论文写作规范，作者在引用材料时必须严格注明内容来源，并精确到所在页码。为了解决这个问题，我们加入了"带出处复制"功能，这样无论在任何时候，用户都能方便准确地了解自己所引用的文字在原文中的位置并复制出来。

其次，关于检索功能。学者用户比较看重检索功能是否精确，但在深入细致的交流中我们发现，他们对于检索精确的要求与我们通常的理解并不相同。在我们的需求调研中，多位次要用户（相关领域研究生）表示，自己在硬盘里存储了大量的内容资源，但由于没有做过系统的分类，所以每次需要写作论文时必须到网上重新检索相关资料。在这两个叙述的对比中，我们发现系统分类与检索对于学者用户来说在一定程度上是相通的。所以，一套可靠的、用户可参与的分类工具能够很大程度上解决这一问题。

最后，关于分享功能。在需求调研中，我们发现很多学者，尤其从事教学工作的学者，有较强的分享内容的需求。他们分享内容的操作往往是先在 PC 端建立一个文件夹，然后把需要分享给其他人的文件集中存放在这个文件夹中，最后一并发给要分享这些内容的对象。这种分享方式对于可以全文下载的数据库而言是自然的，但当数据库是以可在线全文浏览的形式呈现，用户就很难通过同样的方法达成分享功能。基于这个原因，一套方便易用的分享系统，对用户使用这一数据库大有助益。

实际上，要开发一个主题数据库发布平台，还有一些其他细节需要顾及，我们认为让用户能够切实感到这个平台产品便于使用，并最终习惯于将其作为生产工具才是最重要的。只有在平台产品作为生产工具受到用户的充分认可之后，我们才能获取到足够的信息开展接下来的工作。

三、关于从信息获取到知识服务的思考

当用户开始使用平台产品，我们就可以开始从信息获取到知识服务的工作了。其具体流程如下图所示：

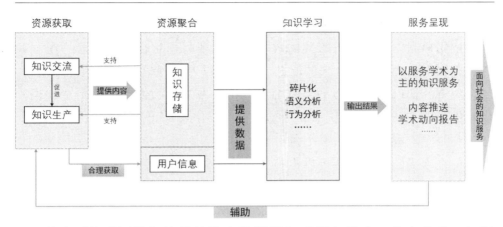

　　整个系统采用的仍然是传统大数据服务"服务供应—信息获取—知识挖掘—服务增殖"的传统路径。系统会根据服务协议，在用户使用系统提供的基础服务的过程中，记录他们的使用数据。结合上文提到的功能，我们可以让用户在使用平台产品时能够提出"意见"，起到参与其中的作用。例如，常被检索的特定词语将成为数据库与固定标签；使用频率较高的标签，经过相关专家的审核列入专有名词库，等等。总的来说，用户的使用数据丰富了数据库本身的维度，让整个数据库的知识体系更完整。这些经过用户丰富的数据库中的内容，经过碎片化、语义分析、行为分析等工具的加工处理后得出的结果，可以作为知识产品输出。

　　用户经常分享的标签、查阅的内容乃至所做的标注中提取的关键词，可能在一定程度上反映了用户的研究动向。经过对复数用户的研究动向的分析，我们可以生成学术研究动态报告，为研究机构和个人把握学术研究动向，掌握研究领域内最新研究成果提供参考。这个报告还可以是高度订制化的，比如一所学校可以申请专门针对本校学生的研究动态生成报告，从而了解本校学生的学术意向。学校教研部门甚至可以据此调整、安排教学进度。

四、关于从内容管理到作者管理的思考

　　出版社一个常见的误解是，把存量的书籍当作自身的资源优势抓住不放。而实际上，传统出版社最大的优势资源在于多年与作者合作过程中得到的信任和口碑。换言之，我们应该把作者当成出版社的核心资源看待。

然而，这部分重要的资源内容却很少被真正有效地管理起来。互联网行业当中把用户当作资源进行管理的成功经验是值得出版行业认真学习的。我们利用知识服务平台收集来的信息，以及可以追踪的学者相关的公开信息，结合现有的知识体系，为平台内每一个学者做知识画像。把一个个知识画像收集起来，形成智能作者库。这样的一个作者库可以为我们提供服务，乃至利用作者资源提供如下便利。

一是为我们寻找作者提供支持。在一个热点事件发生之后，编辑可以根据事件的属性在作者库中找到相关领域的专家。作者库还可以根据作者的研究和写作水平为作者排序，从而为编辑抓住选题提供便利条件。

二是定向培养作者。整个知识服务平台可以根据学者的研究领域、个人爱好定向为其推送研究相关的内容，学者自身也可以查看自己研究内容在整个知识体系中的位置，寻找自身不足。这个过程实际上是在作者的配合下，做定向培养的过程。

除此之外，作者库的建立还能为学术领域选拔人才提供数据支持，由此实现出版和学术相互促进的良性发展。

五、关于向学术以外领域服务延伸的思考

平台产品可以把服务延伸到学术研究以外的行业，如边疆的旅游业。随着国民素质的提高，旅游热点开始从过去的风光旅游、休闲旅游和购物旅游，向历史文化旅游转移，特别是边疆旅游方兴未艾。通过边疆数据库内已有的内容分析整理出一份边疆地区较为有名的历史文化背景报告，为当地旅游业从风光旅游向历史文化旅游做背书。这些内容来自权威的数据库，具有较高的准确性，对于景区挖掘自身文化价值，乃至从风光旅游到人文旅游的转型升级，都能起到积极的促进作用。

另一个可能产生较大价值的方向是为影视剧拍摄提供支持。最近几年，我国影视剧行业发展迅猛，这势必导致影视剧行业转入买方市场。随着观众的口味逐渐变得挑剔，市场对于历史题材影视剧的服装、道具，乃至史实细节的考据精确程度的要求必然会升高，而现状是国内能够充当此类作品历史顾问的人才储备不足。利用知识服务手段，从知识库中提取相应素材形成报告，则可以为影视剧拍摄提供有益参考。

历史文化领域的内容资源对于非研究领域而言也具备较高的利用价值，因而这类题材的平台产品商业前景相对较好，可以用商业收入反哺学术研究，所以更有较高的开发价值。

六、关于边疆平台重要价值的思考

首先是国家战略价值。当今我国的广阔疆域中，无论是陆疆还是海疆中的一些部分，与周边国家或多或少存在着划界的争议。而这些争议往往是源于边疆历史上的争端或一些事件，需要通过对中国疆域热点、难点问题的深入研究和传播，使人们更加清楚地了解历史上有关边疆问题的由来、发展的历史脉络。建立一个好的知识服务平台，服务边疆学研究，为感兴趣的学者提供一个了解该领域发展动向的平台，培养一批理论性强的高素质人才，有助于阐明我国在边疆争议问题上的立场，为我国在有关的国际争议中的正当要求提供历史依据，驳斥国外的谬论，维护国家主权。

其次是学科发展价值。根据一个恰当的知识体系搭建知识服务平台，运用现代各学科研究理论与方法的多样性，为边疆学研究提供丰富的研究课题与新颖的视角。通过对中国边疆演进历程全面、系统、科学的研究，不仅可以廓清中国疆域形成、演变中的诸多理论问题，丰富中国史学的学术内涵，而且有助于探索中国统一多民族国家的发展规律，有助于正确阐释历代治理边疆的成败得失，有助于促进边疆地区的稳定和发展以及维护民族团结。

再次是经济实用价值。基于边疆学研究的学术型知识服务平台建设有数个领域的经济收益。一是对于学术研究者的支持，本身可能带来直接的经济效益。二是学术生产的过程中产生的知识产品，可以转化成书籍出版，平台管理者本身对这些内容较为熟悉，可能成为作者的首选合作对象。三是知识副产品对其他行业的支持，如历史文化相关研究的资料可以为旅游业提供重要的参考。

最后是转型示范价值。我们现在正处于一个知识更新十分迅速的时代，国内、国际不断有新的现象发生，这其中有很多是现有的学科囿于自身知识体系的不足难以给出合理解释的，可以想见不久的将来会有许多新兴学科、新研究视野被创造出来。我们为边疆学走出的这条从知识体系生成到知识服务产品搭建的路径，可以套用到其他新兴学科当中去，从而为更多的知识领域制造更多的可能。

知识服务，作为出版行业的发展方向备受瞩目。在具体实现方面，已经有了很多成形的案例可供参考，然而把知识服务具体推广到学术研究领域还有很多需要摸索的地方。作为数字媒体出版人，我们非常盼望能与专家学者携手，共建学术方向的知识服务平台。

（本文是作者作为项目策划和负责人，带领项目团队于 2016 年 12 月 29 日在边疆平台建设研讨会上的汇报）

在第七届东北论坛上的致辞

六月的哈尔滨清风送爽、鸟语花香。今天，百年老店马迭尔宾馆群贤毕至，高朋满座，作为第四届中俄博览会的重要组成部分——第七届东北论坛在这里如期举行。在此，我首先代表黑龙江省政府对论坛的隆重召开表示热烈祝贺，向前来参加本次论坛的专家学者、各位来宾表示热烈欢迎并致以诚挚的敬意，向长期以来给予黑龙江出版业，特别是边疆学术出版大力支持的专家学者们表示衷心感谢。

中俄博览会既是中国"一带一路"建设与俄罗斯欧亚经济联盟深入对接、合作的平台，也是两国联合打造的开放包容的国际合作平台，特别是为推动东北亚国家的经贸合作发挥了积极作用。本届中俄博览会以"激活合作热点，推动创新发展"为主题，已有74个国家和地区的近1400位中外嘉宾参会，参展国达到43个，比第一届增长一倍，呈现出蓬勃发展之势。

东北作为我国的边疆区，是"一带一路"的重要组成部分，是连接东北亚各国的重要节点，在中蒙俄经济走廊建设中具有无可替代的地位。特别是"龙江丝路带"，已被国家纳入中蒙俄经济走廊，黑龙江"西连欧洲东出海"的大通道已经打开，并将在"一带一路"建设中发挥越来越重要的作用。

本次东北论坛以东北亚新格局下东北边疆与区域合作为主题，非常切合"一带一路"建设和振兴东北老工业基地战略，论坛的内容非常丰富，既涉及边疆政治、经济、历史、宗教、国防，又有对边疆民族、语言、教育、文化等领域的深入探讨；既研究边疆学学科构建，也探讨互联网+边疆研究；既研究陆地边疆，也探讨海洋边疆。这充分体现了边疆研究学者拥有强烈的时代使命感和责任感，也充分体现了专家学者深厚的学术功力和严谨的科学研究精神，对我们扩大对外开放，加快振兴发展具有重要意义。

东北论坛已在黑龙江举办三届，纳入中俄博览会的议程也已两届，通过专家学者的交流研讨，产生了一批具有较高水平的研究成果，对我们很有启迪和借鉴作用，影响日益扩大。黑龙江东北数字出版传媒公司作为承办方之一，承办这样的高端学术论坛，推进了出版界与学术界之间交流合作新模式的发展，使学术研究与产业发展有效对接，促进产学研的协调发展。我们希望东北论坛的这种合作模式能够持续下去，也希望能继续搭建好这样持久交流沟通的平台，为各位专家学者提供服务，也为促进东北地区经济、社会、文化发展作出新的更大的贡献。

最后预祝本次论坛圆满成功！祝大家在黑龙江心情愉快！

（本文是 2017 年 6 月 16 日，作者代表作为承办方的黑龙江东北数字出版传媒公司在第七届东北论坛上的致辞。为了使数媒公司承担的中国边疆研究出版传播平台项目更好地得到边疆研究专家学者的支持，作者和东北论坛的发起者于逢春教授协商，从 2015 年开始，联合浙江师范大学等高校，在哈尔滨举办东北论坛。该论坛得到了省政府和出版集团的重视，省政府副秘书长田恃玮到会祝贺，长春师大、齐齐哈尔大学和东北石油大学积极参与协助承办。边疆学者们的热情参与，促使东北论坛持续进行，也为边疆平台项目注入了资源保障和智力支持）

关于出版行业大数据应用的几点思考

大数据应用在各行各业正呈现越来越热的趋势，出版行业也不例外。那么，出版行业如何结合自身实际和特点、做好大数据应用，进而推动行业更好更快发展？这是出版业需要认真研究并积极进行探索的急迫实际课题。结合国内外的实践和探索，笔者有以下思考。

一、大数据的渗透

2008 年年末，三位信息领域资深科学家，卡内基梅隆大学的 R. E. Bryant、加利福尼亚大学伯克利分校的 R. H. Katz、华盛顿大学的 E. D. Lazowska 联合业界组织计算社区联盟（Computing Community Consortium）发表了非常有影响力的白皮书《大数据计算：商务、科学和社会领域的革命性突破》。该文使得研究者和业界高管意识到大数据真正重要的是其新用途和带来的新见解，而非数据本身。

2011 年，麦肯锡在题为"海量数据，创新、竞争和提高生成率的下一个新领域"的研究报告中指出，数据已经渗透到每一个行业和业务职能领域，逐渐成为重要的生产因素。而人们对于海量数据的运用将预示着新一波生产率增长和消费者盈余浪潮的到来。

大数据概念自问世以来，便以惊人的速度融入社会生活的方方面面，从电商服务到智慧城市，从日常娱乐到教育学习，凡是能产生数据的地方，都有大数据的身影。

Amazon 网上书店运营之初，专门建立了一个由 20 多人组成的书评人团队，专门对书籍进行在线推荐和评论撰写。这个团队承担了 Amazon 网络图书商城的产品推广，并一度成为读者买书的指南。一些书评人因见解独到、评论风趣，其推荐的书都会受到读者的追捧，客观而言，书评人团队对Amazon书籍销量起到了巨大的作用。但当Amazon逐渐涉足云计算大数据服务领域，越发意识到大数据对产品行销产业链的重要性之后，通过对用户的大数据分析，迅速构建起了Amazon购书推荐系统。这个系统能够自动向用户推荐经数据分析后，其最有可能会买的书籍。经过实践，这套基于亚马逊自有数据分析基础之上建立的购书推荐系统，很快起到了比书评团队更好的效果，书评团队从此解散。

Amazon网上书店是大数据技术在图书销售环节使用的经典案例，但实际上大数据技术在其他出版环节的应用前景还没有得到充分的展现。

二、大数据应用的前景

1. 辅助选题策划

传统出版社做选题策划，通常要听取一些发行人员的建议，或者发放调查问卷，但是综合这些信息而产生的选题与实际的市场需要常常会有偏差。如果对了解或以前使用过相关产品的客户数据进行分析，就可以实现精准策划。比如对一些社交平台和电商平台提供的用户大数据进行分析，便能在其中寻得规律。筛选出一些关注度高的话题作为备选选题，筛选出较为活跃的有话语权的人物作为作者，通过分析用户的个人信息确定目标读者，从而实现精准策划。目前，已经有很多方便的开放工具可以为我们的选题策划提供帮助，如微博的微舆情应用等。

2. 实现精准营销

销售领域本来就是大数据技术的长项，它可以为精准营销提供海量的数据，以此建立起更加精确的市场定位与分析，高效地寻找客户。通过收集用户的性别、年龄、职业、爱好、地理位置等个人信息以及用户的浏览记录、收藏记录、购买记录、评价记录等信息，利用推荐算法，出版社可以为每位顾客提供一个独一无二的在线商店。为一位新生儿母亲展示育儿类书籍，向一个慢跑爱好者推荐有关肌肉锻炼方面的内容。这种推荐式的电商服务，在点击率和转化率上极大地超越了常见的未定向内容。

除了较为简单地根据用户的购买历史记录以及相关信息向其进行特定商品推送之外，前文提到的Amazon还会在筛选出合适的目标消费者之后，将营销信息设计和包装，然后通过各种形式传达给目标客户。

营销决策应在数据分析的基础上做出，从而更加科学和精准，实现营销的新发展。通过用户数据的积累和挖掘，可以分析用户行为规律，准确地描绘其个体轮廓，为用户提供更加个性化产品和服务。

3. 拓展蓝海市场

蓝海，即未知的市场空间。把书卖给平时不读书的人，是出版行业拓展未知市场的必由之路。认为读书人是出版社的用户，这个想法本身没有错，但受这个思维限制，会使出版社丧失相当大量的潜在用户。举例说明，为什么不能给一个经常购买阿司匹林的用户推荐一本关于禅学的书。未来，通过深挖每一部图书的价值，结合电商现有的用户画像，建立出版业专属的营销标签体系，我们能够找到一种精准的营销方法，能为每一份内容找到合适的新受众，即把各种书籍送到平时不读书的用户手里。这对出版行业提出了新的要求，因为我们的潜在客户的阅读习惯很可能不足以支撑他通篇阅读一部完整的专著，这就要求我们对于图书内容要进行更精细的处理和改编，把图书变成音频、视频，把语言叙述变成图表，把特定章节做成独立文章，凡此种种，都是为了把书籍的内容以恰当的形式送到用户手中。只有这样，出版社才能真正抓住这个行业的蓝海市场。

4. 知识服务

励德·爱思唯尔集团首席战略官白可珊认为："未来专业出版的方向就是整合我们的优质内容，将这些内容数字化，然后通过技术进行分析，为专业人士提供解决方案和重要见解。"利用大数据，配合自然语言分析技术，以及行业本身的特点，出版社可以涉足一种全新的出版形式——知识服务。

数字出版的初级阶段中，出版社把纸质内容数字化，放到网上供用户查阅。而随着技术的革新，出版社有机会把内容拆散，进而结构化，利用计算机为每一个段落打标签，从而实现知识服务。基于与前面电商体系相类似的机制，出版社可以为一个领域的用户推送精准到段落的内容信息。

三、大数据应用的现状

1. 出版社数字转型不完全

美国学者维克托·迈尔-舍恩伯格在《大数据时代》一书中写道："出

版社没有看到数据化的需求，也意识不到书籍的数据化的潜力。"可见，数字化转型的不完全，以及数字出版意识的缺乏并非中国出版业独有的现象。值得欣喜的是，随着出版业数字化转型的深入，很多出版社已经完成了存量图书的数字化转换。但内容的数字化只是数字化转型的第一步，至关重要的一步是出版流程的数字化。只有出版流程实现数字化，出版社才能达成数字内容生产的标准化，从内容开始生产的时刻收集数据，同时进行结构化。只有这样才能实现上文提到的精准营销和知识服务。

2. 缺少数据分析人员以及适当的数据获取途径

出版行业需要分析哪些方面的数据？如何分析？这些方面的内容，不了解出版的数据分析人员找不准，出版编辑也不知道。培养一批掌握数据分析能力的出版编辑是目前的当务之急。此外，出版社一般都会遭遇比较严重的数据回流问题。因为绝大多数电商并不向出版社提供全部信息，找到有效的数据回流途径是出版行业实现大数据利用的当务之急。

3. 出版从业人员的综合素质有待提高

前文提到过的，出版行业拓展蓝海市场，对出版从业人员的综合素质有了更高的要求。为了拓展蓝海用户，我们必须考虑融合出版的各种可能性。编辑需要通盘考虑每一部稿件，适合以什么样的形式展现给读者；并规划未来营销过程中，同一稿件的不同的展现形式要如何彼此影响，形成互相助推的效应。在这之后，他还要把这部稿件改编成适合这种展现形式的脚本，监督不同形式产品的质量是否能达到出版的要求。这些与传统的编校流程截然不同的工作内容，对于出版从业人员的个人素质，提出了严峻的挑战。

四、可能的解决办法

1. 国家标准的全面推行

CNONIX 国家标准的推行对于出版行业而言是一次良机。CNONIX 标准统一规范了我国出版物流通领域图书产品信息描述与交换格式，满足出版者通过互联网向发行者（批发商、经销商、零售商、网上书店、其他出版社）、图书馆等终端客户及其他任何涉及图书销售的供应链上贸易伙伴传递图书产品目录信息，采用 CNONIX 标准可发布丰富的图书信息内容。分销商、批发商、零售商或图书馆需要从供货方获取出版图书产品元数据，用以充实图书产品目录或向客户提供图书产品目录。采用该标准可全面、及时、准确地传递图书产品信息，并作为图书馆编目基础。

该标准的全面采用，可以部分解决目前出版行业大数据应用面临的数据回流困难等问题，但更彻底的解决办法在于迫使经营者尤其是线上经营者使用这一标准并与出版行业共享这些数据。

2. 加强团队协作能力的培养

在传统出版领域，责任编辑往往一个人决定一部作品的方方面面，从选题策划到配合发行部门进行市场营销。可以看出这种状况已经不适合现在的出版形式。在未来，出版社无论是尝试做融合出版去拥抱蓝海用户，还是打算做垂直领域的知识服务，都必须构建相应的团队，用团队分工缓解个人能力不全面带来的负面影响。例如，一本轻松的儿童读物可能需要一个主策划与作者沟通，并统筹各环节的运转，制订营销策略；一位剧作编辑把内容改编成漫画、动画片、有声读物；一位美术编辑把控不同产品的美术风格，等等。而一个完整的知识服务项目，也需要一个总策划来做项目整体把控；一位产品经理来研究需求，并设计产品功能；相应领域的专家也应被请到项目团队中来，负责知识体系的建立，等等。这一切都需要出版行业的从业人员尽快掌握团队协作能力，才能得以实现。

笔者认为，出版从来都是一个技术前沿行业。从人开始在甲骨上刻字，实际上出版便已经开始，因为它已经体现了把知识盛放在载体上传播出去的全过程。后来随着时代的发展，出版经历了竹简、纸张，直至硬盘和云空间；而所用到的记录形式，也从刻画到书写、印刷，直至计算机程序。出版企业应该认清的一点是，全部的出版企业相加并不等于出版行业，广义的出版行业终将紧随时代的步伐，应用最前沿的技术为人类服务。能不能跟上这个时代潮流，直接决定出版企业本身的存亡。我们必须要端正态度，向其他领域，尤其是互联网行业学习，才能挽救我们自身。

（原载《中国新闻出版广电报》，2017 年 12 月 25 日）

日本推动少儿读书活动的实例

有媒体报道说日本人喜欢读书，其实是与日本政府重视通过读书对国民进行有效教化作用相关的。日本政府一直在持续推动读书，并在不断的尝试中，使读书推广活动做得更加系统化、有效化，甚至程序化。这里简单梳理一下日本战败后开始的读书活动，并以川口市为例，介绍政府和社会是如何共同推动读书活动的。

1947 年开始，日本确立了每年 10 月 27 日至 11 月 9 日的两周为日本的"读书周"，此项活动一直持续至今。

1948 年 2 月，日本制定实施了《国立国会图书馆法》。《国立国会图书馆法》在序言里提到了设立图书馆的理念是为了秉承真理，追求思想自由，肩负使命，为各部门以及日本国民提供图书馆服务。

1954 年实施《学校图书馆法》，1997 年又进行了一次修改，规定学校规模只要超过 12 个班，都必须指派学校图书馆员。在《学校图书馆法》的推动下，日本的每个财政年度都会拿出补贴作为学校图书馆的维修费用。

1999 年 8 月 9 日，日本国会将 2000 年定为"少儿读书年"。

2001 年 12 月实施《少年儿童读书活动推进法》，该法将每年的 4 月 23 日定为"少儿读书日"，并确定推进少儿读书活动的相关政策，有了法规保障，政府在少儿阅读的资金投入上大大增加。

2002 年日本出台了《推动少年儿童读书活动基本计划》，具体规定了少儿读书活动的基本方针、推进体制建设、设施建设、政府财政投入等内容，读书推动活动的措施更加具体。

2005 年 7 月，日本国会通过了《文字及印刷品文化振兴法》，将日本读书周的第一天——10 月 27 日设立为"文字及印刷品文化日"，提倡书籍出版，支持出版社的权利和图书馆的建立，营造所有民众在任何条件、任何场所，均能平等享受阅读的权利。

2007年2月，日本文部科学省制定了《新学校图书馆配备五年计划》，拨专款1000亿日元支持读书计划实施。

2008年6月6日，日本国会通过了《关于国民读书年的决议》，将2010年定为"国民读书年"，促使全民阅读。民间阅读推进组织也发表了《国民读书年行动计划》，号召社会共同努力，提高国民阅读率和阅读量。

2010年7月20日成立了"推进国民阅读和作者会议"。该会议的主要责任是讨论国民阅读以及阅读环境的现状和今后发展，探讨公共图书馆和学校图书馆的现状和今后的发展，具体事务由文部科学省生涯学习局的社会教育课负责。

时至当下，日本的读书活动依然持续进行，下面以川口市的调研为背景，介绍其市级层面如何通过制定一系列具体可行的措施，鼓励和促进读书活动的。

坐落在日本埼玉县东南部荒川北岸的川口市，曾经是以铸造业为主的工业城市，人口约58万（2012年）。位于川口市车站的川口图书馆和公民馆在车站旁的一座大楼中，走出车站的人抬头可见。这里平日是晚上9点闭馆，与周边晚上8点闭店的SOGO等商场相毗邻，绝对是使心灵安逸的场所。

川口市为了推进地域的读书活动，根据日本政府少年儿童读书活动相关法律（2001年法律第154号）第9条第2项的规定（见本文后附录），成立了"川口市推进少年儿童读书活动计划研究委员会"，下设各专业委员会，其专业委员会会长，都是由图书馆馆员担任，委员会的日常事务处理也都是在图书馆进行。

由于受现代社会的电子化、信息化和网络数字媒体的影响，日本读书的环境也发生了很大变化。曾经被世界称道的电车上安静读书的情景，也被低头持掌手机的景观所代替。受其影响，也出现了少年儿童远离书籍的倾向。据川口图书馆统计，2014年，图书馆儿童的利用者数，较2013年减少了4.8%。

为了促进川口市儿童读书活动，川口市对儿童读书活动推进计划进行了修订，制定了家庭、地域、学校和政府一体化的读书推进五年计划（2016—2020 年），希望通过"少儿读书周"和"绘本世界""少儿阅读教室"等读书活动，帮助少年儿童培养阅读习惯，形成浓厚的读书氛围。

少年儿童读书活动推进计划（2016—2020 年度）具体内容如下：

第 1 章　基本方针

根据国家和埼玉县的基本方针，本市的少年儿童读书活动推进计划将以下内容作为该计划的基本方针。

1. 使少年儿童身边经常能拿到书并享受读书的快乐。

2. 让父母和少年儿童一起快乐地读书。

3. 提高少年儿童的读书欲望。

4. 提供一个引出兴趣和关心读书的场所。

5. 使少年儿童养成读书的习惯。

少年儿童的阅读活动能让少年儿童自发地产生对书的兴趣，并在其中发现乐趣。

为了创造能够接触良好书籍的环境，有必要丰富图书馆和学校图书馆馆藏，在各机构之间进行合作以促进阅读活动，促进家庭、志愿者团体对工作的协助。努力改进支持以上活动的体制。

第 2 章　促进少年儿童阅读活动的具体方案（措施）

1. 在家庭中推广少年儿童阅读活动

家庭是少年儿童最熟悉的读书环境，在向少年儿童传递读书快乐方面发挥着重要作用。创造一个少年儿童可以随时拿到书，开心地阅读，并且与父母一起享受读书的环境是很重要的。此外，父母可以主动将读书的趣味展示给孩子，可以让孩子亲近读书。在家庭中，关于书的内容的谈话也是要期望的。

需要的措施

◎提供一个少年儿童和书籍接触的场所

·继续进行赠予出生孩子第一本书（绘本）的活动。①

---

① 当公民提交出生通知时，市民所会庆祝孩子的出生祈求健康成长，并赠予绘本或植物作为纪念。

·在图书馆等地区设施①中，提供少年儿童和书籍接触的机会，如故事讲述、手工、演奏和童谣会等。

·在3—5个月婴儿的育儿课中，宣传阅读的重要性。为3岁儿童健康检查以及婴儿咨询场地准备图画书，为儿童们提供一个可以自由接触绘本的场所。

◎创造一个容易亲近读书的环境

·为促进图书馆等地域设施的使用，通过广告和网页等加强宣传。

·利用图书馆原创的读书笔记，使儿童们学会尝试通过自己书写读书笔记来提高阅读的欲望。

◎推广在家庭中讲故事

·根据学校、图书馆等的年龄分配的建议对阅读书目列表②，并鼓励在家阅读。

2. 促进地域的少年儿童阅读活动

在地域中，政府、志愿者、相关机构等合作并积极为孩子提供亲近读书的机会是非常重要的。

（1）市立图书馆需采取的方案

市立图书馆是专业的并且对促进少年儿童阅读活动起直接作用的地方。而且，对于少年儿童来说，这是一个可以随意阅读自己感兴趣的书并了解读书乐趣的地方。这里同样是家长选择想让孩子读的书籍，或者与图书馆员讨论有关孩子读书情况的地方。

努力让少年儿童和他们的监护人轻松使用图书馆，努力提供高质量的服务，改善阅读环境，推进提高少年儿童读书兴趣的事业。

需要的措施

①创造有吸引力的阅读环境

◎改善阅读环境，丰富图书

·选择和收集有吸引力的书籍，并努力丰富能够满足少年儿童求知欲的书籍。

·展出以"虫之书"为主题的书籍，以扩大少年儿童阅读的兴趣。

---

① 中央图书馆、区域图书馆、公民馆和育儿支援广场等。
② 图书馆管理员要选择推介图书并制作宣传册推荐。

· 丰富婴儿角和少年儿童区域①的书籍。

· 根据年龄创建和分发推荐书单。

· 推荐"少儿图书馆""少年交流"等有吸引力内容的书籍。

· 努力为不以日语作为母语的少年儿童收集用外文写成的图画书和儿童图书。

◎举办让孩子们亲近读书的活动

· 举办适合于儿童各年龄段的故事会。

· 举办季节性活动（暑假和圣诞期间故事讲述会）。

◎加强帮助查找参考书的服务②等

· 加强员工的培训和研究，提高图书管理员的专业知识。

· 积极参加国家和地区举办的培训，旨在提高员工素质。

◎支援残疾少年儿童

· 收集适合各种障碍少年儿童的书籍。

· 努力增强盲文书和 DAISY 图书③。

②与志愿者合作

◎对在图书馆和学校工作的志愿者的帮助

· 举办志愿者培训课程和讲习班，帮助在该地区活跃的志愿者。

· 支持为了向孩子们传递书籍的魅力而集体借阅图书的志愿者团体。④

③对市立幼儿园、托儿所的支援

◎创造亲近读书的环境

· 通过集体借阅和图书回收业务⑤来提供绘本的循环利用，使孩子可以获得更多的书籍和阅读乐趣。

· 分发用来推荐图书的书单。

④对小学和初中的支援

◎丰富图书

---

① 对于 13—18 岁的初中和高中学生，要设有适合他们阅读的书籍和杂志的专区。

② 图书馆馆员使用图书馆库中的文档，了解用户需要的信息和材料。

③ 提供数字化的有声读物。

④ 向到图书馆注册的学校、托儿所和阅读故事团体提供借阅服务，每个月最多可借阅 50 册图书。

⑤ 为了有效利用图书馆没在册登记的儿童图书，可以免费向学校、幼儿园、托儿所等提供。

·作为"阅读人才培养促进事业"①，为所有小学和初中提供让孩子易于阅读的书籍。

·根据学校的课程进行量身定制，丰富专门用于集体借阅的书籍。

·为了让少儿的调查学习②变得更加充实，将百科全书向小学生提供借阅。

·通过图书回收业务来提供绘本和儿童图书的循环利用，使少年儿童可以获得更多书籍和阅读乐趣。

◎提供亲近书籍的机会

·随时欢迎到图书馆参观学习，以便于孩子们可以加深对图书馆的了解，促使他们使用图书馆，参加故事会活动。

·派出图书馆馆员到小学和初中，与孩子们进行有关阅读的谈话③，以提高孩子们阅读的兴趣，让他们熟悉书籍。

·为了促进图书馆的利用和开展阅读活动，向小学一年级学生发放"请来图书馆"的宣传单。

◎与学校合作

·为教师和工作人员举办图书馆的讲习班，进一步提高教职员工对"少年儿童读书问题"的知识和兴趣，并将其用于少年儿童教育活动。

·与学校进行信息和意见交流，举办联席会和联合讲习班，大力宣传阅读合作事业。

（2）公民馆等社会教育设施的方案

川口市有33个公民馆，由志愿者团体举行"恳谈会"等活动。科学馆内有一个参与式体验式展厅，孩子们可以真实地观看、触摸、体验展示厅的内容。科学馆还附有一个天文馆和一个天文望远镜，为孩子们提供一个享受科学乐趣的场所。

作为少年儿童身边的设施，进一步加强它作为吸引孩子们阅读兴趣和关注点的地方。

需要的措施

----

① 努力增加少年儿童阅读的机会，创造一个让他们易于亲近读书并享受读书乐趣的环境。

② 少年儿童通过书本查阅、实验观察、体验等收集信息并进行解决问题的学习活动。

③ 根据一定的主题，按顺序介绍几本各种文体的书籍。

◎读书活动资料的提供和丰富

·设立一个推荐阅读书籍的书单。

·与图书馆合作，努力丰富公民馆的图书角。

·丰富科学馆的科学资料，以进一步强化儿童对科学知识的兴趣。

（3）儿童中心/课后儿童俱乐部的措施

川口市有三个少年儿童中心，它们是让从婴幼儿到中学生都可以安全愉快玩耍的场所，同时也作为该地区育儿支援的场所，开展了大量的育儿支援项目。另外，每个少年儿童中心都有一个图书室或图书角。这些图书室或图书角为孩子们提供熟悉阅读的机会，并促进少年儿童的阅读活动。

课后儿童俱乐部，是各小学以"即使家长不在家，也可以使儿童健全成长"为目的设立的，为充实儿童放学后在这里度过的时间，提供亲近书籍的机会。

需要的措施

◎提供和丰富亲近书籍的机会

·儿童中心，图书室或图书角都随时对外开放，提供借书业务。

·接受孩子们想读书籍的要求，积极准备。

·在课后儿童俱乐部中，设置读书时间，让孩子们可以在书的环境中阅读书籍。

◎关于阅读活动的开展

·设立一个推荐书籍的书单。

3. 在学校推进少年儿童阅读活动

在学校，目前为止已经有通过教育活动而进行各种各样的读书活动。学校在少年儿童获取读书习惯方面发挥着重要作用，所有教职员工都应认识到读书活动的重要性并推进工作。

（1）市级幼儿园和托儿所的方案

幼儿园和托儿所可以被视为是婴幼儿与家庭以外的和社会有关系的地方。当儿童学习语言，在情感方面显著发展的时候，通过图画书接触很多词汇是非常有意义的。幼儿园和托儿所应该让孩子们感受亲近书籍的乐趣，推动儿童阅读工作的进行。

需要的措施

◎提供亲近书籍的机会

·活用团体借阅制度，积极利用图书馆书籍。

·通过图书馆馆员阅读故事，并介绍画图书，让儿童和家长亲近书本。

·丰富借阅给家庭的图书。

◎改善儿童可以自由地获取、阅读绘本的环境

·常设绘本角，丰富符合儿童兴趣的书籍。

◎面向家长开展活动的实施

·分发宣传单，宣传幼儿时期的儿童阅读活动的意义。

·在与父母的联系中，传达阅读的重要性，提高家长的阅读意识。

◎日常保育中讲故事，加强交流

·进行阅读故事和讲故事①，使儿童接触书籍成为习惯。

◎与幼儿园和托儿所互相交流，交换信息

·交流有关儿童通常接触的绘本的信息，并对儿童的实际情况以及有关阅读绘本进行研究。举办包括图书馆馆员参与的联合研讨会。

（2）小学和初中的方案

对学校来说，使在不同成长阶段的孩子们树立爱读书的态度，养成读书习惯是很重要的。

出于这个原因，推动学生齐声读书和在学校的讲故事活动，丰富学校图书馆功能，促进创造一个学生们可以主观和积极地读书和学习的活动环境是很重要的。

需要的措施

①推进与市图书馆的合作事业

◎活用"阅读人才培养促进事业"借阅的书籍

·使少年儿童可以自由轻松地获得书籍，积极参加读书活动。

◎活用团体借阅制度，充实有效的学习活动

·使用团体借阅制度，并利用书籍促进学习活动。

◎加强学校与图书馆的合作和信息交流

———————————

① 记住故事并讲出来，然后交流。

· 充分交流信息，让孩子们可以有广泛的读书指导。

· 为孩子创造阅读的契机，在图书馆制作宣传单分发。

· 为了提高孩子们阅读的意愿和亲近书籍，图书馆馆员要写"书评"。

◎参加图书馆举办的研修班，提高教职员工素质

· 增强教职员工对书籍的阅读和阅读意识，并在教育活动中培养喜欢读书的孩子。

②全体教职员工全局意识的树立

◎学校图书馆工作人员①（专职人员）的配备

· 每所学校要配备学校图书馆工作人员，并支持学生读书活动和调查学习。

◎以图书管理员②和图书主任③为中心开展校内研讨会

· 增强教职员工对书籍的阅读和阅读意识，并在教育活动中培养学生喜欢书籍和读书。

③改善环境让少年儿童亲近读书

◎推进数字化书籍系统的导入

· 为了充分发挥学校图书馆的功能，推动馆藏信息化的管理。

◎促进学校图书馆标准④的实现

· 依照儿童各种的兴趣和爱好，努力改善丰富图书室⑤。

· 活用由图书管理员、图书主任和图书馆员创建的书单。

④活用学校图书馆和丰富图书

◎有效的选书/购买

· 参照由图书管理员制作的书单，创建一个可以为儿童提供有吸引力的图书的系统。

◎PTA 和地域后援会的捐赠书籍和设备的支援

---

① 临时员工与图书管理员合作管理学校图书馆，整理书籍、协助图书馆讲座活动和借阅书籍等。

② 学校图书馆的工作主要是负责资料的管理和使用，包括选择、收集和提供学校图书馆资料，指导儿童阅读活动，规划学校图书馆的使用指导计划，对学校图书馆的运营和活用担负主要任务。

③ 学校管理人员之一。特别负责图书馆或图书室的管理和运营，并以业务为中心指导阅读，管理视听设备等。

④ 文部科学省在义务教育公立学校建立学校图书馆时，根据班级数量设定藏书目标值。

⑤ 目前，在小学和初中，学校图书馆常被活用为"图书室"。

·寻求 PTA 和当地志愿者的支援来丰富图书。

·申请书籍设备、注册等方面的合作、支持，以改善书籍使用设备。

⑤与地域志愿者合作

◎学校应援团①（志愿者）的有效运用

·鼓励组织一个以阅读活动为首，包括图书馆维护和书籍管理在内的广大志愿者活动的系统。

表 1　川口市推进少儿读书活动计划研究委员会设置

委员长	生涯学习部　生涯学习部部长
委员	政策审议室　环境经济文教担当
	企划财政部　财政课长
	福祉部　残疾福祉课长
	儿童部　青少年育成课长
	儿童部　保育课长
	健康增进部　保健中心所长
	生涯学习部　生涯学习课长
	生涯学习部　中央图书馆馆长
	学校教育部　指导课长

表 2　川口市推进少儿读书活动计划研究委员会专门部会的设置

（生涯学习部会）
残疾福祉课　儿童育成课　保健中心　生涯学习课　中央图书馆
（学校教育部会）
保育课　指导课　小学　初中　市立幼稚园　中央图书馆

　　注：川口市推进少年儿童读书活动计划研究委员会为了实施调查和制订计划，故设置生涯学习部和学校教育部。

---

　　①　由作为志愿者的家长和当地居民组成的活动组织，活动内容诸如学校的学习活动、安保、环境改善等。

表3　川口市推进少儿读书活动计划（修订）筹划制订的经过

年　月　日	会议等
2015 年 6 月 25 日	川口市推进少年儿童读书活动计划研究委员会第 1 次会议
7 月 2 日	生涯学习部会第 1 次会议
7 月 3 日	学校教育部会第 1 次会议
7 月 31 日	生涯学习部会第 2 次会议
8 月 3 日	学校教育部会第 2 次会议
8 月 24 日	学校教育部会第 3 次会议
8 月 27 日	生涯学习部会第 3 次会议
9 月 16 日	川口市推进少年儿童读书活动计划研究委员会第 2 次会议
10 月 1 日~30 日	征求川口市推进少年儿童读书活动计划修订版意见
10 月 14 日	教育委员会第 18 次例会（协议事项）
12 月 1 日	公布征求意见结果
12 月 18 日	川口市推进少年儿童读书活动计划研究委员会第 3 次会议
2016 年 2 月 3 日	少年儿童培育、改善教育环境对策特别委员会（报告事项）
2016 年 2 月 25 日	筹划制订《川口市推进少年儿童读书活动计划》（修订版）
2016 年 4 月 1 日	《川口市少年儿童读书活动推进计划》（2016—2020 年）实施

当然，日本的出版界更是日本阅读推广事业的主力军，由新潮社、角川社、集英社等大型出版社每年推出的"夏日阅读 100 册"活动，已经持续了 30 多年。还有日本书籍出版协会、日本杂志协会、教科书协会、日本出版经销协会、日本书店商业组合联合会、日本图书馆协会、学校图书馆协会组成的读书推进协议会，和学校及图书馆联手，积极参与推进国民阅读活动。

　　附录：2001 年 12 月 12 日法律第 154 号《少年儿童读书活动推进法》中，对阅读活动的目的、基本理念、国家的责任和义务、地方公共团体的责任和义务、事业者的努力、保护者的作用、相关机关等的合作、少年儿童读书活动基本计划、都道府县推进少年儿童读书活动计划、市町村推进少年儿童读书活动计划等都有规定，并确立 4 月 23 日为读书日，要求财政提供保障措施。详细条款翻译介绍如下：

（目的）

第 1 条　本法律以推进少年儿童读书活动为基本理念。明确国家和地方公共团体的责任，通过确定推进少年儿童读书活动的必要事项，推进少年儿童读书活动综合地有计划地开展，以保证少年儿童的健康成长为目的。

（基本理念）

第 2 条　鉴于少年儿童（指 18 岁以下青少年，以下同）的读书活动能使少年儿童学习语言、增强感性、提高表现力、丰富创造力，掌握不可或缺的人生本领。为了使所有的少年儿童在所有的时间和场所都能自主地进行读书活动，必须积极创造相应的条件和环境。

（国家的责任和义务）

第 3 条　国家要按照第 2 条的基本理念（以下称"基本理念"），综合筹划制定推进少年儿童读书活动的相关政策，并有实施的责任和义务。

（地方公共团体的责任和义务）

第 4 条　地方公共团体按照基本理念和国家密切配合，根据本地的实际情况，制定推进少年儿童读书活动的相应政策，并有实施的责任和义务。

（事业者的努力）

第 5 条　事业者在进行相应的事业活动时，按照基本理念，为推进少年儿童的读书活动，要努力提供保证少年儿童健康成长的书籍。

（保护者的作用）

第 6 条　父母及其他保护者要为少年儿童提供尽可能多的读书活动机会，在培养他们读书的习惯中起到积极作用。

（相关机关等的合作）

第 7 条　国家和地方公共团体为了使少年儿童读书活动顺利开展，学校、图书馆及其他相关机构和民间团体要加强合作并建立必要的体制。

（少年儿童读书活动基本计划）

第 8 条　1. 政府为了顺利地落实推进少年儿童读书活动的相关政策，必须筹划制订推进少年儿童读书活动基本计划（以下称"推进少年儿童读书基本计划"）。

2. 政府要按时制订推进少年儿童读书活动基本计划，政府在将此计划向国会报告的同时，必须向全社会公开发布。

3. 第 2 项的规定适用于推进少年儿童读书活动基本计划的修改。

（都道府县推进少年儿童读书活动计划等）

第 9 条　1. 都道府县要以少年儿童读书活动推进基本计划为基准，各都道府县要根据当地少年儿童读书活动的推进情况，筹划制订各都道府县推进少年儿童读书活动计划（以下称《都道府县推进少年儿童读书活动计划》）。

2. 市町村以少年儿童读书活动推进基本计划及都道府县少年儿童读书活动计划为基准，根据少年儿童读书活动推进的情况，筹划制订各市町村推进少年儿童读书活动的相关对策计划（以下称《市町村推进少年儿童读书活动计划》）。

3. 都道府县或市町村在筹划制订都道府县推进少年儿童读书活动计划或市町村推进少年儿童读书活动计划时必须向全社会公开发布。

4. 前项的规定适用于都道府县推进少年儿童读书活动计划或市町村推进少年儿童读书活动计划的修改。

（少年儿童读书日）

第 10 条　1. 为提高广大国民对少年儿童读书活动的关心和理解，增强少年儿童积极参加读书活动的意愿，特设立少年儿童读书日。

2. 少年儿童读书日定为每年的 4 月 23 日。

3. 国家及地方公共团体必须努力开展以少年儿童读书日为主题的各项工作。

（财政保障措施等）

第 11 条　国家及地方公共团体为了推进少年儿童读书活动，必须努力在财政及其他方面采取相应的保障措施。

附则

本法律从公布之日起开始执行。

（2017 年 6 月 2 日）

访谈·报道

因为钟爱 所以出色

"我一直感觉我离专家的距离太远，我只是喜欢编书，喜欢在度过了编辑过程中的紧张和疲惫之后的那份宽慰和平静。"丁一平在接受记者采访时如是说。

丁一平，这个名字会让人联想到"一个平凡的人"。然而翻开丁一平的档案，其不平凡的业绩让人惊讶：她责编的图书中有 20 余种获得省部级以上奖励，先后 6 次获国家图书奖等图书评奖的"三大奖"。她本人也凭工作实绩获得诸多荣誉：黑龙江省爱国主义教育先进个人、黑龙江省优秀中青年专家、黑龙江省劳动模范、黑龙江省优秀共产党员、全国总工会表彰的先进女职工、全国首届优秀中青年编辑，直至本次获得的全国新闻出版业有突出贡献的中青年专家。

丁一平是哈尔滨工业大学经济学硕士生，获日本国立岩手大学博士学位。1995 年，在她只有 32 岁的时候，就担起了黑龙江教育出版社副社长、副总编的重担，到现在她也是社领导班子中最年轻的成员。因为钟爱出版事业，所以当个优秀编辑一直是她孜孜追求的目标。

丁一平学的是经济学专业，到了出版社后，她努力学习出版知识，编辑策划了一批高质量的优秀图书。20 世纪 90 年代初，她当编辑还没几年，就敏锐地感觉到，让更多的人了解科学技术在推动我国社会进步方面所起的重要作用十分必要。基于这种社会责任感，丁一平主持了由著名学者卢嘉锡任主编、300 余位活跃在各科技前沿领域的中国科学院院士、中国工程院院士和国家重大科学奖的主要获得者共同参与的《中国当代科技精华》（8 卷本）丛书的出版策划和编写工作。这套丛书使读者能够清晰地了解到中国现代科技各领域的成就、风貌、发展水平和国际地位，同时又能在学习各领域有关的科学技术基本知识的同时，感受到科学家们热爱祖国，献身于科学事业的无私奉献精神。该套丛书继荣获中宣部"五个一工程"优秀图书奖后，又获第八届中国图书奖。

在丁一平看来，能够在教育出版社工作是一件非常幸运的事情，这里有自己热爱的事业，更重要的是能在出书教育别人的同时，同样可以教育和提升自己。"教育"两字在她心目中意味着"责任"。出版工作者的责任感驱使她不断探索、竭力策划。香港回归之际，她适时策划和责编了以历史题材为背景的纪实作品《百年图强》。该书荣获第十一届中国图书奖，全国百部爱国主义优秀图书。她策划的向共和国五十周年献礼的另一部爱国主义教育大型图书《解放战争图志》，受到党和国家领导人的关注，该书荣获 2001 年全国青年读物一等奖、国家图书奖提名奖。

作为教育出版社的编辑，丁一平多年来一直在教育图书领域不断耕耘和探索：为提高青少年的思想品德素质，编辑出版健康有益的思想教育读物，如反映黑龙江少年精神面貌的图书《龙江少年》被评为黑龙江省优秀畅销书。为开发青少年的智力，策划、编辑了一批丰富多彩的课外学习读物，如《初中物理学习》《心雨》等多种图书被评为东北三省优秀教育图书。为推动教育的快速发展，策划、编辑、出版有价值的学术专著，她带头策划的中国第一部教育理论博士后文库受到教育界的好评，其中任责编的《高等教育现代化的反思与建构》荣获 2001 年全国教育图书一等奖、国家图书奖提名奖。

丁一平的编辑生涯，以较高的选题策划能力和编辑业务水平，快节奏的工作作风和敬业精神，受到有关单位领导和专家的一致好评。步入出版行业已经十几年了，面对取得的成绩，回顾走过的道路，丁一平愈发感慨当编辑"为人做嫁衣"的不易，而这也正激发了她不断学习、不断探索的斗志。在"出书育人"这块沃土上，她执著地耕耘着，她坚信："教育"读者首先要提高自己，她要与读者一同接受教育，一同成长。

获奖者感言：

从步入出版行业起就听前辈们讲编辑工作是"为人做嫁"。做编辑做得愈久，愈觉得"做嫁"的技术之不易，"做嫁"的底蕴之不足，亦愈感觉只有不断地学习，不断的探索"做嫁"中丰富的内涵，才可能让"做嫁"的生命常驻。

（本文为中国新闻出版报记者马国仓对作者被评为"全国新闻出版业有突出贡献的中青年专家"所写的报道，原载《中国新闻出版报》，2005 年 1 月 20 日）

1994 年 12 月 17 日到北京参加全国首届优秀中青年图书编辑表彰大会。

植根北疆沃土　服务边陲教育

黑龙江教育出版社是一家地方性专业出版社，主要出版各级各类教材、教学辅助用书、教育理论和学术专著。自 1995 年起，连续多次被国家新闻出版总署评为"全国良好出版社"；自 1996 年起至今，一直保持"省级文明单位标兵"的光荣称号。黑龙江教育出版社自成立以来，始终坚持为人民服务、为社会主义服务、为党和国家的工作大局服务的出版方向，以实施精品战略、出精品图书、育栋梁之才为办社宗旨，取得了显著的社会效益和经济效益，多年来一直走在黑龙江省出版业的前列。

一、坚持正确的出版方向，努力做好出版工作，社会效益显著

黑龙江教育出版社一贯坚持以马列主义、毛泽东思想为指导，坚决贯彻党和国家关于出版的方针政策，牢牢地把握正确的出版导向，与时俱进，开拓创新，服务教育，繁荣学术，多出精品，树立品牌，为广大读者提供健康向上的精神食粮。在努力追求实现图书的最大经济效益的同时，以保证社会效益为前提，坚定不移地把社会效益摆在首位。

在 20 世纪 90 年代，黑龙江教育出版社出版了《中青年学者文库》《中国当代科技精华》《振兴龙江丛书》等一批有很好社会效益的图书，而一直延续至今的《边疆史地丛书》已出版 57 种，受到了国内外史学界的高度评价。有多部图书获得"五个一工程"奖、中国图书奖和省内优秀图书奖。

进入 21 世纪后，教育出版社更是把富有学术价值的学术专著以及反映我国科技、文化和教育成就的图书放在出版首位，《红学研究系列》《中国教育科学博士后文库》《中国教育科学德育研究丛书》等，受到学术界的广泛好评，有多种图书获得国家图书大奖。《共和国的脊梁："两弹一星"功

勋谱》荣获中宣部精神文明建设"五个一工程"一本好书奖和第五届国家图书奖;《解放战争图志》《家园——文化建设论纲》和《高等教育现代化的反思与建构》三种图书同时获本届国家图书奖的提名奖;《新中国美术文献博物馆》(八卷本)荣获第十三届中国图书奖;《传染性非典型肺炎的治疗及预防》一书获第六届国家图书奖特别奖,《中国传统德育心理学思想及其现代意义》及《中国俄罗斯侨民文学丛书》(与北方文艺出版社合作)两种图书在第十四届中国图书奖中又榜上有名。2004 年教育社出版的《百年图强》被列为国家百种爱国主义教育图书;《邓小平理论与当代中国科学社会主义》被列为纪念邓小平诞辰 100 周年百种图书。《论红楼梦思想》一书于 2005 年被收入中国出版集团出版的《中国文库》,取得较大的反响。在省新闻出版局的直接组织下,以围绕振兴东北老工业基地、赞美黑土地、树立黑龙江人新形象为主题的《黑龙江人》已出版第一部,受到省委领导的好评和鼓励。多年来教育出版社对精品图书坚持常抓不懈,认真组织实施,已形成了良好的重点图书出版机制。

二、克服困难,发挥优势,打造教材及助学读物新品牌,培育新的经济增长点

黑龙江教育出版社虽然是一个从业人员不足百人的小社,但在总销售收入、缴纳税金和上缴机动资金方面始终稳居省内出版社之首,累计缴纳税金 9186.15 万元,上缴机动资金 4432.2 万元,为地方经济的发展和出版产业的进步做出了贡献。

近几年来,随着新课改的推进,教材出版发行垄断的状况正逐渐被打破,中小学教材的改革和降价,使得出版和发行教材的利润空间越来越小,出版物市场竞争加剧。教育社原有的几种地方教材逐渐被新课标教材所替代。在这种情况下,教育社充分发挥自身优势,发挥专业特长,积极参与实验教材的编写出版,与人音社和人美社合作编写、出版了音乐、美术新课标教材,在新课标教材领域中保存了一席之地;同时,教育社抓住课改的契机,陆续开发出版了符合课改要求的省编地方教材《写字》《信息技术》《黑龙江人文与社会》《安全教育读本》等,保证了教育社在省内中小学教材领域的出版地位,也使教育社获得了蓬勃旺盛的生命力。

与此同时，努力打造助学读物品牌图书。教育社积极与教育部门合作，以"学生学习资源与学程评价"为项目，研发系列教育读物。首期出版的《资源与评价》因体现了新课改的教育理念而正逐渐深入教学实际，发行码洋也稳步上升。与此同时，以《走进名校系列丛书》等为代表的品牌教辅正逐步形成；社办期刊《格言》已步入良性循环，形成良好的发展势头。目前，月发行量已达 50 万册，在全国期刊界和出版界引起较大反响。新的经济增长点已经形成。

三、加强管理，锐意进取，深化出版改革，勇于实践，增强自身发展实力

经过多年的努力，教育社建立健全了各项规章管理制度。建立了以调动编辑积极性的激励机制；建立了合理的生产流程，实行科学的管理制度；对图书出版的编、印、发各环节进行严格的科学管理；严格校对、三审及审读制。从未出现过一本有政治问题或违规操作的图书，每年都顺利通过新闻出版总署的年检。

在用人制度方面，教育社在省内出版业中率先进行了改革，建立了新的用人机制，使人员能上能下，能进能出，选贤任能，增强活力；坚持"效率优先，兼顾公平"的原则，建立新的分配机制，破除平均主义、大锅饭，坚持多劳高效多得、少劳低效少得的原则。实行全员聘任，竞争上岗，打破能进不能出、能上不能下的人事制度，注重发挥人的创造性和积极性。同时，改革分配制度，充分调动员工的积极性和创造性。按照责、权、利相统一的原则，拉开分配档次，适当调剂分配份额。改革为教育出版社的可持续发展奠定了良好的基础。

四、加强领导班子建设和出版专业队伍建设，为出版社的可持续发展提供强有力的组织保证和强大的智力支持

教育社始终把思想政治建设作为社领导班子建设的首要任务来抓，不断提高社领导班子成员运用马克思主义立场、观点、方法分析问题、解决问题的能力；不断强化科学的发展观，坚持以人为本，注重研究出版领域的新问题，并根据本地区出版业发展的特点，突出发展重点，使教育社实现了稳定中的发展。同时，教育社加大了对出版人才的培养，根据员工个人的实际情况，增加培训力度，并积极鼓励大家在职学习。目前，教育社有1人获得全国新闻出版业有突出贡献的优秀中青年专家，2人获得国务院特殊津贴，4人荣获全国优秀中青年编辑称号，三分之一的专业骨干具有博士或硕士学位，有近五分之三的人员获得了副高级以上职称，有6人承担了省级教育或出版研究课题。一支有研究能力、有策划水平、有营销观念的出版专业队伍正在形成。

展望未来，面对新的发展机遇和挑战，黑龙江教育出版社以植根北疆沃土、服务边陲教育为出版理念，以在教育领域中做强做大为出发点，继续实施精品战略，不断调整出版结构，为读者奉献更多更好的精神食粮，为繁荣我国的教育出版事业做出更大的贡献。

（2006年12月黑龙江教育出版社被评为全国新闻出版系统先进集体，本文是媒体报道）

做出版永远有新意

　　做出版其实是一个群体工程，不是哪一个人优秀就一定能做好的，出版人所依托的组织环境很重要。有一个好的环境、好的平台、好的团队，才会产生优秀产品，也才能出现优秀企业，先进或劳模只是优秀团队集合的名片。

——劳动模范、黑龙江教育出版社社长兼总编辑　丁一平

　　"这份荣誉对我和教育社都是鼓励，我只盼不辜负领导和员工的希望，让教育社发展得更快更好，对大家有个好交代。"黑龙江教育出版社社长丁一平这样对中国新闻出版报记者说。

　　这番话也是丁一平的肺腑之言。论荣誉，她已经有很多很多了。从事出版26年，经手编辑策划的图书有十几部获得国家级和省级奖励，个人荣誉也有一大串。但每每面对荣誉，丁一平说自己总感到压力很大。一是觉得自己是小单位小人物，这几年取得的一点成绩和大单位、先进社没法比。二是看到改革开放后崛起的很多企业在叱咤风云后陷入成长的突围期，就很惶恐，现在想得更多的还是如何顺利"突围"。

　　丁一平1986年大学毕业后从事出版工作，可以说把青春和最美好的年华都献给了教育出版事业。2004年她在日本拿到博士学位回国后，也曾想转行去做传媒研究。但领导不同意，动员她参加当时的社长竞聘。"竞聘让我感到很大压力，但也迫使我必须将压力变成动力！前几任社长给教育社创造了辉煌，但随着中小学课程改革全面推进，教材教辅逐渐退出市场，效益下滑，日子开始难过了，能干好吗？"丁一平回忆起当时的情景。

　　不干则已，真做起事来，女人可能比男人更执著和更有韧性。2004年，

丁一平临危受命出任黑龙江教育社社长兼总编辑，开始了她出版生涯又一段艰难历程。上任伊始，她提出了逐步向教育教学资源的研究开发基地、生产制作基地和培训服务基地转变的设想。谈起这段经历，丁一平说自己也没有别的高招，就是依靠集团，团结员工，调研决策，低调行事，肯吃苦，不言弃，硬是挺了过来。她亲自带领编辑找选题、访作者、跑市场，每年有三分之二的时间都在外跑市场。2007 年秋，她因公出差遭遇交通事故导致骨折，在病床上还在谋划、联系和指导市场开发。艰辛的努力换来了新的产品线、新的发展期，教育社也由此成为地方教育出版社中成长最快的出版社之一。

虽然一路走来并不容易，但丁一平说自己是一个幸运的人，能把职业和爱好如此紧密地结合起来。她觉得做出版永远有新意，有把想法变成现实的可能。"亲手策划的选题，寻到优秀的作者，保持长久的友谊，出版后又历久不衰并更能走在时代前面，应该是做编辑最感欣慰的事。"丁一平说。

回望自己 26 年职业生涯，丁一平很难忘记生命中那些永远感动和激励她的人。"我一直觉得我的出版工作生涯很顺利，尽管有过辛苦也流过泪，但是总有我的前辈领导同事朋友相助相帮，回想起来记住的还真都是开心和激励的事呢。"丁一平的话语中，对每一个帮助过她的人都充满了感激之情。

（本文为中国新闻出版报记者朱侠对作者 2012 年被国家人事部和新闻出版总署评为劳动模范所采写的报道，原载《中国新闻出版报》，2012 年 2 月 16 日）

新闻出版界十八大代表谈文化建设

"我们非常幸运，赶上了文化大发展的好时代。我们一定要加倍努力，以最好的工作业绩，回馈这个伟大的时代。"11 月 10 日，十八大代表、商务印书馆总经理于殿利对中国新闻出版报记者如此表达他聆听报告的心情。几天来，党的十八大深深鼓舞了来自新闻出版界的代表，他们纷纷表示，将坚定改革信心，以实际行动为文化强国建设添砖加瓦，不负祖国和人民的期望。

抢抓机遇加快发展

"增强文化整体实力和竞争力，推动文化事业全面繁荣，文化产业快速发展……"党的十八大明确提出，要扎实推进社会主义文化强国建设，并把推动社会主义文化大发展大繁荣提高到"全面建成小康社会，实现中华民族伟大复兴"的高度。这些论述，使来自新闻出版界的党代表们倍感振奋。

十八大代表、黑龙江教育出版社社长、总编辑丁一平说，党的十八大重申建设社会主义文化强国的宏伟目标，使文化产业发展上升为国家战略，为新闻出版业发展提供了难得的历史机遇。新闻出版人一定要抢抓机遇，乘势而上，加快转变出版业发展方式，加快产业结构调整和升级，提高新闻出版产业在国民经济中的比重，满足人民群众日益增长的精神文化需求及对新闻出版业发展提出的更高要求，充分发挥新闻出版在引领风尚、教育人民、服务社会、推动发展中的重要作用。

于殿利对"机遇说"深表赞同。他说，国家在继续强调以经济建设为重心的同时，把满足广大人民群众文化需求放到了更加重要的位置，新闻出版产业迎来了更大的发展机遇。"这对我们来说，责任更加重大，要努力推动文化产业成为国民经济的支柱性产业，加快中国文化走出去步伐，为文化强国建设做出应有的贡献。"

十八大代表、中国艺术报新闻部主任余宁说，报告提出了"五位一体"的中国特色社会主义建设总体布局，体现了党所肩负的时代责任感和历史使命感，也符合中华民族的长远利益。余宁认为，"最美中国"不仅要有厚实的物质基础，有"天蓝、地绿、水净的美好家园"，还要有人民群众的丰富健康的精神家园。新闻界十八大代表、中国青年报特别报道部副主任刘万永则强调，推动文化大发展大繁荣，对媒体来讲，更重要的是营造一个尊重知识、尊重教育、尊重文化的氛围。

深化改革需要良好环境

"改革"无疑是十八大报告中最重要的关键词之一，有媒体统计，报告全文共出现 86 次"改革"，5 次提到"深化改革"，文化体制改革就是其中之一。可以说，党的十八大为进一步深化改革吹响了新的号角，奏响了新时期深化改革的最强音。那么，对于新闻出版业来说，下一步深化改革要注意哪些问题？

于殿利说，深化文化体制改革必须尊重市场规律、尊重产业规律。而要尊重这两个规律，就要处理好政府和市场、政府和企业、企业和企业之间的关系。他说，在深化文化体制改革的今天，维护好企业所需的健康的市场环境非常重要，包括规范产业内部的一些经营秩序，避免恶性竞争、不公平竞争、对知识产权的侵害等。"企业改革越深化，对市场环境的要求越高，只有这样才能在更好的轨道上更好地发展。"

丁一平则认为，下一步深化改革应在五个方面下功夫：一是培育合格市场主体，二是搞好配套改革，三是健全现代文化市场体系，四是创新文化管理体制，五是完善政策保障机制。她说，健全现代文化市场体系，要加快完善资本、人才、技术等要素市场，引导和规范各类文化要素合理配置和有序流动，特别是在涉及青少年教育的教材教辅等资源配置时，要发挥专业出版单位的骨干作用，确保引领良好的社会文化教育风尚。大力营造激励文化创新的市场环境，让一切积极的文化创造源泉充分涌流。

"文化引领时代风气之先，是最需要创新的领域。"丁一平认为，推动社会主义文化大发展大繁荣，必须牢牢把握正确方向，把握文化产业发展的内在规律，坚持文化自觉自信，走出一条以改革为动力，以品牌为引领，以文化与相关产业融合发展为特色的文化发展之路。

大发展必须要走出去

加快推进重点文化惠民工程，加大对农村和欠发达地区文化建设的帮扶力度；加强和改进网络内容建设，唱响网上主旋律；加强网络社会管理，推进网络规范有序运行；开展"扫黄打非"，抵制低俗现象；构建和发展现代传播体系，提高传播能力……党的十八大报告几乎点到了新闻出版工作的所有主要方面，并从不同角度提出了新要求、新任务，代表们对此深有体会。

余宁对"构建和发展现代传播体系，提高传播能力"感触最深："传播力决定影响力，我们常说的一句话'好酒也怕巷子深'就浅显地说明了传播力的重要性。"他认为，十年来，我国在文化传播方面取得了很大发展，但中华文化的影响力与中国的经济地位仍然不匹配，我们在中华文化的对外传播上还需要付出努力。要研究文化传播的规律、寻求多种方式和渠道寻找中华文化和国外文化相通的地方，采用国外受众易于接受的方式进行现代化的文化传播，努力做到"中国内涵、世界表达"。于殿利也强调，真正实现文化大发展大繁荣，要让中国的思想和文化走出去。"打造一批能够代表国家实力和形象、具有国际影响力的文化企业和文化产品是当务之急。"他说，从美国、日本、韩国文化产业发展的经验来看，只靠企业自身，难以在短时期内实现这一目标，政府要从国家层面帮助企业打造品牌影响力。

刘万永则对公共文化服务印象最深刻。"对于文化设施来讲，图书馆是一个很小的点，但它确实能把一个地方尊师重教、热爱学习的氛围带动起来，还要大力发展基层图书馆。"在他看来，农村地区的小型图书馆是凝聚群众、提高素质的很好载体，"它不仅是大家看书的地方，还可能是一个小的文化中心、政治中心。"

（本文为中国新闻出版报记者王玉梅对出版界十八大代表的采访稿，原载《中国新闻出版报》，2012 年 11 月 16 日）

十八大代表谈文化发展：
期盼国家进一步加大文化投入

　　"加强社会主义核心价值体系建设"，"提高文化产品质量，为人民提供更好更多精神食粮"，"推动文化事业全面繁荣、文化产业快速发展"，"发展哲学社会科学、新闻出版、广播影视、文学艺术事业"……党的十八大报告对扎实推动中国特色社会主义文化强国建设指出了前进的方向，提出了更高要求。连日来，参加党的十八大的文化界代表对报告内容进行了深入讨论，感谢国家过去 10 年来对文化发展的大力扶持，而希望包括国家出版基金在内的项目进一步加大投入，则是他们共同的心声。

产业发展的重要推手

　　"从十七届六中全会到现在一年间，中国对文化发展的扶持力度已经超过了历史上任何一个时期。"十八大代表、北京师范大学教授于丹表示，自己最关注"增强文化整体实力和竞争力"的相关内容，认为文化大发展大繁荣离不开国家的进一步扶持。

　　十八大代表、商务印书馆总经理于殿利对此亦有同感，他说："我们赶上了一个好时代，国家把文化大发展大繁荣上升到了前所未有的高度，在文化方面的投入亦规模空前。"他说，国家出版基金等主要几个基金项目的投入每年就高达数亿元。中国新闻出版报记者了解到，2007 年设立的国家出版基金，目前每年资助金额已达 3 亿元。5 年来，中央财政共投入 12 亿元用于精品出版。

　　"国家出版基金的设立，为出版业繁荣发展和中华文化走出去提供了有力支持，特别是对中小专业出版社给予了极大的鼓舞，使一些弘扬传统文化、具有重大学科理论价值或应用价值方面的图书得以顺利出版。"对国家出版基金在推动新闻出版业发展中起到的重要作用，十八大代表、黑龙江教育出版社社长、总编辑丁一平感慨颇深。她说，国家出版基金促进了出版社特别是地方出版业的快速发展，带动了出版社运作出版项目的策划管理能力和编辑水平的整体提高。黑龙江省新闻出版局领导对此高度重视，每年都有具体要求，并亲自督战落实；黑龙江省出版集团领导在每次例会上，都要特别听取关于出版基金项目的报告，并深入出版社调研指导；集团所属各出版社都在积极参与或策划国家出版基金项目。基金项目年年榜上有名，带动了整个集团图书主业的发展。

精品出版的无声向导

"服务大局、引领方向、突出公益"，这是十八大代表、新闻出版总署署长柳斌杰此前在项目评审会上对国家出版基金评审工作提出的具体要求。而在实际工作中，国家出版基金通过4次专家集中评审，已经资助了900多个出版项目，目前有300多个项目推出了成果，在打造精品、引领方向、繁荣文化、促进发展等方面发挥了一定作用。

丁一平说，国家出版基金严格的评审程序，公正公道的评议结果，优秀成果的全力资助，引领了新的社会风气，改变了社会上找关系跑项目的习惯，使出版社可以潜心研究，策划好项目，回归了人们对文化传承和积累的敬仰之情，增加了出版从业者的自豪感和使命感，对如何做好出版起到了无声导向作用。而几轮评审吸纳了不同领域和层面的专家学者参与，也对图书出版业的发展起到了很好的宣传推动作用。丁一平说："国家出版基金的评审，不仅评出了好的出版项目，而且以评带推，推动了国家整个出版业上水平、快发展，完全符合党的十八大报告提出的发展新闻出版，加强重大公共文化工程和文化项目建设，提高文化产业规模化、集约化、专业化水平的要求。"

希望加大投入力度

党的十八大对新闻出版提出了更进一步的要求。如何做好本职工作，不负伟大时代？出版人深感自身责任重大。"国家广开渠道，为文化产业提供了更大支持，文化企业一定要加倍努力，拿出更多优秀产品"，于殿利的这句话道出了相当一部分代表的心声。

代表们同时希望，国家在未来能为此投入更多。丁一平说，文化建设长期以来欠账较多，要保证公共财政对文化建设投入的增长幅度高于财政经常性收入增长幅度，提高文化支出占财政支出比例，落实和完善文化经济政策，设立国家和地方文化发展基金，扩大有关文化基金和专项资金规模，扶持新闻出版等各项文化事业。通过改革充分释放文化生产力，促进文化创造活力持续迸发，社会文化生活更加丰富多彩，加快实现建设文化强国的目标。

（本文为中国新闻出版报记者王玉梅对十八大代表的采访稿，原载《中国新闻出版报》，2012 年 12 月 23 日）

为青春与梦想摆渡

代表感言：当我们带着责任心去面对自己的工作时，我们会在这份责任中感受到工作带来的快乐，我们会在无怨无悔中付出青春和汗水……

丁一平，女，1963 年 3 月出生，黑龙江教育出版社社长、总编辑，博士学位，从事编辑出版工作 26 年。先后被评为全国宣传文化系统"四个一批"人才、全国新闻出版系统劳动模范、首批优秀中青年专家。被黑龙江省评为优秀共产党员、省劳动模范、优秀中青年专家、爱国主义教育先进个人、建国六十周年黑龙江巾帼英模、三八红旗手、十佳出版工作者。

出好书是出版界永恒的主题，出精品是黑龙江教育出版社社长、总编辑丁一平长期秉承的出版理念。为此，她把自己的青春乃至人生献给了钟爱的出版事业……

执著追求——衣带渐宽终不悔

"教育，是太阳底下最神圣的事业；出版，是我钟情和热爱的工作。这辈子，有幸能在教育出版行业播洒自己的汗水，是我最自豪的事情！"每当说起这些，丁一平的脸上都洋溢着幸福而自豪的笑容。

丁一平这样说的，也是这样做的。1986 年，丁一平大学毕业后就一头闯进了教育出版界，从此，她和编辑出版行业结下了不解之缘。26 年编辑生涯，那是用青春放飞梦想的最宝贵年华。编辑是一个需要耐得住寂寞的工作，她在平凡的工作岗位上一直秉承着"老老实实做人，踏踏实实做事"的人生信条；编辑又是一个不甘寂寞的工作，她满怀激情、严谨踏实、不畏困难、敢于挑战的工作劲头给同事和朋友留下深刻的印象。

熟悉丁一平的人都知道，她为人质朴忠厚、谦和低调，但干起工作来却一丝不苟、绝不含糊，是个典型的"工作狂"。每次出差，她都是统筹着数事并办，让工作效率和效益最大化。2007年，丁一平要到北京开会，那时她正在考虑与中国边疆史地研究中心合作出版《中国边疆研究文库》。为了落实相关选题，她提前到北京，与合作单位的领导进行沟通。华灯初上，她匆忙赶赴会场时，不幸发生车祸，颈椎、腰椎、腿部多处受伤。在北京住院治疗期间，她心里仍时刻牵挂着《文库》的合作事宜，稍微行动自如些就提前出院，回到单位边工作边治疗。后来《中国边疆研究文库》丛书因选题意义重大、内容严谨充实，成为国家重大项目，获得国家出版基金的资助。

敢于创新——勇立潮头唱大风

"火车跑得快，全靠车头带。"丁一平深知这个道理，因此，无论是工作、学习还是创新改革，她都力争冲在前面。1995年，她被任命为黑龙江教育出版社副社长、副总编时，是当时黑龙江省出版界中最年轻的社级领导。上任之后，她承担了地方教材教辅建设这一艰巨而繁重的任务。在出版社班子支持下，她带领部门同志精心选编，全力拼搏，出色的组织策划能力、快节奏的工作作风和无私忘我的敬业精神，给每一位接触她的人都留下深刻的印象，当然，取得的成绩也是有目共睹，地方教材教辅图书出版业绩斐然，为出版社销售码洋逾亿元大关做出了重要贡献。

然而，企业的发展是不可能一帆风顺的。2004年，当她结束在日本的学习回国时，由于中小学课程改革全面推进，教育出版社原有的教材教辅逐渐退出市场，效益显著下滑。开发适合市场需求的产品，积极参与市场竞争，寻求出版社新的经济增长点成为当务之急。面对领导的信任和员工的期盼，面对几任老社长们付出的心血和自己对教育出版事业难以割舍的情怀，丁一平放弃了更好的选择，出任黑龙江教育出版社社长兼总编辑。

那段日子，是艰辛而难忘的。她把老父和孩子托付给同学朋友帮助照顾，带领大家进书店，跑学校，找选题，访作者，每年有三分之二的时间都在市场、在市县中摸爬。她和班子成员统一认识，提出了以专业化发展为目标，由单一教育出版单位逐步向教育教学资源的研究开发基地、生产制作基地和服务保障基地转变的发展理念，着力构建以开发立足本省的地方教材、教辅为基础，以面向全国的大众文化教育读物和品牌学术图书为重要补充的出版格局。艰苦的努力，使黑龙江教育出版社连续几年图书销售码洋不断提高，各类考核指标位居黑龙江省出版单位之首。黑龙江教育出版社还在北京建立了信息中心，在选题策划和市场营销方面实现了新突破，市场图书的占有率逐年提高；面向社会成立了教育文化传媒公司和数字出版传媒公司，创建了"书香人家"教育培训机构，走出了一条以教育出版为主打，其他关联产业齐头并进的快速发展之路。黑龙江教育出版社正成为全国地方教育出版社中成长最快的出版社之一。

服务社会——俯首甘为孺子牛

作为一名共产党员，除了做好本职工作外，丁一平始终牢记文化单位和出版工作者的社会责任。

她情系公益事业，时刻关心着那些需要帮助的人们。1998 年，特大洪涝灾害发生后，丁一平受黑龙江省新闻出版局的派遣，克服自身的家庭困难，作为省促农工作队的一员奔赴农村援助灾后重建工作。在那里，面对没有图书的孩子，她非常着急，作为从事教育出版的工作者，她认为有责任尽自己所能为农村孩子们做点实事。工作之余她积极与多家出版社联系，为小学校筹措图书，建立了贫困乡小学校图书馆。这段经历更使她始终心系农村教育，心系农村文化知识的传播。在后来的工作中，丁一平积极策划关于农村教育方面的选题，引起了社会的广泛关注。2008 年四川汶川特大地震发生后，她在组织本单位捐款的同时，亲自组织编辑心理自救图书《抚愈童心》和反映灾区孩子心声的图书《灾难中我们学会坚强》，无偿赠送给灾区，体现了出版人的赤诚情怀。《灾难中我们学会坚强》一书荣获2009 年度中华优秀出版物抗震救灾特别奖。

这就是丁一平，一个普普通通的出版人，用一部部精品图书铸造自己的人生，平静而踏实地编织着出版人的青春与梦想。

（原载《十八大代表风采录》，党建读物出版社 2012 年版）

教育出版者的赤诚情怀

　　一平在出版业摸爬滚打了 28 年，从一个初出茅庐的小编辑，一步步走到今天，不知有多少个不眠夜献给了厚厚的书稿，有多少次辗转奔波只为了做好一本书、一个项目。她对编辑工作持续的投入和热情，总能给熟悉她的人留下深刻的印象。岁月留给她白发，却未留下蹒跚的心痕。

　　　　　　　　　　——黑龙江出版集团党委书记、董事长、总经理　李久军

　　丁一平，1986 年大学毕业后进入黑龙江教育出版社工作，从此便和编辑出版行业结下不解之缘，曾荣获国家新闻出版业领军人才、全国宣传文化系统"四个一批"人才、首届全国优秀中青年图书编辑等荣誉。现任黑龙江出版集团副总经理。

　　"为作者读者用心做书、做嫁衣裳，应该是编辑在职业生涯中坚守的根本。"从一开始接受中国新闻出版报记者采访，丁一平便这样说。在 28 年出版生涯中，无论是做普通编辑，还是做社领导，平时不善言辞的她，一谈到"图书"二字，就充满激情。她说，经她手的每一个选题、每一部书稿，都是经认真调研反复谋划的，从开始的选题切入点到最后成书时的装帧设计，都努力做到尽善尽美。这些，只要翻看她参与编辑的《百年图强》《解放战争图志》等书，便能知晓其言不虚。

　　做精品书，是丁一平一直奉行的出版原则。她说："精品书重在出版社自身培育和政府的扶持，做精品书大有可为。"丁一平同时谈到，"做精品书，不是做赔钱的书，不是做专为评奖、不能再版的书，我们的目标是追求双效。"她介绍说，2004 年，由于中小学课程改革全面推进，黑龙江教育

出版社原有的教材教辅逐渐退出市场，如何控制下滑态势、积极参与市场竞争、寻求新的经济增长点成为当务之急。

这时，丁一平留学归来，放弃更好的选择，临危受命出任黑龙江教育出版社社长兼总编辑。上任伊始，她便提出由单一教育出版单位逐步向教育教学资源的研究开发基地、生产制作基地和服务基地转变的设想，构建以开发立足本省的地方教材、教辅为基础，以面向全国大众文化教育读物和品牌学术图书为模块的出版格局。她亲自带领编辑找选题、访作者，每年有三分之二的时间在市场中摸爬，出版社的市场空间快速拓展。

丁一平带领大家勤俭建社，打印纸都用校样背面，但在帮助贫困家庭孩子上学、为农村学校捐赠图书等各项公益活动中，却一直走在前面。汶川地震后，她带头捐款的同时，还立即牵头策划心理自救图书《抚愈童心》和反映灾区孩子心声的图书《灾难中我们学会坚强》，无偿赠送给灾区，体现了教育出版人的赤诚情怀。丁一平说："这些书不仅鼓舞了灾区的孩子们，也让我们感受到为他人做好嫁衣时的欣慰。"

2013 年 1 月，丁一平被任命为黑龙江出版集团副总经理，主抓出版集团的图书出版业务。面对变幻莫测的图书市场，她并不慌乱，因为"无论图书市场将会有怎样的新格局，编辑都一定要常怀一颗赤子之心，立足自己的专业策划方向潜心打磨。我想无论新技术怎样改变世界，书籍的沉静和温暖会使编辑做嫁衣的工作更有意义。"

（本文为中国新闻出版报记者冉一村对作者 2013 年荣获中国政府奖〔编辑奖〕所写的报道，原载《中国新闻出版报》，2014 年 1 月 3 日）

戴文葆：一面闪亮的铜镜

著名出版家戴文葆先生辞世已整整一年了。

一年前，当戴文葆先生逝世的消息传来时，我竟是很久不肯相信。一年中，只要想起戴老，仍禁不住泪水涌出。看他送的书，看他写的信，二十多年里的殷殷关怀，拳拳教诲，都历历在目。那么善良的老人，那么豁达的智者，怎么会离我们而去了呢？

认识戴老是在 1987 年的 2 月。那时黑龙江教育出版社正组织出版全国第一套比较系统的编辑教学丛书。第一次的研讨会在天津蓟县召开。我那时刚从学校毕业到黑龙江教育出版社工作才半年多，随社长和老编辑到会上见习。就是在那次会上我有幸认识了戴文葆先生。戴老当时穿一件深蓝色大衣，围一条长围巾，看上去很是儒雅。他当时讲了很多关于编辑学的问题，后来收录到我们社出版的《编辑理论与实践》一书。他对编辑工作的见解给我留下很深的记忆，他说编辑是一种独立的行业，也是一种系统的学问，不是谁坐下来就能当编辑的。编辑生涯是一个始终贯穿着不断学习、思考、寻觅、比较和发现、铸造、服务、献身的长过程，既然选择了这个职业，就要为它付出精力，付出青春。戴老真挚的话语感动着我，更让我看到在这样一份做嫁衣裳的平凡工作中，竟有这样学识渊博之人在孜孜以求。在以后与戴老的二十多年间接触中，我真正感受到戴老为编辑出版工作付出的何止是青春，更是他生命的全部。

后来我开始参加社里组织的《现代教育科学丛书》的出版工作，这也是我第一次开展书稿的组织编辑工作。由于该书的撰写由中央教科所承担，这样到北京的机会就多了一些。因为没有编辑经验，我们出版社又远在东北，有时候遇到问题不知如何处理，领导就拜托戴老关照。所以我就常去戴老那里请教。每次他都是很耐心，而且经常讲一些做人交友的道理。有时他在家工作，就让我去他家。当时他在西总布胡同住，房子不大，光线也不是很好，整个屋子几乎被书和稿子占满了，感觉他的家就是个办公室。几年后他告诉我在和平里分到了90多平方米的新房，并说没有要140平方米的，打扫的负担太重了。

戴老对工作极端认真，但生活上却很简单。一次我向他请教书稿上的事情，他让我中午去他家，我邀请他出去吃午饭，他就是不肯，说没有时间，让我在他家吃。记得他当时是把冷冻的馄饨放到蒸屉上，他说这样简单，不用看着，可以继续看稿子说话，这是我第一次吃蒸馄饨，印象很深。

戴老工作很忙，但却不忘提携和鼓励年轻编辑。记得《现代教育科学丛书》在1989年出版后，戴老专门给我来信："看到了你参加组织的这一套书，是不是第一次大收获？封面也大气，与内容相当，符合出版社方针任务。路走开了，继续努力吧，一边学些理论，一边多留心信息动态，常思考、研究，继续往前走，这是正道。"在戴老的鼓励下，我又开始写文章，第一篇关于出版工作的文章写好后不敢投出去，就邮寄给了戴老，戴老看后在信中写道："你论出版工作的大作，很有见地，我已读两遍，个别地方把句子①意思完整些②确切些。日内准备送给《出版科学》。"这是我发表的第一篇有关出版的文章。有这样一位长者、导师言传身教，常常鼓励，使我逐渐熟悉并爱上了这个行业，并作为一生的乐趣去追求，一干就是二十多年，至今乐此不疲。

戴老为人十分谦和，每次见面，他总要问我工作学习生活的情况。与他交谈，心灵会很宁静，又能在宁静中受到激励。1990年，我正在读政治经济学的硕士研究生，硕士论文就选择了做图书市场分析。当时社会上就商品经济问题有很多议论。戴老请经济研究所的同志开了一个书单子，一部分是已经发表过的论文，一部分是出版的专著，涵盖了当时的主要论点。他嘱咐我找来认真研究，借此更好地学习。2001年我到日本学习时，他又写信叮嘱我努力。他在一次信中写道："组建集团势在必行，开始时日子不会好过。看自己争不争气，学外国，努力干，困中求开展，是出人才的机遇。这一趋势必须认识。你们正年青当旺！"他介绍我认识清水英夫、箕轮成男、吉田公彦等日本出版界知名人士，他们对戴老极为尊敬，给了我很多研究上的帮助。

戴老处处替别人考虑，帮助别人从不计回报。当年，他和几位出版界前辈帮助我们出版社出版了编辑教学丛书，按理是应该给酬薪的，但是戴老在一次信中说："酬什么？什么事也未干，我们不应拿什么钱。"后来教育社出版各领域知名学者的文集，想把戴老列入其中。但是他说："不合适，因为印量不会大，印八九百本肯定赔得多，太害人。"又过了几年，在我们一再恳求下，他说搬完家收拾好后，编辑一本十四五万字的随笔。可是他总是被其他事分身，"我门关不起来"。而我想为这位受人尊敬的前辈编一本书的愿望也就一直没有实现。

认识戴老的人几乎都知道他一生都在不知疲倦地编书，他与人谈论的话题也多离不开出版，是一位执迷于工作的人。然而，与他相处久了，就会感觉到他慈父般的情感。他的一双儿女都很敬业，他感到很慰藉。可能是我与他女儿年龄相近的缘故，他谈起女儿的话题更多些，女儿喜爱考古，很勤奋，很能吃苦，也很有成绩。他很喜欢孩子，听说我有了孩子时，还特意嘱咐要对孩子早期教育。我回国后，曾专门带孩子去看望他，他很是高兴。他那时的头发几乎全白了，也很消瘦，但是精神状态很好。临走时，他一定要坚持送我们，最后送我们到了路口，还兴致勃勃地一起照了相，看着我们上了车……

没想到这是戴老留给我的最后一张照片，也没想到我一直的祈祷没有灵验。好人总也是要离去的，但是我还是觉得这样一位善良的老人应该永远留在世上，他应该是一面永远闪亮的铜镜，让我们这些后来人能更好地看到自我。

（原载《中国新闻出版报》，2009 年 10 月 30 日）

（注：戴文葆先生是我生活中最重要的前辈，也是我出版生涯中最爱戴的导师。这篇纪念他的文章附在此书的最后，也表达我对先生永久的怀念和敬意！）

后　记

　　三十二年前，我有幸遇到出版工作。在我人生最美丽的二十三岁之时，作为首批被选拔的应届毕业生，我走进了黑龙江教育出版社。从见习编辑，到助理编辑、编辑、编审，从编辑室主任、副社长副总编辑到社长总编辑，在这里我度过了二十六年的难忘时光，也见证了出版社由三万元资金、两间租赁的办公室，不足十位员工起家到励精图治发展壮大的过程。五年前到黑龙江出版集团任副总经理，三年前兼任黑龙江东北数字出版传媒公司董事长总经理，继续我的出版生涯。出版工作紧张繁琐而又令人愉悦满足，使"为他人做嫁衣"终成为自己生命的一部分。

　　三十二年来，我有幸遇到令人起敬的领导、前辈们，他们在出版工作中的严格要求、耐心指导，让我受益终身；我有幸遇到坦诚能干的同事们，他们与我携手在教育出版领域摸爬滚打，与我共同在集团管理层面研究方策；我有幸遇到一群意气风发的年轻人，他们与我一道在数字出版领域开疆拓土；我有幸遇到许多优秀的作者，他们的学识和努力激励我去不断地学习思考；我也有幸遇到我的至爱亲朋，他们一直以来的无私关爱给了我温暖与慰藉，也给了我前行的底气与动力。

　　这里收集的内容是我多年来从事出版实践工作，特别是长期所做的教育出版工作和近年所做的数字出版工作的策划、报告、总结。虽然质量水平有限，但是自觉应景之作不多，有很多是借助出版业内前辈、专家及同行真知灼见所引发的感悟及付诸实践中的所思所想。如戴文葆先生经常教诲说"编辑应该是组织者、活动家，不是光抱住一部稿子的"，"要善于处理稿件然而不止于此"。鼓励我要注意吸收新的知识，新的信息。再如陈昕先生较早时期的《中国图书业经济分析》一书对我的影响很大，在研究图书市场时，多借助了他的观点。虽然因时间较早，无法对这些引用观点的提出者全部作出标注，但他们始终让我心存敬意和感激。在担任黑龙江教育出版社社长、总编辑期间，在策划地方教材教辅、申请出版项目的过程中，曾向政府及相关机构反复争取支持，报告内容有些啰嗦冗长，却真实地反映了当时教材教辅开发的艰辛过程，因此保留了部分篇章。近年所做的数字出版工作是一个全新的领域，组建东北数字出版传媒公司之初，一边是一名员工一名员工地招聘，一边是一步一步地调研、一个项目一个项目地设计。经过两年多的努力，现在已经有了一支年轻奋进的团队，有了一些很好的项目；从没有经验可以借鉴，只能摸索前行到可以系统地思考和构建数字出版发展方向和路径，个中的艰难和乐趣在项目报告和一些思考中有所再现，所以也收录其中。最后一部分是几篇媒体记者的采访材料，其中有我当时的一些思考，故一并收入。

在这里要非常感谢中华书局的罗华彤先生，他一直以极大的耐心鼓励我完成这部文集。书中有关陈述争取教材教辅出版权益的一些内容难免乏味重复，在我担心收录进来会成为他人笑柄之时，他的鼓励让我甚感宽慰。此外，也非常感谢丁可为、齐国荣、梁玉梅、张杰、王秀艳老师和张畅、郭翀、李政、牛士君、刘峥小友们，他们帮助我做了部分资料的收集、整理和详细的校订工作，不厌其烦地帮助我排版修改，加快了我的交稿速度。

三十二年后，在冬去春来中，我送走了自己美丽的青春年华，却终于有幸为自己做了件嫁衣。无关"立功"，无关"立言"，能够静下心来回顾思考自己终身从事并热爱的出版工作，已经是我的幸运。惟愿嫁衣朴素，但是依旧耐看。

2018 年 2 月 6 日于哈尔滨